Latin King

Mi vida sangrienta

Reymundo Sánchez

Latin King
Mi vida sangrienta

Traducción de Carlos Abreu

Colección **Bárbaros/testimonio**

Diseño de cubierta e interior: Ediciones Barataria
Maquetación: Joan Edo
Corrección tipográfica: Pepita Galbany
Cubierta: detalle de *Gaudeamus Igitur* de Manuel Mampaso

Título original: *My Bloody Life. The Making of a Latin King.*
Chicago Review Press, Chicago, Illinois, 2000

© de la presente edición, 2006, Ediciones Barataria
  Gran Via de les Corts Catalanes, 465
  08015 Barcelona
  e-mail: editorial@barataria-ediciones.com
  www.barataria-ediciones.com

ISBN: 84-95764-47-4
Depósito legal: B-46.880-2006

Impreso por Sagrafic
Plaza Urquinaona, 14
08010 Barcelona

Para los que han perdido la vida trágicamente
a causa de la violencia de las pandillas
y para los que no han abandonado ese estilo de vida.

En *Latin King* no justifico en modo alguno la pertenencia a las pandillas ni los delitos cometidos por éstas. Tampoco es mi intención glorificar ninguna pandilla concreta ni a ninguno de sus miembros. *Latin King* sólo pretende describir una forma de vida y los daños que provoca.

Amigo mío, perdóname,
por no impedirte tomar el camino del mal,
por no ser consciente
mientras te conducía por la senda de la locura.
Por dejar que mis desgracias te persiguieran,
por compartir contigo la bebida del diablo,
por inhalar contigo el humo del infierno,
por animarte a herir, mutilar y matar,
por hacerte reír cuando debías llorar.

Amigo mío, cuánto lamento
no haberte protegido,
no haber sido yo quien te salvara,
haber permitido que bajaras la guardia,
verte morir en mis brazos.

Amigo mío, ¿me perdonarás algún día
por sobrevivir, por vivir,
por ser el que te tuvo entre sus brazos al morir?

Prólogo

Aunque este libro está basado en hechos reales, he cambiado los nombres de las personas implicadas y los lugares donde ocurrieron. Sin embargo, los acontecimientos se produjeron efectivamente en Chicago y los nombres de las pandillas que menciono son auténticos. Como sigo teniendo parientes que viven en los barrios infestados de pandilleros, he hecho estos cambios para protegerlos.

Mi nombre y mi edad verdaderos no importan. He escrito sobre cosas que ocurren cada día en el barrio donde me crié, un lugar donde los padres intercambian historias sobre el daño que los jóvenes latinos se causan unos a otros. Cualquiera que haya estado relacionado con una pandilla tendrá una historia parecida que contar, en algunos casos incluso más trágica que la mía. He optado por mostrarme como un ex pandillero más, uno que abrió los ojos a tiempo para sobrevivir.

El propósito de este libro no es sólo describir el mundo de las pandillas, sino también intentar explicar por qué los jóvenes se unen a ellas, en la mayoría de los casos empujados por adultos y no por otros muchachos o por el temido «hombre blanco», a quien se culpa de todos los males. Espero que el libro sirva, al menos, para salvar alguna vida.

Con este testimonio también me he propuesto hacer comprender a los integrantes de las pandillas que sus jefes se dan la gran vida a su costa.

Por desgracia, es probable que quienes más necesitan recibir este mensaje no lo lean jamás.

Los miembros de pandillas latinas matan a otros hispanos como parte de su rutina diaria, y en lugar de reformarse culpan de todos sus males sociales al acoso de la policía y a la discriminación. Mientras tanto, los Latin Kings y otros grupos callejeros no dejan de crecer. Las principales víctimas de este crecimiento son las familias hispanas, porque las pandillas inculcan a los jóvenes lo que sus padres no consiguen darles: el sentido de pertenencia al grupo, aunque en este caso sea falso. La policía, que no hace nada para ganarse la confianza de las comunidades más castigadas por esta delincuencia, forma parte del problema. Existen funcionarios de policía realmente preocupados por la situación, pero son muy pocos.

El problema de las pandillas se ha convertido en una industria que mueve miles de millones de dólares y da trabajo a muchos profesionales del sistema judicial en todo Estados Unidos. Policías, legisladores y abogados se aprovechan: nadie saldría beneficiado si se redujeran los delitos cometidos por estos jóvenes, salvo, por supuesto, los que viven en las zonas donde actúan.

Y estas comunidades deben despertar antes de que sea demasiado tarde.

1. La familia

Puerto Rico, 1963. Nací en el asiento trasero de un Chevy del cincuenta y siete, camino del hospital. Quizás en el mismo auto donde me engendraron. Teniendo en cuenta que mi madre se puso de parto cuando estaba sentada en la letrina, nacer en un auto no me parece tan malo. Me quedé huérfano de padre cuando todavía era muy pequeño. Tenía algo menos de cinco años. Lo único que recuerdo de él es lo que me ha contado mi madre y su imagen en el lecho de muerte, que me quedó grabada en la memoria. Ojalá él hubiera estado allí para guiarme por la vida y darme los consejos que sólo un padre puede dar.

Mi madre era muy joven cuando se casó con él. Tenía dieciséis años, y él, setenta y cuatro. Se había quedado viudo con seis hijos, todos ellos mayores que su nueva esposa, y tenía varios nietos de la edad de ella. Sus hijos estaban resentidos con mi madre por casarse tan joven con un hombre tan viejo. A día de hoy, uno de ellos todavía no nos acepta a mis hermanas y a mí como parientes suyos.

No sé gran cosa de mi padre. Nunca me he molestado en preguntárselo a nadie, pero quienes aseguran que lo conocieron dicen que era un buen hombre. Tendré que fiarme de ellos, supongo; aunque hasta de Richard Nixon, después de muerto, se decía que era un buen hombre. Como era de esperar de un vejestorio casado con una adolescente, mi pa-

13

dre murió cuando mis hermanas y yo éramos todavía muy chicos. Para mí, el hecho de que un señor de setenta y cuatro años le diera tres hijos a una muchachita es increíble. Tras la muerte de mi padre, ella, que seguía siendo joven, no tardó en volverse a casar. No me acuerdo de su noviazgo ni de haber conocido al hombre antes de la boda. Tal vez yo era demasiado pequeño para recordarlo, o tal vez a ella nunca se le pasó por la cabeza que nuestra opinión fuera importante. Sí recuerdo, en cambio, que mi tía y mis primos me pegaban, por no decir que me torturaban, cuando mi madre estaba de luna de miel. Después de todo, no debía ser yo tan joven, porque me acuerdo del dolor.

Vivíamos en una aldea en lo alto de una colina de la zona central de Puerto Rico. Era un pueblo de campesinos. Todos vivían de la tierra. La familia de mi padre era de la ciudad. No recuerdo haber conocido a ninguno de ellos. La aldea era un lugar muy tranquilo, con muchos terrenos baldíos. Jugábamos al béisbol en un campo abierto cubierto de hierba y, a veces, perdíamos la bola entre la maleza. También jugábamos a las escondidas en el bosque y trepábamos a los árboles para agarrar naranjas y toronjas, y comíamos guayabas para entretener el hambre. Mi familia cultivaba café, arroz, frutas y verduras. Llevábamos una vida sencilla y agradable hasta que, tras la muerte de mi padre, mi madre se casó de nuevo y se fue de luna de miel en secreto.

Yo tenía cinco años por aquel entonces. Mamá nos dejó al cuidado de su hermana, que vivía con sus siete hijos. Sus edades iban desde los tres hasta los dieciocho años. Por alguna razón que nunca entenderé, mi tía dejaba que sus hijos nos dieran unas palizas brutales. En cualquier momento podían patearnos, pegarnos puñetazos y dejarnos hechos una masa sanguinolenta sin motivo alguno. Nadie los castigaba; de hecho, recuerdo que los adultos se reían.

Alberto era el mayor de nuestros primos. En esa época era el mayor cabrón del mundo. Nos obligaba a mis hermanas y a mí a subir y bajar corriendo una ladera rocosa, sabiendo que podíamos caernos y lastimarnos. Solía mandar primero a sus hermanos pequeños para que nos golpearan, nos patearan y nos maltrataran de cualquier modo. Era un individuo muy enfermo.

Nuestra casa se encontraba en la ladera, unos cien metros por debajo de la de mi tía. Quedó desocupada durante la ausencia de mi madre, pero no estaba cerrada con llave. Una mañana, Alberto me convenció de que fuera allí con él con la promesa de que me regalaría un tirador y me enseñaría a usarlo. Yo estaba muy ilusionado. Cuando llegamos a la casa, él se sacó un tirador del bolsillo de atrás y me dijo que el mío estaba dentro, sobre la mesa de la cocina. Entré a toda prisa, contento y emocionado, pero no encontré nada. Cuando me volví para salir, Alberto estaba allí, detrás de mí. Me levantó, me llevó al cuarto de mi madre y me tiró sobre la cama, boca abajo. Traté de darme la vuelta para ponerme de pie, pero él me lo impidió sujetándome por detrás del cuello. Me aplastó la cara contra el colchón, casi no podía respirar. Noté que me agarraba el elástico de los calzoncillos y me los bajaba de un tirón hasta los tobillos. Yo no dejaba de forcejear, así que Alberto me puso la otra mano en la nuca y apretó con fuerza. Me quedé prácticamente inmóvil. Entonces él me soltó la cabeza y se puso a manosearme las nalgas sin dejar de aferrarme el cuello. Cuando me metió el pene por el ano me dolió, así que intenté resistirme otra vez. Entonces Alberto se tendió encima de mí y me obligó a permanecer acostado. Al cabo de unos segundos, la terrible experiencia había terminado. Alberto se levantó y me soltó. Mientras se abrochaba los pantalones, me amenazó con matarme si le contaba a alguien lo ocurrido. Yo quedé allí tumbado, aturdido, conteniendo la respiración mientras él lanzaba una amenaza tras otra contra mi vida. No podía moverme, ni hablar, ni siquiera pensar. La voz de Alberto sonó más lejana; me di cuenta de que había salido del cuarto, pero regresó poco después. Sentí que algo frío y húmedo me frotaba la parte interior de los muslos, luego los testículos y al final entre las nalgas. Alberto me agarró de los tobillos y me arrojó hacia los pies de la cama. Rodé hacia atrás, con las piernas volando por el aire. Estaba tratando de sacar una mancha de la cama con un trapo mojado. Entonces comprendí que aquella sensación fría y húmeda que había notado se debía a que Alberto me estaba limpiando. Despacio, con la mente vacía de emociones y pensamientos, me subí los calzoncillos y me quedé ahí parado, como un zombi. Alberto salió de la habitación, volvió sin el trapo y se acercó directo a mí. Me asió del cuello y me levantó hasta que mi cara quedó a la altura de la suya.

–*Si dices algo, te mataré como a un perro** –me dijo.

Me tiró sobre el colchón y se fue. Me quedé sentado a los pies de la cama de mi madre, atontado, durante no sé cuánto tiempo. No recuerdo cuándo salí de la casa, ni con quién, ni cuánto rato había pasado desde la violación.

Tampoco recuerdo haber sentido vergüenza o rabia, ni haber llorado o haber sufrido algún dolor o alguna incomodidad tras el incidente. De hecho, aunque tengo tan presente ese episodio como si se hubiera producido ayer, es muy poco lo que recuerdo de mi vida en Puerto Rico a partir de ese día.

* Las frases y expresiones españolas en cursiva aparecen en español en el original. (N. del T.)

2. Chicago

Nuestro nuevo padre se llamaba Emilio. Era un hombre bajito de piel clara y cabello castaño claro. Nunca llegué a saber gran cosa de él. Oí decir que tenía hijos de un matrimonio anterior. Salvo por ese detalle, Emilio era un misterio absoluto para mí. Mi madre debía de estar embarazada de meses cuando se casó con él. Poco después de que nos fuéramos del pueblo, dio a luz a una niña. Ahora yo tenía tres hermanas. Poco después del nacimiento de su hija, Emilio se trasladó a Estados Unidos y nos llevó consigo.

Mis dos primeros años allí fueron estupendos. Vivíamos en Chicago, la Ciudad del Viento, la Ciudad de Anchos Hombros, entre otras pendejadas. Tenía casi siete años cuando llegamos. Todo lo que veía despertaba mi curiosidad. La gran ciudad me parecía fascinante, diferente, nueva. Recuerdo estar sentado en la terraza de nuestro primer apartamento en Chicago, contemplando emocionado el tren plateado y verde que avanzaba sobre unas vías elevadas, a media cuadra de distancia. Soñaba con montar algún día en esa gran máquina verde que decoraba el paisaje urbano.

En Chicago había gente por todas partes hablando a todas horas. Aquella ciudad estaba viva. En Puerto Rico, los vecinos más cercanos vivían a medio kilómetro de nosotros, y por lo general eran parientes nuestros. En Chicago, las personas vivían al lado, por encima y por debajo de perfectos desconocidos. ¡Ah!, y tener agua corriente dentro de casa era todo un milagro para mí. ¡Qué diferentes eran entre sí los dos ambientes y estilos de vida! Me enamoré de Chicago. Aunque me costaba aprender inglés, me sentía en el paraíso.

En la escuela me asignaron a preescolar debido a mi problema con el idioma. No fue tan terrible. Con casi siete años era el mayor de la clase, y además me dejaban irme a casa al mediodía. (El primer día descubrí que sólo tenía colegio por las mañanas después de pasarme media tarde buscando el aula de *go home**. Si no me hubiera encontrado con un maestro que hablaba español, todavía estaría vagando por los pasillos).

Vivíamos en el South Side de Chicago, cerca de la calle 26. En el barrio predominaban los mexicanos, que en su mayoría no eran demasiado amistosos con los puertorriqueños. Les gustaba corear: «*Arriba México, abajo Puerto Rico*». Creo que su antipatía hacia los puertorriqueños se debía a que nosotros éramos ciudadanos estadounidenses por derecho de nacimiento mientras que ellos tenían que entrar clandestinamente en el país. Sin embargo, esa actitud se daba sobre todo en los adultos: a los niños no parecía importarles. Me hice amigo de chicos que hablaban con fluidez inglés y español y eso nos ayudó a mis hermanas y a mí a aprender el idioma con mayor rapidez.

En casa, la actitud de Emilio hacia nosotros cambió conforme su hija crecía. En pocas palabras, empezó a portarse como un cabrón. Llegó al extremo de ponerle candado a la nevera para que sólo su hija pudiera beber leche. Colgaba las cajas de galletas del techo, muy altas, para que no las alcanzáramos. Descargaba toda su rabia contra nosotros. Cuando se ponía de mal humor, ya fuera por problemas de dinero, porque el bebé lloraba o por lo que fuese, la pagábamos nosotros. No sé por qué mi madre se lo toleraba, pero estoy seguro de que no quería que mi padrastro se enojara. Para cuando cumplí ocho años, a mis dos hermanas y a mí lo

* «Ir a casa». *(N. del T.)*

18

único que nos hacía ilusión era ir a la escuela. En casa nos encerrábamos casi todo el tiempo en nuestro cuarto para evitar la ira de Emilio. Sólo salíamos cuando él no andaba por ahí, lo que solía coincidir con nuestro horario de colegio.

Entonces Emilio perdió su empleo. De hecho, nunca supe a qué se dedicaba, pero el caso es que a partir de ese momento se pasaba todo el día en casa. Protestaba y nos reñía todo el tiempo. Hasta que, de pronto y sin motivo aparente, empezó a salir cada mañana temprano y a regresar bien entrada la noche.

Ahora que ya casi no lo veíamos, recuperamos la alegría de la infancia. La ciudad, la nieve, nuestros nuevos amigos… Disfrutábamos cada minuto. Entretanto, Emilio se metió en algún lío por intentar estafar a la Seguridad Social. Se rumoreaba que el FBI lo había citado para interrogarlo. Y entonces, de buenas a primeras, desapareció. Sin despedirse, sin prometer que volvería; simplemente se fue y ya nunca regresó. Mi madre, una mujer muy atractiva y experimentada, aunque un poco ignorante, se quedó sola con cuatro hijos, sin más ingresos que el seguro de desempleo. Su madre –mi abuela– no la había dejado ir a la escuela. Eso le habría permitido llegar a ser algo más en la vida que ama de casa. Pero ahora estaba allí, en la tierra de las oportunidades, sin saber leer y sin aptitudes profesionales de ningún tipo, obligada a depender de la generosidad de los demás. Aunque no permaneció soltera mucho tiempo. Supongo que recurrió al único mecanismo de supervivencia que conocía: encontrar a otro hombre.

Se llamaba Pedro. Era del North Side, donde vivía la mayoría de los puertorriqueños de Chicago. Medía metro sesenta y cinco y pesaba ciento cincuenta kilos, era gordo, le faltaban dientes, apestaba y hablaba a gritos; un tipo de lo más vulgar. Se había quedado viudo con un hijo ya crecido llamado Héctor. Pedro tenía la costumbre de limpiarse los mocos con la camiseta, e incluso a veces se sonaba la nariz en ella y luego andaba por ahí sin cambiarse. Rara vez se bañaba, e incluso cuando lo hacía seguía oliendo mal.

Pedro se ganaba bien la vida vendiendo lotería de forma ilegal. Se compraba un auto nuevecito casi cada año y siempre llevaba encima un montón de billetes. A su lado, mi madre parecía un frágil palillo. Creo que no era ningún secreto que ella sólo le quería por su dinero. Fue así como decidió mantener a sus hijos; no habría sabido hacerlo de otra manera. Cuando él la visitaba, mamá nos obligaba a salir de casa. Un par de meses después, nos mudamos todos al North Side.

Héctor era una versión más alta y más joven de Pedro. Tenía veintitrés años, medía metro noventa y pesaba ciento ochenta kilos. Era un fanático de los deportes y le gustaban muchísimo los autos grandes y llamativos. Manejaba un Cadillac Coupé de Ville anaranjado con cubierta blanca; y a veces, un Lincoln Mark IV. Se comportaba como un niño. Le divertía jugarle malas pasadas a la gente y tenía un don para hacer reír a los demás. Al igual que su padre, se dedicaba al negocio de la lotería ilegal. Pero también traficaba con droga. Aunque él mismo no bebía, ni fumaba ni se drogaba, siempre iba con yonquis. Héctor vendía heroína. Missy, su novia, era drogadicta y tenía los dientes podridos debido a su pasión por los dulces. De hecho, casi todas las personas que rodeaban a Héctor eran yonquis, como su novia anterior –la madre de su hijo–, su cuñada y el novio de la cuñada. Héctor se la pasaba bien en su compañía. Ellos lo veneraban. Estaban totalmente a sus órdenes.

Hasta que nos mudamos no me di cuenta de lo grande que era Chicago y de su variedad de razas. Muchos mundos colisionaban subiendo desde la zona mexicana de la calle 18 con la avenida Western hasta la zona puertorriqueña de Western con la calle Potomac. Se pasaba por un barrio afroamericano, luego por zonas habitadas por polacos e italianos. Vi vías de tren, parques y chicos que se refrescaban con el chorro que salía de una bomba de agua. El estilo de los edificios cambiaba; cada uno contaba su propia historia arquitectónica. Daba la impresión de que la ciudad cuidaba de sus habitantes como una madre. Mi amor por Chicago aumentaba día a día.

3. Humboldt Park

No tardé en hacer amigos en el North Side. Todos teníamos algo en común, aparte del hecho de ser de la misma raza. Cuando nos mudamos allí yo tenía ocho años y medio. La población del barrio parecía predominantemente blanca, pero había también muchos puertorriqueños. Nos instalamos en la zona de Humboldt Park. Éste era el parque más bonito que había visto en mi vida. Había una playa para nadar, un lago para pescar y muchos campos de béisbol. Para mí era todo un mundo en sí mismo. Nuestra casa era un apartamento de tres habitaciones situado encima de una tienda donde vendían comida. Había un porche de madera en la parte trasera con unas escaleras que bajaban hasta un pasillo por el que se llegaba a un callejón. Al lado había un edificio de dos pisos con un bar a nivel de la calle.

Me inscribieron en la escuela Von Humboldt, que estaba a unas seis o siete cuadras de donde vivíamos. Para entonces, mi inglés había mejorado mucho, pero todavía había muchas cosas que no entendía. Era muy ignorante respecto a las costumbres de la juventud estadounidense. Iba a cumplir los nueve años. En la Von Humboldt me pusieron en quinto grado junto con otros niños de mi edad. Como durante los últimos dos años había tenido compañeros mucho más chicos que yo, pasé de ser uno de los más grandes del aula a estar entre los más pequeños. No me gustó nada. El primer día de clases, el abusón de la escuela se encaró conmigo. Se llamaba Ricardo, pero todos lo conocían por Ricky. Era un puertorriqueño negro, corpulento y feo. No era muy musculoso, pero sí fuerte. Llevaba un enorme peinado afro y podía pasar por afroamericano si no abría la boca. Ricky se consideraba el muchacho más rudo de la escuela y aseguraba que cierta chica era su novia, así que me advirtió que no me acercara a ella, aunque ella dijo: «No soy tu novia. Deja ya de decir eso». Luego conocí a un tipo llamado Jorge. Era bajito y tenía los pies grandes, el pelo rizado y un carácter bastante agradable. Me presentó a sus amigos Noel y Julio. Noel parecía más blanco que puertorriqueño: tenía el cabello rubio, ojos azules y la piel rosada. Luego estaba Julio, que se acercaba bastante más al estereotipo: era moreno de piel, llevaba el pelo negro engominado y peinado hacia atrás y hablaba con un marcado acento hispano. Jorge y Noel habían nacido y se habían criado en Chicago. Sus familias eran de los primeros puertorriqueños que se establecieron en la zona de Humboldt Park. Los dos me contaban historias terroríficas sobre los actos violentos que cometían los blancos contra los puertorriqueños. Como éramos recién llegados, Julio y yo no teníamos más remedio que fiarnos de lo que nos decían.

Las historias que contaban sobre los blancos en el barrio nunca eran agradables. Jorge me enseñó unas cicatrices que, según él, le habían hecho unos muchachos blancos por ser puertorriqueño. Me explicó que ahora la situación no era tan mala como antes, pero me aconsejó que evitara los grupos de chicos blancos. No sé por qué, pero en el fondo no me acababa de creer lo que me contaban Jorge y Noel. Todos los blancos con los que me había encontrado eran amables y simpáticos. Les dije a mis nuevos amigos que me había cruzado con unos muchachos blancos camino de la escuela y me habían parecido bastante amigables. Al verme apuntaron al cielo con el dedo del medio; creí que para mostrarme lo hermoso que era. Además, me gritaron palabras que yo interpreté como expresiones de simpatía: *punk*, *spic*, *pussy*, *son of a bitch*, y creo que incluso me ofrecieron una chuleta de cerdo.* Julio, Jorge y Noel se morían de la risa mientras yo les hablaba de aquellos muchachos blancos. Cuando acabaron de reír, me explicaron qué me habían llamado y qué significaba el gesto con el dedo extendido hacia arriba. Me sentí como un imbécil y pasé todo el día pensando en los insultos de los blancos. Me asustó. Jamás había experimentado tanto odio y eso me volvió receloso y precavido a la hora de elegir mis amistades.

Una mañana, un grupo de cuatro chicos blancos estaba pegándole empujones a un muchacho puertorriqueño que yo no conocía. Noel, Jorge y Julio querían enfrentarse a ellos, pero no se atrevían porque había un agente de policía cerca. De hecho, se hallaba junto a su auto patrulla a metro y medio de los blancos, sobre la acera. Los observaba con una sonrisa medio burlona en los labios, sin mover un dedo. Daba la impresión de que le divertía lo que estaba pasando. Al muchacho puertorriqueño se le debió de acabar la paciencia, porque de pronto arremetió contra el chico blanco que tenía más cerca y lo tiró al suelo. Se puso a lanzarle puñetazos a la cara, furioso. El chico blanco intentó protegerse con los brazos mientras sus amigos retrocedían, gritando: «¡Déjalo en paz, déjalo en paz!». El agente se acercó a los dos muchachos y agarró al puertorriqueño del pelo. Lo levantó y lo arrastró hacia el auto patrulla. Abrió la puerta de atrás, metió al muchacho de un empellón y con una patada en el culo. «A ver si en la cárcel sigues siendo tan gallito, jodido hispano», dijo cerrando la portezuela de un golpe. Luego se dio la vuelta y bramó: «Vuelvan a la escuela, todos». Yo entré a toda prisa y me dirigí a mi clase. Unos diez minutos después, llegaron Noel, Jorge y Julio junto con el resto de la clase.

—Te lo dije. Los blancos siempre se salen con la suya —soltó Noel al pasar junto a mí en dirección a su pupitre.

—Seguro que lo meten en el *juvi* [el correccional de menores] —añadió Jorge.

* Respectivamente «capullo», «hispano» (despectivo), «marica», «hijo de puta». *Pork chop* (chuleta de cerdo) es una expresión racista empleada para designar a los puertorriqueños. *(N. del T.)*

Aquel día empecé a desconfiar de los blancos. No sé si encerraron al muchacho en un correccional de menores o no, pero nunca lo volví a ver, ni en la escuela, ni en el barrio, ni en ningún otro lado. Tal vez sus padres se asustaron tanto que regresaron a Puerto Rico. El episodio me hizo descubrir el miedo a los blancos. Pronto noté que cuando un puertorriqueño se quejaba de maltrato por parte de un blanco, enseguida lo llamaban débil, cobarde, y lo acusaban de no adaptarse a las costumbres estadounidenses. En cambio, cuando el agresor era puertorriqueño, lo llamaban animal y persona indigna de vivir en la sociedad americana. En la escuela me juntaba con puertorriqueños, sobre todo con muchachos, y evitaba a los blancos. Lo que resultaba cada vez más fácil, pues, por lo visto, se estaban marchando del barrio para alejarse de nosotros. Jorge, Noel, Julio y yo nos volvimos inseparables. Pronto empezamos a reunirnos en la esquina de las calles Rockwell y Potomac. Allí había una tienda de dulces en la que solíamos robar. Se llamaba Gloria's. El artículo más popular venía en un sobrecito marrón que costaba cinco dólares y se llamaba *nickel bag.** Me preguntaba cómo podían ser tan caros unos dulces. Sea como fuere, gracias a la popularidad de la *nickel bag* podíamos robar caramelos con toda facilidad. Los chicos y yo pasábamos el tiempo jugando en esa esquina hasta la hora de ir a la escuela. Lo mejor de juntarme con Julio, Jorge y Noel fue que aprendí inglés rápidamente; hablaban en una mezcla de ambas lenguas, y eso me ayudaba a seguir la conversación y entender lo que decían. Cuando se me escapaba algo, ellos dedicaban un rato a explicármelo. Después, se reían a carcajadas, a mi costa, claro. Al poco tiempo, yo ya usaba las palabras más populares de la lengua inglesa en oraciones completas y bien construidas: *Fuck you, you stupid mother fucking asshole*** fue la primera frase que dije en inglés.

Frente a la fachada norte de la escuela Von Humboldt había una verja de tela metálica con un agujero. Lo llamábamos «el agujero de fuga». Los

* Literalmente, «bolsa de a cinco centavos». *(N. del T.)*
** «Que te jodan, puto gilipollas de mierda». *(N. del T.)*

niños de nuestro tamaño podíamos escabullirnos por allí con facilidad, pero a un adulto, como por ejemplo un monitor, le habría costado bastante. Al otro lado de la verja había un callejón que llevaba a la calle Washtenaw. Cuando salíamos del callejón, cruzábamos la calle para ir a una sala de juegos. El sitio se llamaba Carmen's, y era el segundo lugar más frecuentado por los chicos de la escuela. Tenía dos mesas de billar, una de air hockey, un futbolín y varios tipos de flipper. Aquí, el artículo más popular también era el *nickel bag*. En Gloria's las bolsitas se vendían en el mostrador, pero en Carmen's las vendían dos adolescentes, uno dentro del local y otro en la calle.

Para mí, la escuela era el paraíso, y me resultaba aún más fascinante porque allí aprendía a leer y a escribir y mejoraba mi inglés. Era un estudiante modelo: siempre llegaba puntual, con la tarea terminada y escrita con buena letra, y siempre me interesaba lo que nos enseñaban. Mis tres *amigos* y yo éramos buenos estudiantes. Los cuatro estábamos en el cuadro de honor, lo que no contribuía precisamente a darnos la fama de tipos duros que tanto deseábamos. En compensación, faltábamos a clase de vez en cuando para pasarnos el día correteando por Humboldt Park o matando el tiempo en Carmen's. En varias ocasiones, Noel nos llevó a su casa, donde nos dedicábamos a hojear los *Playboy* de su padre. Allí vi por vez primera el cuerpo desnudo de una mujer. Al principio me dio algo de vergüenza, pero no cabe duda de que también me excitó. Noel parecía tener un poco más de experiencia en asuntos sexuales que los demás. Hablaba sin tapujos y con orgullo de lo que haría con los pechos de una mujer si se le presentaba la oportunidad. O nos enseñaba un póster central y decía algo así como: «Me la comería durante tanto tiempo que tendría que ir al dentista para que me cortara el pelo».

Al salir de clase corríamos a casa para ver nuestros dibujos animados preferidos, *Speed Racer*, comíamos algo y luego nos encontrábamos en el patio de la escuela para jugar un par de partidos de béisbol. Mientras nosotros nos entreteníamos jugando, los adolescentes del vecindario se juntaban junto a los barracones que se usaban de salón de clases. Ponían música muy alta, bebían cerveza Old Style y vino Richards y, para mi sorpresa, liaban cigarrillos con el contenido de las famosas *nickel bags*. Al fin descubrí qué había en las bolsitas.

Las muchachas más guapas siempre andaban con los chicos de ese grupo, y bebían y fumaban aquellos cigarrillos tan caros. Siempre besaban con lengua a los muchachos y se dejaban manosear en partes del cuerpo que yo creía que eran sagradas para el sexo opuesto. Lo hacían allí, a la vista de todos, sin el menor pudor. Mis amigos y yo nos moríamos de envidia. La mayoría de los que jugaban al béisbol con nosotros tenían muy claro que querían formar parte de ese grupo tan interesante cuando fueran mayores. El hermano de Noel ya pertenecía a él. Noel nos lo señaló como «el de los pantalones azules anchos con las All Stars negras que le está tocando el culo a una chica». Se llamaba Óscar. Saltaba a la vista que Noel y él no eran hijos del mismo padre: Óscar se parecía más a Julio, aunque tenía la piel un poco más clara. Los demás le llamaban Chico. Ese nombre estaba escrito por todas partes con spray o con rotulador. Y al lado siempre aparecían las letras L. D., las siglas de Latin Disciples, que era como ellos se hacían llamar.

Esa tarde, cuando terminó el partido de béisbol, bombardeé a Noel con preguntas sobre su hermano y los Latin Disciples. Me dijo que los de ese grupo eran los tipos más admirados del barrio. Se protegían y se ayudaban unos a otros en momentos difíciles. Todos se conocían por sus apodos: le ponían uno a todo el que se unía a ellos. También me contó que a veces veía a los Disciples perseguir a chicos blancos o negros hasta los límites del barrio, e incluso en Humboldt Park. Le pregunté a Julio por qué y me contestó: «Porque somos puertorriqueños, ¡por eso!».

Ese verano pasó volando y dejó en mi mente muchas preguntas sin respuesta. Jugábamos mucho al béisbol, tratábamos de juntarnos con los Latin Disciples y hablábamos todo el tiempo de chicas. Héctor, mi hermanastro, venía de cuando en cuando para charlar conmigo de deportes. A veces nos lanzábamos la pelota, y una vez jugó con nosotros al *fast pitching*.

El *fast pitching* era un como llamábamos a un partido de béisbol contra una pared. La pared hacía de *catcher*. Dibujábamos un rectángulo que servía de zona de *strike* en una pared que estuviese situada delante de una zona despejada. Según el espacio de que disponíamos, creábamos un campo de juego imaginario. Si el lanzamiento iba a dar dentro del rectángulo se consideraba *strike*, y si tocaba fuera se consideraba bola. Podía participar cualquier número de jugadores, pero por lo general había entre uno y tres por equipo. No corríamos para alcanzar las bases. Establecíamos límites que determinaban los sencillos, los dobletes, los tripletes y los cuadrangulares. Estas normas se aplicaban a todas las pelotas bateadas en el aire que no fueran atrapadas por el equipo contrario. Por supuesto, si las atrapaban, era *out*. Todas las rolatas enviadas por el bateador más allá del lanzador se consideraban sencillos, pero si las atrapaban antes se contaba como *out*. Daba igual cómo fuera el terreno, siempre y cuando hubiese una pared y espacio para batear.

Era emocionante ver a Héctor con su gordo trasero persiguiendo una bola que rodaba por el suelo o intentando atrapar una bola alta. Cuando corría, los demás fingíamos que había un terremoto. A Héctor no parecía importarle; se reía con nosotros. Curiosamente, pese a su corpulencia, era buen deportista. Lanzaba unas bolas curvas endiabladas y bateaba con fuerza. Cuando le daba a la pelota de lleno en el aire, la mandaba muy, muy lejos. Jugar al béisbol y acudir a la escuela me hacían feliz.

En invierno, los Latin Disciples casi no se dejaban ver por la calle. Por lo general los encontrábamos en Carmen's o en Gloria's, comprando *nickel bags*. Salvo por eso, apenas los veíamos, a diferencia de en verano. Según Noel, tenían una especie de club donde se reunían para protegerse del frío.

De hecho, el invierno resultaba bastante aburrido excepto por las batallas de bolas de nieve que organizábamos en la escuela, los muñecos de nieve y, por supuesto, la Navidad. Yo me pasaba casi todo el tiempo en casa, viendo la tele, porque mi madre no quería que enfermara.

Llegué a conocer a Pedro, mi padrastro, tanto como era posible, que no era mucho. Hablaba con una voz tan fuerte que parecía que siempre estuviera gritando. A causa de su negocio de lotería ilegal, la policía registraba nuestro apartamento con cierta frecuencia. De niño, yo no entendía por qué lo hacían. En realidad no le daba demasiada importancia. Pensaba que sólo querían proteger nuestra casa. (Me había formado esta idea a raíz de las visitas anuales de «nuestro amigo el agente» a la escuela. Mientras repartía libros para colorear y lápices de cera, nos hablaba de su trabajo y de que la policía estaba para ayudarnos. Nos pintaba el mundo como un lugar de lo más tranquilo, poblado de gente honrada). Por otra parte, Pedro se portaba bastante bien con nosotros. Nos compraba todo lo que queríamos y siempre nos daba dinero para dulces. A finales del verano, mi madre se quedó embarazada de su primer hijo con Pedro, y a principios de junio del año siguiente dio a luz al miembro más joven de la familia: un varón. Le pusieron de nombre Pedro júnior. De pronto, Pedro sénior, como antes Emilio, empezó a cambiar drásticamente.

4. Comienzan las palizas

Llegó el verano, yo estaba de vacaciones y había empezado a relacionarme con los tipos populares. Ya no era el chico nuevo de la escuela. Estudiaba todas las cosas y a todas las personas que me rodeaban. Aún así, prefería pasar inadvertido. Me daba vergüenza hablar delante de las chicas, y en clase sufría un caso extremo de pánico escénico. Aprendí a dibujar y descubrí que tenía cierta facilidad para escribir poesía. Esto llamó la atención del maestro, cosa que yo no deseaba, por lo que no solía mostrar mis poemas y dibujos a nadie. La escuela me encantaba porque allí me sentía especial. Así, el primer año en la Von Humboldt pasó muy deprisa, todo el tiempo quería aprender más y divertirme más. Se terminó antes de que pudiera disfrutarlo plenamente.

Jorge, Noel, Julio y yo empezamos a hacer planes para jugar con un equipo de la liga infantil de béisbol en Humboldt Park. Nos habíamos presentado a varias pruebas para entrar en algún equipo, pero nos negábamos a jugar si no nos admitían a todos. Entonces, un bombero del vecindario nos dijo que si conseguíamos formar un equipo, él nos entrenaría. ¡Por fin podríamos jugar juntos!

Sin embargo, Pedro, mi padrastro, tenía otra idea de lo que mis hermanas y yo debíamos hacer en verano. Nos exigió que nos quedáramos en casa o en los alrededores mientras él salía con mamá a enseñarle a todo el mundo su hijo recién nacido. De pronto no se me permitía ir a Humboldt Park ni andar por ahí con Jorge, Noel y Julio. Protesté y dije que quería jugar en la liga infantil con mis amigos. Por toda respuesta, Pedro habló con uno de sus contactos del negocio de lotería y, de la noche a la mañana, pasé a formar parte de un equipo que jugaba en Lincoln Park. No me gustaba estar en ese equipo, pero me quedé en él por amor al béisbol. Pasé todo el verano preguntándome qué estarían haciendo Jorge, Noel y Julio. Pedro no me dejaba llamar por teléfono ni salir del barrio, así que no me quedaba otro remedio que esperar a que empezara la escuela para volver a verlos. Me moría de ganas de hablarles a los chicos del equipo tan malo en el que jugaba.

En otoño entraríamos en séptimo grado, lo que significaba que iríamos a un edificio aparte situado en la esquina de la avenida California con LeMoyne reservado a los alumnos de séptimo y octavo grados. Por entonces, no pensábamos más que en chicas y en unirnos a los Latin Disciples para conocer a las muchachas bonitas y tocables que se juntaban con ellos. No me interesaba beber ni fumar: sólo quería ser un tipo respetado y que las chicas me hicieran caso.

La vida en casa empezaba a convertirse en un infierno. El afecto que Pedro pudiera haber sentido hacia mis hermanas y hacia mí había desaparecido por completo. Comenzó a tratarnos bastante mal. Supongo que pensaba que ahora que tenía un hijo propio ya no tenía que cuidar de los postizos. Mi madre también cambió; tenía una actitud protectora hacia a mis hermanas. No toleraba que Pedro les hiciera nada, pero no reaccionaba igual cuando la víctima era yo. A mamá no parecía importarle que Pedro me moliese a golpes sólo porque yo soltara un grito de entusiasmo cuando Billy Williams o Ron Santo de los Cubs conectaban un cuadrangular que enviaba la bola hasta la avenida Waveland. Se limitaba a gritar: «Cállate, deja de chillar y apaga la tele». Me sentía solo; mis hermanas tenían a mi madre, Pedro júnior tenía a su padre, yo no tenía a nadie. Empecé a contar los días que faltaban para ir a la escuela y poder ver de nuevo a mis amigos. Sabía que entonces ya no estaría solo. Me imaginaba que, cuando fuese uno de los Disciples, tendría todos los amigos que quisiera y ya nunca más sufriría de falta de atención. Todo sería maravilloso cuando regresara a la escuela. Me equivocaba.

El ayuntamiento estaba construyendo una nueva escuela de bachillerato para la comunidad puertorriqueña. Por eso, cuando nos mudamos a ese barrio estaban derribando unas casas en la esquina sudeste de la avenida Western y la calle Potomac. Despejaban el terreno para construir el campo deportivo de la nueva escuela, que iba a ser bautizada con el nombre de Roberto Clemente en honor de un héroe de Puerto Rico. El edificio se levantó en la esquina de Western con Division, mientras que el campo de béisbol y de fútbol americano se extendía una cuadra a lo largo de Western hasta Potomac. Nosotros vivíamos en Western, a un cuarto de cuadra de Potomac. La escuela se veía desde casa, y era una vista magnífica. La vieja escuela de bachillerato del barrio era la de Tuley, que estaba en la calle Claremont, entre Hirsch y Potomac, una cuadra al norte de la nueva. Mientras preparaban Clemente, acondicionaron Tuley para convertirla en escuela primaria. Los alumnos de bachillerato inscritos en Tuley y los que iban a cursar su primer año debían ingresar en Clemente.

Unas dos semanas antes de empezar el curso, mi madre recibió una carta del Consejo de Educación en la que le notificaban que yo no continuaría asistiendo a la escuela Von Humboldt, sino que me trasladaban al nuevo Complejo Educativo de Tuley porque se encontraba más cerca de casa. A los chicos de una escuela llamada Shuley, que demolieron para construir la zona de estacionamiento de la nueva escuela, también los cambiaron a Tuley. De pronto, mis sueños de ir al otro edificio de la Von Humboldt y de reencontrarme con Jorge, Noel y Julio después de un verano nefasto se desvanecieron.

Al saber que ya no iba a regresar a la Von Humboldt, sentí lo mismo que cuando salimos de Puerto Rico para ir a Chicago. Ahora tendría que hacer nuevos amigos y averiguar cuáles eran los lugares de moda entre los chicos. O bien podría intentar acercarme en secreto a Von Humboldt al salir de la escuela para reunirme con los muchachos. Opté por tratar de hacer nuevas amistades. Me daba miedo la paliza que me pegaría Pedro si se enteraba de que me juntaba con mis viejos amigos a sus espaldas. Debía hacerme a la idea de que mi relación con ellos pronto no sería más que un recuerdo. Aunque vivían a sólo seis o siete cuadras de mi casa, por culpa de Pedro era como si estuvieran en otro país.

El primer día de clase de aquel verano resultó diferente de lo que me esperaba. En lugar de formar parte de un grupo en el que a todo el mundo le interesaban mis opiniones, yo era un recién llegado y todos cuchicheaban sobre mí. La escuela empezó a parecerme aburrida y una pérdida de tiempo. Pasé de estar en el cuadro de honor en Von Humboldt a ser un alumno regular en Tuley. Además, para llamar la atención me convertí en el payaso de la clase.

Había un grupo de muchachos que vivían enfrente de nuestra casa. Me atreví a hablarles porque siempre estaban fuera, jugando a lanzarse la pelota. Nuestro interés compartido por el béisbol nos unió. Por fin tenía amigos. Eran cinco hermanos. El mayor, Heraldo, estudiaba bachillerato. Era un tipo al que no le gustaban los líos y que siempre daba buenos consejos a quienes eran más chicos que él. El segundo se llamaba Rodolfo. Era uno o dos años mayor que yo, y muy popular en el barrio. Lo apodaban Papo. Pese a su corta estatura, era musculoso y un gallito. Tenía fama de bravucón. El tercer hermano era Ernesto, que tenía la misma edad que yo. Era bastante tranquilo y se dejaba influir por los demás. Todos creían que era gay, pero nada más lejos de la realidad. Los otros dos, Antonio y Jaime, eran gemelos. Siempre iban juntos y apenas se relacionaban con nadie más. Papo, Ernesto y yo estábamos en la misma clase porque Papo era repitidor.

Los hermanos me conocían como el tipo al que sus padres no dejaban de pegar. Habían visto a mi mamá abofeteándome en la calle, delante de casa. Los habían visto, a ella y a Pedro, a través de la ventana, moliéndome a golpes. Cuando me lo contaron, me sentí algo humillado, pero los chicos le restaron importancia y nunca volvieron a mencionarlo.

Con el tiempo, Papo y yo nos hicimos buenos amigos. Él decía que se llevaba bien conmigo porque no me daba miedo devolverle los golpes. (En realidad, se refería a una ocasión en la que le devolví un golpe porque creí que estaba jugando conmigo. Si hubiera sabido que me estaba poniendo a prueba, quizá no me habría atrevido). Papo era uno de los tipos populares del barrio, al igual que su hermano Chico, y me invitó a unirme a su grupo. Le respondí que me lo pensaría. No había visto por ahí a la pandilla de Papo, y quería asegurarme de que las chicas que se juntaban con ellos fueran tan atractivas y cariñosas como las que rondaban por Von Humboldt. Le hablé de los Latin Disciples y resultó que Papo sabía más sobre ellos que yo. Me dijo que sus colores distintivos eran el negro y el azul, y que su jefe era un tal Cadillac Joe. Yo no sabía si lo que me contaba era cierto, pero sabía que iban con unas chicas que estaban muy dispuestas. Le pregunté cómo se llamaba su pandilla, pero no me contestó. Sólo dijo que pronto lo averiguaría.

Gracias a mis nuevos amigos, me era mucho más fácil evitar a Pedro. Como vivían justo enfrente de nosotros, podía pasarme casi todo el día con ellos y luego encerrarme en mi cuarto por la noche. Esquivar a Pedro se convirtió en una especie de juego de estrategia para mí. En cuanto lo veía salir de casa, yo entraba a toda prisa para comer, ver la televisión o hacer cualquier otra cosa. Cuando oía que venía de vuelta, me escabullía rápidamente por la puerta trasera. Aun así, no podía evitarlo todo el tiempo. A veces me quedaba hipnotizado viendo un partido de los Cubs y no me daba cuenta de que Pedro entraba en casa. Entonces intentaba pegarme o se ponía a renegar y a gritar obscenidades sin motivo alguno. (En realidad nunca me molesté en intentar saber por qué me trataba así. De todos modos dudo que hubiera encontrado una explicación razonable. A veces me pregunto si tiene la más remota idea del daño que me hizo, o si le importa siquiera).

El invierno se respiraba de nuevo en el aire y la nieve volvía a cubrirlo todo. De niño llegué a adorar los inviernos en Chicago; convertían la ciudad en un lugar de ensueño. Lo malo era que entonces tenía que quedarme en casa casi todo el día, y eso me causaba muchos conflictos con Pedro. Un viernes llegué a casa de la escuela y le pedí permiso a mi madre para salir a jugar al fútbol americano. Le dije que, aunque el suelo estaba nevado, no hacía demasiado frío fuera. Ella accedió, pero con la condición de que primero hiciera mi tarea. Sólo tenía unos ejercicios de matemáticas. Tomé un lápiz, me senté a la mesa del comedor e intenté terminarlos lo antes posible.

Llevaba unos cinco o diez minutos enfrascado en la tarea cuando oí entrar a Pedro. Se me acercó, echó un vistazo por encima de mi hombro y rompió a gritar, enfurecido por los números que yo estaba escribiendo. El muy idiota era un ignorante y un analfabeto; para él, todos los números tenían que ver con las loterías ilegales. Antes de que yo pudiera reaccionar, sentí un dolor agudo en la espalda, una y otra vez. Me caí al piso, gritando y llorando de dolor. Le rogué a mamá que interviniera para detenerlo. Por toda respuesta, mi querida madre empezó a darme patadas y a azotarme con un cable. Me agarró del pelo para levantarme y me dijo que me iba a matar. Yo la creí, realmente la creí. De algún modo conseguí soltarme, corrí a mi habitación y me escondí debajo de la cama.

Encogido, notaba un gran dolor en la espalda y pedía a Dios que tuviera piedad. Cerca de media hora después, mi hermana entró en el cuarto y me dijo que saliera de debajo de la cama. Pedro y mi madre se habían ido. Me arrastré, me levanté y, cuando me quité la camisa, vi las estrellas. La tela se había quedado pegada a la sangre que salía de dos o tres heridas. El cabrón de Pedro se había quitado el cinturón de cuero y me había pegado tan fuerte que me había dejado la piel morada en algunos sitios y abierta en otros. En las piernas tenía unas señales rojas, moradas y negras: la muestra de la ayuda que mi querida madre me había prestado con el cable.

Permanecí en mi cuarto el resto de la noche llorando y preguntándome qué habría hecho para merecer ese castigo. Me daba miedo quedarme dormido. Temía que Pedro y mamá continuaran maltratándome a su vuelta. Cada vez que oía abrirse la puerta principal, me metía debajo de la cama. Pero se trataba de mis hermanas. Correteaban por ahí, jugando y riendo, como si nada hubiera pasado. Las envidiaba y deseaba que se murieran. Sabía que lo sucedido no era culpa suya, pero no entendía por qué era yo el único en recibir palos. Entonces oí la voz de mi madre y me puse la camisa corriendo y me escondí debajo de la cama. Se estaba riendo con Pedro júnior, y luego, en la cocina, le comentó a mi hermana mayor algo sobre Puerto Rico. Luego oí entrar a Pedro, vociferando y preguntando dónde estaba yo. Me acurruqué lo más que pude contra la pared, preparándome para otra paliza. Pedro se puso a soltar palabrotas y a asegurar que me mataría si volvía a sorprenderme anotando números. Mi madre no contestó. Oí que les decía a mis hermanas que se fueran a acostar. Pedro siguió echando pestes durante al menos una hora. Luego, todo quedó en silencio. Aunque estaba seguro de que todos se habían ido a la cama, tenía demasiado miedo para salir de mi escondite. Sabía que en cualquier momento y sin motivo Pedro podía entrar en mi cuarto y molerme a golpes. Dormí debajo de la cama. No era nada confortable, pero me sentía a salvo.

El sábado salí de mi escondite dolorido y arrastrándome penosamente. La camisa se había vuelto a pegar a las heridas de la espalda, pero no me di cuenta y me la quité como de costumbre. El dolor se multiplicó por diez. Para colmo, me esperaban muy malas noticias: mamá estaba embarazada otra vez, y con Pedro habían decidido empacarlo todo y regresar a Puerto Rico. No pude dejar de pensar en que sería imposible evitar las palizas de Pedro cuando estuviésemos en la isla. Mi hermana mayor y yo manifestamos nuestro interés en terminar los estudios en Chicago y hablamos de lo duro que sería para nosotros adaptarnos a la nueva vida. Pero ni siquiera los ruegos de mi hermana fueron escuchados.

La golpiza de la noche anterior seguía fresca en mi memoria. Yo esperaba que mamá me pidiera perdón, me cuidara las heridas y se comportara como una madre para hacerme sentir algo mejor. Eso no ocurrió.

Pedro no estaba en casa cuando mamá nos dio la noticia de que nos mudábamos. Lo primero que él me dijo cuando llegó fue que había tenido suerte de que no me matara. Me advirtió que me anduviese con cuidado porque en Puerto Rico viviríamos en «su» casa y allí yo no tendría a donde huir ni donde esconderme. Mamá oyó todas esas amenazas, pero no les dio ninguna importancia y me aseguró que Pedro no hablaba en serio. Sólo de pensar que estaría atrapado en Puerto Rico con ese desgraciado me puse a llorar y empecé a temer por mi vida. Estuve todo el domingo llorando y preguntándome cómo iba a sobrevivir. Me atormentaba la idea de que Pedro intentara de verdad acabar conmigo y de que mi madre acabara rematándome. Me pasé la mitad de la noche dando vueltas en la cama, preguntándome qué había hecho para merecer lo que me estaba sucediendo. El fin de semana pasó y llegó el momento de volver a la escuela. Fue todo un alivio. ¡Tenía una excusa para salir de casa!

No puedo negar el odio que sentía hacia mi madre. No le contestaba mal ni la atacaba, pero no era precisamente por respeto. Era por miedo, miedo a que me golpeara sin piedad para meterme en cintura o a que me torturara sólo por el placer de oírme gritar. Veía en ella toda la maldad del mundo. Era Satanás, Hitler, una serpiente venenosa bajo el disfraz de flor inofensiva. Mi madre era ese lugar cálido, seguro y acogedor que se convertía en un infierno en cuanto entrabas en él. La forma en que se comportaba después de pegarme, como si nada hubiera pasado, me quemaba por dentro. En algún rincón de su mente retorcida, ella debía pensar que me estaba enseñando algún tipo de lección. ¡Oh, cómo la odiaba! ¡Cómo deseaba que muriera! Éste fue el primer pensamiento violento que tuve: dedicado a mi madre.

Papo me esperaba delante de su casa para caminar juntos a la escuela. Intenté adelantarme para ir solo, pero me alcanzó y me preguntó por qué no había salido en todo el fin de semana. Yo guardé silencio. Me sentía humillado. Tenía la impresión de que todo el mundo me miraba. Esa vez, Papo se quedó callado. Por lo general bromeaba conmigo hasta que yo me dejaba llevar y le devolvía las bromas. Éramos los payasos de la clase, pero aquel día todos los compañeros se dieron cuenta de que me pasaba algo. Papo y yo permanecimos sentados mientras todo el mundo, incluido el maestro, esperaba a que nos pusiéramos a hacer el bobo.

El maestro nos hizo salir del aula y nos preguntó si habíamos discutido. Le contestamos que todo iba bien, pero siguió preguntando. Al final, le expliqué que mi familia iba a mudarse a Puerto Rico y que yo no quería irme con ellos. Me expresó su pesar, aunque aseguró que Puerto Rico era un lugar hermoso para vivir. Yo me dije: «Sí, claro, si supieras...».

Al salir de clase, yo quería irme a casa a toda prisa y encerrarme en mi cuarto lejos de la violencia que no dejaba de acecharme, pero Papo me empujó hasta un pasillo y cerró la puerta. Me contó que el viernes por la noche se dirigía a la escalera de entrada de mi casa cuando me oyó gritar y pedir piedad a mi madre. Me dijo que era una puta. Entonces le di un puñetazo, para defender a mamá, pero Papo me inmovilizó con un abrazo. Al hacerlo, sin querer, me arrancó una costra de la espalda y se me escapó una mueca de dolor. Entonces me soltó y le enseñé las heridas. Hasta le asomaron las lágrimas a los ojos. Le dije que lo que le había contado al maestro era cierto: iba a marcharme de Chicago. Él sólo agachó la cabeza y murmuró: «Vámonos a casa».

A pesar de lo mucho que aborrecía a mi madre, sentí la necesidad de salir en su defensa cuando Papo la llamó puta. Así son las cosas. Honrarás a tu madre, por mucho dolor y sufrimiento que te inflija. Por eso, los únicos que cargan con las culpas son los hijos; el honor de una madre es sagrado.

En casa, todos estaban felices y sonrientes. Mamá tenía visitas, y se jactaba de su regreso a la isla. Me pidió que me acercara y presumió ante sus amigas de lo bien que me portaba, de las notas tan buenas que sacaba siempre y de lo obediente que era. Actuaba como si no le cupiera la menor duda de que yo había olvidado el dolor, como si yo ya no tuviera las marcas del cinturón en la espalda.

5. Los Spanish Lords

Al día siguiente me reuní con Papo en el sitio de siempre. Le rogué que no le contara a nadie lo de mi espalda. Ese día tocaba clase de gimnasia. Todos los compañeros me verían las cicatrices en el vestuario y yo no tenía ganas de ponerme a responder preguntas. Ni quería verme obligado a defender nuevamente el honor de mi madre. Después de reflexionar un poco, Papo decidió no ir a clase para hacerme compañía. Era la primera vez que yo faltaba a la escuela desde que había empezado en Tuley. Había pensado en hacerlo antes, pero al caer en la cuenta de lo cerca que estaba la escuela de mi casa cambié de idea. Papo me llevó al lugar donde se reunía el grupo al que pertenecía. Yo todavía lo ignoraba casi todo sobre ellos; sólo sabía que sus miembros eran siempre los tipos más populares y que las muchachas más atractivas andaban siempre con ellos. Era todo lo que necesitaba saber.

Los amigos de Papo se hacían llamar los Spanish Lords. Se reunían en el sótano de la casa de uno de ellos, situada justo enfrente de la escuela, en la misma calle. Papo me dijo que el padre del tipo también había pertenecido a los Lords cuando era joven y por eso les dejaba pasar el rato en su sótano. Le pregunté qué diferencia había entre su grupo y el de Von Humboldt, pero llegamos a la puerta de la casa antes de que pudiera contestar. Papo me advirtió de que no hiciera preguntas sobre el grupo cuando estuviéramos en el sótano y prometió aclarar mi duda más tarde. Llamó a la puerta y, cuando alguien al otro lado preguntó quién era, contestó «Lord Papo». La puerta se abrió, Papo entró y me indicó que esperara allí fuera. No llegué a ver al que había abierto. Papo actuaba con mucha reserva, como si ocultara algo. Me puse nervioso, preguntándome qué estaría haciendo y por qué tardaba tanto. Un par de minutos después, la puerta se abrió de nuevo y Papo me invitó a pasar.

Una vez en el sótano, caminamos hasta otra puerta y la cruzamos. El cuarto estaba oscuro; la única luz provenía de unos fluorescentes morados. Una canción de Daryl Hall y John Oates rompió el silencio: «Es una chica adinerada y está yendo demasiado lejos, pero sabes que da igual». El lugar estaba lleno de humo, y el olor característico de la marihuana flotaba en el aire. Cuando mis ojos se acostumbraron a la penumbra y conseguí fijar la vista, vi dos sofás y varias sillas. Al fondo había un gran mueble para el televisor sobre el que descansaba un equipo estereofónico. Tres sillas estaban ocupadas por dos muchachos y una chica. Estaban ahí sentados, bebiendo, fumando y mirándome como preguntando «¿quién demonios eres tú?». En uno de los sofás había una pareja besándose y toqueteándose; se les veía muy metidos en el tema. Papo tuvo que arrastrarme hacia donde él estaba para que dejara de observarlos. Lo seguí a otro cuarto, donde había dos tipos mayores que nosotros, de unos veinte o veintiún años. Tenían una bolsa de plástico llena de lo que parecían hojas secas y estaban ocupados metiéndolas en sobrecitos de papel. Resulta que las nickel bags salían de este lugar. Hasta entonces había pensado que las hacían en alguna fábrica.

Papo me presentó a los dos muchachos. Se hacían llamar Rican y Lil Chino, un puertorriqueño que parecía de origen asiático. Tenía la piel clara, ojos castaños y el cabello largo, sujeto en una cola de caballo. Lil Chino era delgado y tenía los brazos cubiertos de tatuajes. El más llamativo era el que llevaba en la parte derecha del pecho: el dibujo de una lápida con el nombre Loco y las letras R.I.P. inscritos en ella. Le dije mi nombre. Me echó una miradita, dijo «qué hay» y prosiguió con lo que estaba haciendo. Rican era de piel oscura y llevaba un voluminoso peinado afro. Su aspecto correspondía más a un afroamericano que a un puertorriqueño. Aunque Rican hacía pesas y tenía un tamaño imponente, se mostró bastante amigable conmigo y comentó que esperaba mi pronta conversión a la hermandad. Luego, le dijo a Papo que me presentara a los demás.

Regresamos al cuarto repleto de humo. Papo fue a un rincón y encendió las luces, lo que provocó que todos empezaran a quejarse. Cuando Papo les informó de que Rican le había ordenado que me presentara, prestaron atención de golpe. Todos tenían más de once años, mi edad en aquel entonces.

La pareja del sofá se apresuró a ponerse bien la ropa para taparse sus partes. Papo me presentó al chico; lo apodaban Snake, es decir, «serpiente». Llevaba una gorra de los Cubs y no tenía cejas. Mostraba una fea cicatriz en el cuello, como si hubiera sufrido una quemadura grave. La muchacha todavía batallaba por abrocharse el sostén. De pronto dejó lo que estaba haciendo, se levantó, medio desnuda, y dijo que se llamaba Nancy, pero que todos la conocían como Sexpot. Era una joven blanca, rellenita, con enormes pechos y un tatuaje casero mal hecho en la parte superior del brazo que decía «S L's». Sexpot no era ni mucho menos una belleza, pero tenía fama de chica fácil. La otra muchacha de la habitación se le acercó.

–Eres una maldita puta –le soltó, y se marchó.

Los otros dos chicos rompieron a reír y se presentaron. Uno de ellos se hacía llamar Joker. Tenía unos dieciocho años y había dejado los estudios. De hecho, todos los presentes menos Papo y yo los habían dejado. Joker, que estaba muy fumado, no dejaba de reírse ni de vacilar a Sexpot. Al otro tipo le llamaban Pothead, o «marihuano». Fumaba hierba para desayunar, para almorzar, para cenar y también entre comidas. Era alto y musculoso. Tartamudeaba ligeramente y solía adoptar una actitud de tipo duro. Por lo visto, no le caí muy bien. Me advirtió de que si algún día le clavaba una puñalada por la espalda a uno de los Spanish

Lords, me mataría personalmente. De inmediato, Papo se interpuso entre nosotros y le dijo a Pothead que se calmara y que me diera la oportunidad de demostrar mi valía. Joker me ofreció un cigarrillo. Tomé uno y lo estudié entre mis dedos. No tenía ni idea de qué había que hacer con él. Sexpot soltó una carcajada.

–Vaya, vaya. Papo me ha traído a un muchacho virgen para que lo estrene. Acércate, cariño, te voy a enseñar a fumar.

Antes de que ella pudiera continuar, me llevé el cigarrillo a la boca y le aseguré que no era virgen. Lo encendí y aprendí a fumar imitando a Pothead. Papo apagó la luz, se sentó junto a mí y me dijo que me pusiera cómodo y me relajara.

Una hora después, más o menos, Lil Chino llegó del otro cuarto y nos preguntó si queríamos algo de la tienda.

–Sí, tráenos unas cervezas –respondió Snake.

Al poco rato, Rican salió del cuarto y encendió las luces. Me preguntó cómo me sentía. Le dije que bien y le pedí un cigarrillo. En ese momento habría hecho cualquier cosa por matar el tiempo. Rican me contestó que él sólo tenía cigarrillos de la risa. Me extrañó que todos se echaran a reír, pero le dije que me diera uno de todos modos. Cuando Rican me alargó el cigarrillo de marihuana, Papo se lo quitó y dijo que él lo encendería. Todos se mostraron sorprendidos y le preguntaron por qué le daba de repente por fumar marihuana. Respondió que, como era mi primera vez, no quería que fumara solo. Papo prendió el cigarrillo, aspiró el humo y luego me lo pasó. Vi que la cara se le ponía roja como un tomate mientras intentaba retener el humo en los pulmones. Lo expulsó de golpe y empezó a toser. Todos se rieron, incluido él. Después me tocó el turno a mí. Me llevé el cigarrillo de la risa a la boca, inspiré y me tragué el humo, tal como había visto hacer a Papo. Me sentí mareado y rompí a toser y a jadear, tratando de recuperar el aliento. Todo me daba vueltas y veía las cosas borrosas. Oía risas y luego a los muchachos que coreaban «otra vez, otra vez, otra vez». Parecían desear que diera otra calada, pero se me nublaba la vista y ni siquiera lo veía. Entonces pensé «qué más da, si no me hace falta verlo». Me llevé la mano a los labios y aspiré de nuevo, sólo para darme cuenta de que no tenía nada entre los dedos. En realidad, los gritos de ánimo de los chicos iban dirigidos a Papo; yo había dejado caer el cigarrillo de marihuana sin darme cuenta y Papo lo había recogido. Todo eso les pareció chistosísimo. Rican me abrazó y me dijo que yo era «un tipo chévere». Entonces, Lil Chino regresó y se puso a repartirnos las cervezas que había traído. Después de pasarnos horas bebiendo y fumando, llegó por fin el momento de marcharnos de la sede de los Lords.

Acababa de entrar en el mundo de las drogas y el alcohol sin darme cuenta. No hubo presión por parte del grupo, sino sólo mi deseo de ser como los demás, de encajar.

La jornada escolar había terminado. Era hora de que Papo y yo nos incorporáramos al resto de los estudiantes que se iban a sus casas. Habíamos fumado dos cigarrillos de marihuana y nos habíamos bebido dos cervezas cada uno. Estábamos bastante colocados y actuábamos como un par de idiotas. Papo me dijo que iba a volver al club y que se reencontraría conmigo más tarde o al día siguiente. Yo me fui a casa, esperando que Pedro y mi madre no se dieran cuenta de que iba un poco borracho y fumado. Cuando llegué a casa, fui directo a mi habitación. A mamá eso no le pareció sospechoso (yo había adquirido esa costumbre desde que Pedro había empezado a pegarme palizas). Me quedé tumbado en la cama, pensando en lo mucho que me había divertido y en lo bien que me habían acogido los Lords. La cerveza y la marihuana me habían relajado y me habían hecho sentir totalmente libre de preocupaciones. Sentía que por fin despertaba de la pesadilla en que se había convertido mi vida. Todo me parecía mejor.

No podía quitarme de la cabeza la teta de Sexpot. Aunque no la encontraba en absoluto atractiva, no dejaba de fantasear con ella e imaginaba el modo en que nos besuquearíamos la próxima vez que la viera. Al cabo, pensé en lo gorda y fea que era y en lo atractiva que parecía la chica que la había insultado. Me preguntaba quién sería. Era una lástima que se hubiera marchado antes de conocerla.

Los pensamientos se sucedían en mi mente a mil por hora y me dejaban atrás. Me llevaban al pánico, luego a sonreír, y de nuevo al pánico. Resultó una experiencia tremenda. Empezaba a dormirme cuando mi hermana llamó a la puerta y me avisó de que la cena estaba servida. Le contesté que cenaría más tarde. Me aconsejó que quitara el pestillo antes de que Pedro se diera cuenta de que había cerrado la puerta y armara un alboroto. Reflexioné unos instantes y llegué a la conclusión de que tenía razón. Me levanté, descorrí el pestillo y me dormí.

Me desperté en plena noche muerto de hambre. Me rugían las tripas. Me levanté, fui al baño, me lavé la boca y fui a la cocina. No encendí la luz para no despertar a nadie. Me ponía nervioso ir a la cocina porque el dormitorio de mamá y Pedro estaba justo al lado. Sin embargo, el hambre pudo más que el miedo. En la oscuridad entreví lo que me pareció un plato tapado con otro. Supuse que mi madre lo había dejado allí para mí. Alargué los brazos hacia el plato para llevármelo a mi habitación. Antes de llegar a tocarlo, alguien me agarró del pelo y me tiró al suelo. Noté un dolor intenso en la barriga producido por una patada. Sonaron los gritos de Pedro, y la luz se encendió. Oí a mi madre chillar *Pedro, ¿qué haces?* Tumbado en el suelo, dolorido, me dije: «Caray, pero ¿qué le pasa a este tipo? ¿Qué le he hecho yo?». De pronto, la rabia se apoderó de mí y dejé de sentir dolor.

Me acerqué a la mesa, agarré el plato con comida y golpeé a Pedro en la cara con él. Para entonces, ya todos estaban despiertos. Cuando Pedro se recuperó de la impresión que le causó el hecho de que yo le plantase cara, corrió a su habitación y salió con una pistola. Me encañonó con ella y la amartilló. Mi madre y mis hermanas se pusieron de un salto delante de mí. Pedro bajó el arma y se fue a su cuarto. Me sorprendió que mamá hubiera salido en mi defensa. ¿Había cambiado? ¿Me abrazaría y me diría que todo iba a estar bien en adelante? No. Me plantó tres bofetadas seguidas, al tiempo que me insultaba. Hizo una pausa y me arreó otro golpe, que me dejó un rasguño bastante feo en el cuello. Una vez más, eché a correr hacia mi habitación y me escondí debajo de la cama, pero esta vez ella me siguió, empuñando una escoba con la que se puso a darme de palos. Unos minutos después, todo quedó oscuro y en silencio, como si nada hubiera pasado.

Estaba totalmente confundido. Tumbado debajo de la cama, lloré e imploré piedad, pero mis súplicas no fueron atendidas. Pensé en suicidarme, en cometer un asesinato, en huir de casa. No sabía qué hacer ni cómo actuar para dejar de ser víctima de la cólera de mamá y de Pedro. Todo lo que me rodeaba me atemorizaba. Me encerré en mi pequeño mundo, donde todo estaba relacionado de alguna manera con el terror y la violencia.

Desperté a la mañana siguiente y de inmediato tomé conciencia de que había vuelto a dormir debajo de la cama. Tenía miedo de salir de mi cuarto, pero sabía que si llegaba tarde a clase otra vez me ganaría otra paliza. Dudaba entre intentar escabullirme de la casa y meterme de nuevo debajo de la cama para protegerme. Oí las voces de mis hermanas y abrí la puerta para averiguar por qué no se habían marchado a la escuela todavía. La mayor me dijo que mamá y Pedro no estaban en casa. Habían ido a nuestras escuelas para avisar de que ya no iríamos más porque nos mudábamos de vuelta a Puerto Rico. Me quedé petrificado, sin poder parar de temblar.

Enseguida me puse a pensar en algún modo para no tener que irme de Chicago. Podía convertirme en un Lord y dormir en su sede, o en la calle… Todo era preferible a regresar al infierno que Pedro preparaba para mí en Puerto Rico. Sin embargo, cuando mamá y Pedro volvieron nos contaron que habían vuelto a cambiar de planes. Pedro y Héctor habían ganado una buena cantidad de dinero gracias a la lotería ilegal, de modo que habían decidido comprar un edificio abandonado que estaba a dos casas de la nuestra. Lo iban a reformar, y ése sería nuestro nuevo hogar.

Mi madre no me dejó ir a la escuela hasta que desaparecieran los arañazos del cuello. Para cuando las heridas empezaron a cerrarse, llegaron las vacaciones de Navidad. No volví a clases hasta enero. Entonces, por fin, me sentí libre. Tenía la sensación de que había pasado mucho tiempo encerrado y acababan de dejarme en libertad.

Mis notas eran cada vez peores y yo me volvía cada vez más rebelde. Amenacé a una maestra porque insistía en exigirme que entregara una redacción sobre lo que había hecho durante las fiestas navideñas. Le dije que enviaría a los Spanish Lords a buscarla. Interrumpía las clases con mis payasadas y una vez inicié una guerra de comida en el comedor. En varias ocasiones mandaron llamar a mi madre, pero nunca acudió. A ella le daba igual. Lo único que hacía era pegarme cuando llegaba a casa, sin siquiera tener idea de por qué lo hacía. Sólo sabía que la habían llamado de la escuela, de lo que deducía que me había portado mal. Cuanta más violencia sufría yo en casa, más guerra daba en la escuela. Aun así, podía llegar a dominar cualquier materia cuando me aplicaba. Sin embargo, me limitaba de manera consciente a hacer el esfuerzo justo para aprobar. Captar la atención de los demás era mucho más importante para mí que sacar buenas notas.

De modo que los comportamientos violentos que vivía en casa se traducían siempre en mala conducta en la escuela. Ya no me entusiasmaba aprender ni afrontar nuevos desafíos. Las clases se convirtieron simplemente en un medio de escapar a la vida doméstica. Mi agresividad contra las figuras de autoridad era una forma de vengarme de mi madre. El problema era que a ella no le importaba en absoluto. Achacaba mi deficiente rendimiento escolar a mi estupidez; no creía que tuviera nada que ver con ella. Su solución al problema consistía, claro está, en sacarme la estupidez a golpes.

Era un invierno muy crudo, así que no me dejaron salir hasta que mejoró el tiempo. Durante ese intervalo, yo pasaba mucho tiempo en mi cuarto, hablando solo. El miedo a que me pegaran por el sólo hecho de estar ahí me llevó a recurrir a amigos imaginarios. Inventaba juegos imaginarios y viajaba a lugares imaginarios. Empecé a hablar solo también en la escuela. La vergüenza que sentía al darme cuenta de que los demás chicos me miraban fue lo único que evitó que esto se convirtiera en un hábito. Así que seguí manteniendo conversaciones imaginarias conmigo mismo, pero en silencio. Esto me valió varias visitas al despacho del director por no prestar atención. A medida que aumentaban dichas visitas, también lo hacían las palizas en casa. Según mamá y Pedro, yo era un idiota que no llegaría a nada en la vida. De hecho, eso era lo más agradable que decían de mí, pero aprendí a no hacerles caso, ni a ellos ni a toda la gente que me rodeaba.

En esa época descubrí la masturbación. Hacía tiempo que el sexo me rondaba la mente, pero todavía no lo había experimentado. Ni siquiera sabía qué había que hacer. Al fin tuve un orgasmo, y me pareció una sensación estupenda. Sólo la vergüenza me impedía masturbarme con frecuencia. A partir de ese momento, mi deseo de adentrarme en el mundo del sexo se convirtió en una obsesión. El sexo implicaba tocar, besar, dejarse llevar por la pasión. Estaba relacionado con el amor y empecé a creer que el sexo me iba a proporcionar todos los sentimientos que faltaban en mi vida.

Aunque me encerrara en mí mismo, Pedro seguía encontrando motivos para armar bronca. Sin embargo desde el día en que le devolví el golpe, ya no le daba por pegarme sin más. Ahora me amenazaba con su pistola. Fue la primera que llegué a ver de cerca. Era plateada y brillante, no muy grande pero muy ruidosa. (Pedro la disparaba al aire las noches de fin de año). Estaba convencido de que esa pistola representaba una amenaza para mi vida y de que debía deshacerme de ella antes de que ella se deshiciera de mí. Le expuse a Papo un plan para robarla y él me dijo que, si lo conseguía, podría encontrar a alguien que la comprara. Comencé a buscar la ocasión para actuar. Me di cuenta de que Pedro se levantaba temprano para ver cómo avanzaban las obras en la casa nueva. Mi madre lo acompañaba. Una mañana, cuando se fueron, entré en su habitación y encontré la pistola en el armario, en el bolsillo de una chaqueta.

Saqué el arma y se la di a Papo. Le propuse que faltáramos a clase ese día para venderla. Papo sugirió que la escondiéramos y fuésemos a clase, por si Pedro venía a buscarme o llamaba a la policía. Y, en efecto, unos agentes se presentaron en la escuela y me interrogaron. Les dije que no sabía nada de ninguna pistola, excepto que Pedro me amenazaba con ella. Los agentes no me presionaron demasiado; sólo me advirtieron de que no me quitarían los ojos de encima. Durante el resto del día, yo no pensaba más que en la golpiza que me iba a llevar cuando llegara a casa. Papo me aconsejó que guardara la pistola hasta que se calmara un poco el ambiente. Me fui a casa y entré por la puerta trasera. Pedro me estaba esperando en la sala. Lo oí hablar de la paliza que me iba a pegar. Para cuando se enteró de mi llegada, yo ya me había hecho con un bate de béisbol. El muy cobarde se quedó paralizado. Me golpeaba cuando yo no podía defenderme y me había apuntado con una pistola, pero ahora que le plantaba cara y él estaba desarmado, se cagó en los pantalones. Aun así, yo no estaba a salvo todavía. Pedro se apartó de mí, pero mamá se hizo cargo de la situación. Yo siempre había pensado que si Pedro renunciaba a maltratarme sin razón, ella me dejaría en paz también. Pero en eso me equivocaba. Supongo que se había vuelto adicta a pegarme y cada vez que estaba molesta por algo se desahogaba conmigo. Una vez más tuve que esconderme debajo de la cama.

Unas dos semanas después de robar la pistola, Papo y yo se la vendimos a una pandilla llamada los Insane Unknowns, los «dementes desconocidos». Antes se la ofrecimos a los Spanish Lords, pero no quisieron arriesgarse a que los descubrieran, temiendo que los relacionaran conmigo. Los Spanish Lords y los Insane Unknowns eran aliados. Iban juntos a fiestas y se apoyaban unos a otros en las calles. Si una pandilla tenía problemas con los Lords, normalmente también los tenía con los Unknowns; eran como una sola pandilla con dos nombres. En cualquier caso, deshacerme por fin de la pistola fue un alivio, pues había sido un manojo de nervios mientras la tuve escondida. Pedro tampoco había estado muy tranquilo. Se le había metido en la cabeza que yo estaba esperando la ocasión para matarlo.

Vendimos la pistola por cien dólares, y con ese dinero compramos marihuana, cerveza y vino. Los Spanish Lords se lo acabaron casi todo.

Me daba igual; me alegraba ser bien recibido en alguna parte. Por otro lado, no era tan estúpido como para presentarme fumado en casa. Eso sí, me quedé con unos diez cigarrillos de marihuana de los que compramos. Por las noches abría la ventana de mi habitación para fumar. Me gustaban los efectos que producía en mí la marihuana: se me ocurrían pensamientos perversos que me hacían sentir bien. Me imaginaba que mataba a Pedro y a mi madre una y otra vez, y que salía impune. Mi imaginación vagaba por mundos que ni siquiera existían. Mis fantasías y amigos imaginarios prácticamente cobraban vida ante mis ojos. La marihuana se convirtió en la vía de escape de la terrible realidad de mi vida.

6. Asesinato en el barrio

El verano se respiraba en el aire, terminaron las clases y la familia se preparó para mudarse a la nueva casa. Pasé aquel verano haciendo lo mismo de todos los veranos: jugar al béisbol. La diferencia estaba en que ahora, en vez de beber un refresco o agua después del partido, me fumaba un cigarrillo de marihuana y tomaba cerveza. Mi madre no lo sabía, o quizá sí, pero no le importaba. Los hermanos de Papo pertenecían a un grupo llamado los Western Boys. No se trataba de una pandilla, sino de un equipo que participaba en toda clase de competiciones deportivas. Se enfrentaban a los chicos de otros barrios en partidos de béisbol, fútbol americano y baloncesto, entre otros deportes. Papo y yo empezamos a juntarnos más con éstos que con los Spanish Lords, aunque él seguía siendo miembro de la pandilla.

Llegó el momento de instalarnos en la casa de Pedro (no digo «nuestra» casa porque él me recordaba constantemente que era suya). El apartamento que dejamos no estuvo vacío por mucho tiempo. Reconocí al chaval que se mudó allí con su familia, iba a la Von Humbold y se llamaba Víctor. Habíamos jugado al béisbol muchas veces. Lo invité a unirse a los Western Boys. Su incorporación al equipo fue bien recibida porque cuando le pegaba a la bola la podía mandar hasta a un kilómetro de distancia. Además, Víctor era el único que se ofrecía voluntario para hacer de *catcher* cuando jugábamos algún partido de liga. Lo apodamos Flaco porque era alto y delgado. Nos hicimos buenos amigos, al igual que nuestras madres y hermanas. Cada noche dormíamos el uno en casa del otro, por lo que conocíamos de los problemas de nuestras respectivas familias. El mío, por supuesto, era Pedro. El de Flaco era su hermana, Millie, siete años mayor que él, alta y muy atractiva, pero con una vida sexual desbocada. No sólo era promiscua; era ninfómana. Y además, bisexual. El estilo de vida de Millie ponía tan furioso a Flaco que a veces se agarraba a puñetazos con ella. Se avergonzaba de ser su hermano, y siempre se sentía obligado a proteger la dignidad de la familia. Para colmo, su madre siempre salía en defensa de Millie. Flaco también conocía la afición de Pedro a maltratarme, pero decía que habría preferido estar en mi lugar a tener una hermana tan puta. Lo bueno de nuestros problemas era que nos servían de tema de conversación y reforzaban nuestra amistad.

De todos modos, tenía la impresión de que mis preocupaciones eran las únicas realmente importantes. El problema de Flaco ni siquiera era un problema de verdad. Al menos, así lo veía yo. Estaba empezado a pensar sólo en mí. Todos los problemas del mundo me parecían insignificantes comparados con el mío. Por otra parte, la autocompasión se convirtió en una excusa para justificar mis fracasos. Como mi madre, yo echaba la culpa a todo y a todos. Nadie soportaba sufrimimientos comparables a los míos. Yo era el único que lo pasaba mal. Esta forma de pensar quedó fijada en mi mente y fue mi forma de vida durante mucho tiempo.

En la calle Artesian, a una cuadra de la avenida Western, se estaba formando otra pandilla. Se hacían llamar los Spanish Cobras y sus *graffiti* empezaron a aparecer por todas partes. Mi viejo amigo Julio de la escuela Von Humboldt era uno de sus miembros. En varias ocasiones intenté hablarle, pero me ignoró. No tardó en surgir cierta enemistad entre los Lords y los Cobras, aunque por entonces yo ni siquiera lo sabía. Todavía era un ignorante respecto al mundo de las pandillas, y creía que no eran más que una forma segura de conseguir chicas y diversión.

Dos semanas antes de que comenzaran las clases de nuevo, se hizo evidente que los Spanish Lords tenían un conflicto con los Cobras. Papo me explicó que los Cobras iban con frecuencia al barrio de los Lords y habían empezado a faltarles al respeto. Aquel fin de semana, mientras jugábamos al béisbol, vimos a los Spanish Lords dirigirse hacia Artesian, pintarrajeando todos los graffiti de los Cobras que encontraban. Aquella misma noche oí unos disparos procedentes del cruce de Artesian con Hirsch, como a una cuadra de donde yo estaba. Después sonaron sirenas de la policía, ambulancias y camiones de bomberos que pasaron a toda velocidad frente a la casa, por la avenida Western. Al día siguiente, todo el barrio hablaba de lo sucedido la noche anterior. Incluso los mayores comentaban el incidente entre Lords y Cobras. Por lo visto, los Lords habían exigido a unos miembros de los Cobras que se incorporaran a su pandilla o se largaran del barrio; de lo contrario, les declararían la guerra. Los Cobras eligieron la guerra y se desencadenó un tiroteo. Los Cobras se refugiaron en un edificio situado en la esquina noroeste de Artesian con Hirsch y los Lords empezaron a dispararles desde el exterior, mientras sus rivales abrían fuego desde dentro. Al final, los Lords lanzaron cócteles molotov a través de las ventanas y dispararon a los que salían huyendo del fuego. Sólo la llegada de la policía y los bomberos evitó que el incidente acabara en una masacre. Los Cobras desaparecieron después de aquella noche y no volvimos a saber de ellos hasta el verano siguiente. Sin embargo, el resentimiento siguió vivo entre los jóvenes que vivían al oeste de Western y los que vivían al este. Fue la primera señal de división que percibí en el seno de la comunidad puertorriqueña.

Este enfrentamiento entre los Spanish Lords y los Spanish Cobras fue mi primer contacto con la violencia callejera. Como no lo entendía, lo clasifiqué como una simple pelea entre enemigos y no como parte de la actividad diaria de las pandillas. Seguía con ganas de unirme a una, por las muchachas. Además, mis experiencias con los Spanish Lords alimentaron en mí la sensación de que encajaba, de que me respetaban y me querían. Estos sentimientos no los tenía, ni los esperaba ya, en casa. Empezaba a ver las ventajas de pertenecer a una pandilla y estaba dispuesto a aceptar todo lo que me ofreciera aquel mundo.

En Artesian había un equipo de béisbol llamado La Familia; los conocíamos muy bien. Como vivíamos tan cerca y jugábamos contra ellos tan a menudo, eran nuestros rivales acérrimos; pero sólo por diversión. La noche de Halloween de aquel año organizamos la tradicional batalla de huevos contra La Familia. Nos ayudaron algunos de los Lords, mientras que algunos miembros de los Disciples echaban una mano a La Familia. Los Lords y los Disciples no se peleaban entre sí. Aunque no eran aliados ni nada por el estilo, tenían un pacto de no agresión. Cuando terminamos de acribillarnos a huevazos, nos reunimos todos en la cancha de la escuela Clemente y decidimos ir a lanzarles huevos a los Gaylords y los Vicelords. Los Gaylords eran una pandilla de blancos cuyo lema era: «El único puertorriqueño bueno es el puertorriqueño muerto». Todas las formaciones latinas luchaban contra ellos. Se decía que habían matado a unos cuantos puertorriqueños en su día y que no dudarían en volver a hacerlo. Los Vicelords eran negros, y las pandillas de hispanos también luchaban contra ellos. Yo no sabía gran cosa de los Vicelords; sólo que eran más respetados en el South Side mientras que los del North Side tenían fama de cobardes.

Aquella noche en la cancha Clemente nos juntamos por lo menos cien chicos. Nos dividimos en dos grupos: uno fue en busca de los Gaylords, y el otro en busca de los Vicelords. Yo iba en el primero, junto con Flaco y Papo. No teníamos la menor idea de adónde nos dirigíamos; sólo seguíamos a los muchachos mayores. Los Gaylords solían reunirse en el cruce de las calles Campbell y Moffat, a unas seis cuadras de la avenida North. La fiesta de huevazos acabó pronto; de hecho, sólo los primeros en llegar allí pudieron arrojarles huevos a los Gaylords. Para cuando llegamos los demás, los primeros ya se habían marchado y nosotros tuvimos que largarnos a toda prisa de su barrio antes de que salieran con pistolas. Los que no llegamos a arrojar huevos contra ellos, los lanzamos contra las ventanas de las casas de su zona. ¿Qué más daba que la gente que vivía allí no perteneciera a los Gaylords? Estaban en su barrio, y eso era lo único que nos importaba.

Al regresar, nos separamos y cada uno se encaminó a su barrio. Papo, Flaco y yo nos pusimos a juntar dinero para comprar una bolsa de hierba. Íbamos hacia Tuley por Potomac cuando oímos seis o siete tiros y luego un griterío. Los Spanish Lords habían disparado a uno de los miembros de La Familia, al que habían confundido con un Cobra. El tipo no pertenecía a ninguna pandilla y era amigo de nuestra familia. Los Lords estaban empezado a identificar a todos los jóvenes hispanos que vivían al oeste de Western como miembros de los Spanish Cobras, y eso incluía a los integrantes de La Familia. Aunque era consciente de ello, no lograba entender por qué los Lords habían hecho algo así. Todos conocían a la víctima y sabían que ni él ni sus amigos eran pandilleros. Papo también lo conocía, y se sintió muy mal por lo ocurrido. Me dijo que pensaba abandonar a los Lords. Por añadidura, la mayoría de los muchachos de La Familia acusó a los Western Boys de saber lo que iba a suceder esa noche.

Después de este incidente, todo cambió en el barrio. Se acabaron las competiciones deportivas entre los Western Boys y La Familia, y los miembros de La Familia apenas se dejaron ver ya por Western. Sólo pasaban por allí cuando iban a visitar a alguien.

Entre los Spanish Lords y los Latin Disciples se palpaba la tensión. Los Lords generalmente andaban por Tuley, pero cada vez se los veía más a menudo cerca del cruce de Western con Potomac. Aquel año fue el último en que se organizó una batalla de huevos por Halloween; los jóvenes puertorriqueños empezaron a dividirse en grupos rivales.

Yo estaba en octavo grado, a punto de terminar la primaria, con Papo y tres de los Western Boys en la misma clase que yo. Todos teníamos muchas ganas de ir a la escuela Clemente. Así que la mayoría de nosotros salimos a celebrar la noche de graduación y asistimos a una fiesta tras otra. Creo que en total asistimos a unas seis o siete fiestas distintas. Yo me emborraché tanto que, sin darme cuenta, me separé de los demás. Regresé tambaleándome a mi barrio, donde los Lords me avisaron de que mi madre había estado buscándome. Me dirigí a casa, a tientas. Pedro estaba en el hipódromo con sus amigos, así que no me preocupaba que intentara aprovecharse de mi embriaguez. Aquella noche mi madre me pegó una paliza brutal, o al menos eso me contó mi hermana, porque yo no me acuerdo absolutamente de nada. Según ella, mamá me plantó unas veinte bofetadas y me rompió una escoba en la espalda. Mientras tanto, yo me limité a mirarla y a decirle: *Mátame, mátame; si es lo que quieres, mátame*. Ojalá recordara algo de esa noche. Creo que es la única vez que no me escondí debajo de la cama para huir de los golpes de mi madre. Por otro lado, corrían rumores de que había hecho el ridículo en varias fiestas, así que me alegro de no conservar recuerdo alguno.

Ahora que la graduación había pasado y que estaba a punto de cambiar de colegio, podía concentrarme en las vacaciones. El verano comenzó de forma dramática. Cada junio, los puertorriqueños festejaban su independencia de España con un desfile que salía del centro de Chicago y terminaba en Humboldt Park. Aquel año, sin embargo, las celebraciones se vieron empañadas por una tragedia. Por algún motivo, un par de puertorriqueños protagonizaron un altercado con la policía. Unos dicen que vieron a un agente quemando una bandera de Puerto Rico en Humboldt Park. Otros, que los causantes del alboroto fueron dos puertorriqueños que pertenecían a un grupo revolucionario llamado Fuerzas Armadas de Liberación Nacional (FALN). Las FALN querían que Puerto Rico fuera un país independiente, no un estado libre asociado a Estados Unidos. No queda claro cómo empezó el enfrentamiento, pero acabó con la muerte de los dos puertorriqueños por disparos de los agentes de policía. A medida que se difundía la noticia de lo ocurrido, la hostilidad de los participantes en la celebración aumentaba y, al final, desembocó en unos disturbios que duraron una semana. Algunos puertorriqueños se enfrentaron a la policía en el cruce de las avenidas California y Division, en una esquina de Humboldt Park. Volcaron y quemaron autos patrulla, y destrozaron y saquearon numerosos comercios de Division. El tumulto sólo terminó cuando con la movilización de la Guardia Nacional de Illinois. Desde entonces, la comunidad compartió el miedo a la policía con las ganas de plantarle cara. La policía se convirtió en el enemigo. Yo sólo esperaba que el inicio de las clases no se aplazara por culpa de este maldito incidente, porque deseaba poder salir de casa para alejarme de Pedro.

Los disturbios fueron el primer acto autodestructivo de los puertorriqueños que presencié, aunque por aquel entonces no lo reconocí como tal. Era muy ignorante y todo aquello me daba igual. En la televisión se veía a individuos que protagonizaban destrozos masivos en nombre de todos los puertorriqueños. Tal vez era yo demasiado joven para captar el mensaje que pretendían transmitir los alborotadores. ¿Qué habían demostrado destruyendo el barrio? No lo entendía.

Pedro y mi madre volvieron a contemplar la posibilidad de regresar a Puerto Rico. Ella había tenido ya dos hijos con él, un varón y una niña, y los cuatro fueron a pasar una semana en la isla para que mamá echara un vistazo a la casa que Pedro había construido allí.

Nos dejaron al cuidado de Héctor, el hijo de Pedro, que vivía con su novia Missy en el apartamento que estaba encima del nuestro. Sus amigos yonquis se pasaban todo el día ahí metidos. Él tenía un control absoluto sobre ellos, y se aprovechaba de eso. A veces pedía una pizza y mandaba a un par de yonquis a robar el resto de la comida que había en el auto del repartidor mientras éste subía al apartamento. En una ocasión llamó a la policía para denunciar un robo en el segundo piso del edificio de enfrente, y luego le ordenó a un yonqui que pinchara los neumáticos del auto patrulla cuando los agentes no anduvieran cerca. Los yonquis hacían prácticamente lo que fuera por tener a Héctor contento.

Mientras mi madre y Pedro estaban en Puerto Rico, fue como si viviéramos solos. Sólo el temor a que las amigas de mamá nos delataran impidió que nos pasáramos las noches fuera de casa. Entre nuestra casa y el edificio contiguo había una separación de un metro por el lado de mi habitación. Yo salía por la ventana y, con un pie contra cada edificio, bajaba hasta la calle. Las suelas de goma de mis zapatillas de deporte se agarraban bien a las paredes, y mantenía el equilibrio con las manos. Al volver, subía por el mismo camino. Era un método acrobático que llegué a dominar bien. Una vez en la calle, me iba para Tuley a pasar el rato con los Lords.

Ellos me informaban de lo que ocurría en el mundo de las pandillas. Se hablaba de que los Spanish Cobras habían regresado. Andaban ya por el cruce de las avenidas Division y Maplewood, cerca del territorio de los Latin Disciples. Los Cobras no habían olvidado sus pequeñas diferencias con los Lords y buscaban venganza. Empezaron a cometer actos vandálicos por toda la avenida Western y en Clemente. Habían añadido a su nombre la palabra *insane* («dementes»), y ahora se hacían llamar los Insane Spanish Cobras. Solían escribir «Spanish Lords muertos» junto a su firma. No cabía duda de que querían hacer notar su presencia y su hostilidad hacia los Lords. Éstos, como represalia, se movilizaron y empezaron a pintar frases contra los Cobras en las paredes. Papo me dijo que habían realizado varias incursiones en territorio Cobra y habían disparado contra sus miembros. No aclaró si alguien había resultado herido o muerto, sólo se jactaba del modo en que los Lords estaban manejando a los Cobras. Poco sospechaba que lo peor estaba por llegar.

Una calurosa noche de sábado, me escabullí hacia las diez y media y me reuní con Papo, que también había salido de casa a hurtadillas. Intentamos convencer a Flaco de que hiciera lo mismo, pero como sólo podía escaparse por la ventana de su habitación, que estaba en un segundo piso, optó por quedarse. Papo y yo nos encontramos con un miembro de los Lords que yo no conocía. Se presentó como Afro: alto, fornido y, en efecto, con un peinado afro espectacular. Acababa de salir del correccional de menores. Era el hermano menor de Rican y, aunque tenía la misma edad que Papo, parecía mucho mayor. Llevaba bigote y barba, que a nosotros no nos crecían ni a tiros. Nos dirigimos al porche trasero de una casa situada en la acera este de Western, donde nos esperaban Snake, Sexpot, Lisa –la novia de Afro– y su hermana Jenny. Lisa y Jenny no vivían en el barrio. Se habían escapado de casa para que Lisa pudiera ver a Afro. El tío de las dos chicas era el propietario del edificio donde nos encontrábamos. Lo estaban reformando y por eso estaba vacío y ellas tenían las llaves.

En la esquina de Western con Hirsch había una licorería y Afro conocía al dueño, que le dejaba comprar alcohol aunque fuera menor de edad. Juntamos dinero para comprarnos unas cervezas Old Style y vino Richards para emborracharnos en la azotea. Snake había anunciado que llevaba una onza de hierba. Entre todos reunimos unos dieciséis dólares y se los entregamos a Afro, que salió al callejón por la puerta trasera y se encaminó a la licorería. Unos segundos después, oímos a alguien gritar «amor de Lord» y luego unos disparos. Se nos pusieron los pelos de punta.

–Ese hermano está mal de la cabeza –dijo Snake–. Acaba de salir y ya se está comportando como un loco. –Acto seguido, salió al callejón y soltó un grito de espanto–: ¡Oh, no! ¡Mierda, no! ¡Afro! ¡No, no, no!

Echamos a correr hacia allí y vimos un cuerpo tendido al fondo del callejón. Era Afro. Le habían pegado tres o cuatro tiros a bocajarro en la cara y en la cabeza. Snake se arrodilló a su lado y le acunó la cabeza entre los brazos.

–¡No te mueras, mi hermano! –sollozaba–. Por favor, no te mueras. –introdujo la mano en la parte delantera del pantalón de Afro y sacó una pistola. Se la pasó a Papo y le dijo que se deshiciera de ella. Yo estaba conmocionado: no podía creer lo que estaba pasando. Lisa y Jenny lloraban histéricas, y Snake se les unió. A mí también me resbalaban lágrimas por la cara, más por miedo que por otra cosa.

Papo se marchó con la pistola y yo me arrastré tras él. Me dijo que me fuera a casa antes de que llegara la policía. Corrimos por el callejón y salimos a un corredor. La rabia se leía en la cara de Papo, que alzaba continuas miradas al cielo y murmuraba:

–No te preocupes, mi hermano. Esos cabrones pagarán caro lo que han hecho.

Cuando llegamos a Western, vi a varios amigos de Pedro delante del bar de al lado de casa. Le dije a Papo que por nada del mundo me iba yo a casa en aquel momento. Papo se fue a la suya; yo di media vuelta, esperando poder regresar al edificio del tío de Lisa y Jenny sin ser visto. Al entrar, me encontré a las dos chicas. Me comentaron que Rican había pasado por allí y les aconsejé que se largaran para que la policía no se enterara de su presencia. Me quedé sentado durante unos cinco o diez minutos hasta que divisé las luces parpadeantes de los autos patrulla; entonces subí a la azotea para ver mejor lo que sucedía.

La policía no se había dado demasiada prisa, pero ahora parecía que todos los agentes de la ciudad habían acudido al escenario del crimen. Estaban haciendo preguntas a la gente y echando un vistazo en los alrededores. Dos detectives tenían a Rican contra un auto y le preguntaban una y otra vez quién lo había hecho. Él les contestaba que no lo sabía, pero los policías insistían. Rican rompió a chillar: «Es mi hermano pequeño, ¡déjenme estar con él!», pero no sirvió de nada. Los agentes lo esposaron, lo metieron en el auto y se lo llevaron.

Afro fue declarado muerto en el mismo lugar de los hechos. La ambulancia nunca llegó; ya no hacía falta. Taparon el cadáver, lo levantaron y lo echaron en la parte de atrás de un furgón policial, como un saco de papas. Jamás entendí por qué la policía trataba el cuerpo de Afro con esa falta de respeto ni por qué se llevaron a Rican en lugar de dejarle acompañar a su hermano muerto. Empezaba a ver con claridad por qué los jóvenes puertorriqueños detestaban a la policía.

Jenny subió a la azotea para estar conmigo. Lisa estaba demasiado histérica como para acompañarnos. No hacía más que llorar, sentada en las escaleras, y pedirnos que la dejáramos en paz. Jenny y yo observamos cómo las patrullas iban y venían en todas direcciones mientras hablábamos de la muerte de Afro. También me dijo que ese año iría a Clemente y le contesté que esperaba verla allí. Cuando la policía dejó de rastrear la zona decidí irme a casa antes de que saliera el sol. Trepé hasta mi cuarto y me metí en la cama. Después de todo lo sucedido aquella noche, no pensaba más que en reencontrarme con Jenny. La muerte de Afro no me pasó por la cabeza ni una sola vez. ¿Estaría convirtiéndome en un animal insensible? ¿O no me importaba lo que le había ocurrido a Afro porque no lo conocía? «En todo caso –pensé–, descanse en paz.»

El verano pasó volando. Los Spanish Lords no hicieron gran cosa por vengar el asesinato de Afro. Aun así, sabíamos que, tarde o temprano, esa venganza llegaría. Las clases empezaron de nuevo. Yo me moría de ganas de ir a Clemente para ver a Jenny. La escuela resultó ser todo lo que yo esperaba: un lugar repleto de chicas hermosas. Además, varios de mis conocidos del barrio llevaban allí un par de años, así que me sentía como en casa. Por lo visto, aunque la norma es no juntarse con los recién llegados, conmigo hicieron una excepción. En mi clase había un miembro de los Unknowns conocido como Speedy; tenía que haber estado en segundo, pero como no había pasado, seguía en primero. Papo también iba a Clemente, al igual que Flaco, aunque éste se relacionaba más con los amigos que antes iban con él a Von Humboldt. Dejó de venir a mi casa: me dijo que no quería que lo tomaran por un Lord. No entendía qué quería decir con eso, pero no le pedí más explicaciones. Ya casi nunca lo veíamos, ni lo echábamos de menos.

En Clemente a veces me cruzaba con Jorge, mi viejo amigo, pero él pasaba de largo como si no me conociera. «Que se vaya a la mierda», pensaba yo. Al fin y al cabo, tenía nuevos amigos. Con todo, me preguntaba por qué se comportaba así. También me habría gustado saber si Julio y Noel estaban allí. Mientras, Speedy nos enseñaba a Papo y a mí cómo funcionaban las cosas en la escuela y se las arreglaba para que nos invitaran a todas las fiestas.

Jenny y yo empezamos a vernos mucho. Era una chica inteligente con una personalidad maravillosa, y además tenía un cuerpo que no estaba nada mal. Como parecía mucho más madura que yo, un montón de chicos mayores la invitaban a salir. Esto me preocupaba, pero me hice el propósito de ocultarle lo que sentía.

Speedy me decía continuamente que me olvidara de esa alumna de primero y se ofrecía a conseguirme una cita con alguna de las chicas mayores que se dejaban hacer de todo cuando se drogaban o se emborrachaban. Su oferta me interesaba, pero no tenía la menor intención de olvidarme de Jenny.

Ella vivía en la calle Lyndale, y para ir hasta allí tenía que andar un buen trecho en dirección norte. De todos modos, solía acompañarla para disfrutar así de la oportunidad de charlar con ella y conocerla mejor. Eso nos daba tiempo para expresar nuestros sentimientos. Fue la primera muchacha cuyos pechos sentí apretarse contra mí mientras la besaba. De hecho, fue la primera chica a la que besé. Camino de su casa, teníamos que pasar por el barrio de los Gaylords, pero como era en pleno día y había muchos chicos caminando por ahí, nos sentíamos relativamente a salvo. De regreso tomaba el autobús para no meterme en líos. El hermano mayor de Jenny pertenecía a una pandilla llamada los Latin Kings, la mayor de la ciudad compuesta por latinos. Lo apodaban Lil Man. Tenía fama de tipo duro, y actuaba en consecuencia. Era más o menos de la misma estatura que yo, pero más robusto y musculoso. Tenía andares de macarra y llevaba tatuada en el brazo izquierdo una corona con una cinta encima que decía *Almighty* y otra debajo con la palabra *Nation*.* La L estaba a la derecha de la corona, y había una K a la izquierda, escrita en una letra de tipo inglés antiguo. A decir verdad, aquel tatuaje me impresionó mucho. La primera vez que Lil Man me vio con Jenny se mostró más preocupado por saber a qué pandilla pertenecía que por lo que pudiera estar haciendo con su hermana. Le respondí que no era pandillero, pero no me creyó. Jenny le explicó que yo vivía en territorio de los Lords pero que no era uno de ellos. Eso pareció tranquilizarlo, pero me advirtió que si le hacía daño a su hermana, me mataría. Y no me cupo la menor duda de que lo decía en serio.

Por lo visto, todos los jóvenes hispanos se clasificaban así: primero como miembros de una pandilla, luego como seres humanos. Lo irónico es que los hispanos se quejan de que la policía trata a todos los jóvenes primero como pandilleros y, luego, como seres humanos.

* Las dos palabras juntas significan «nación todopoderosa». *(N. del T.)*

7. María, mi maestra

Una noche fui a la zona de los Unknowns, en el cruce de las calles Leavitt y Schiller, a sólo un par de cuadras del barrio de los Lords. Quería que Speedy cumpliera su ofrecimiento de presentarme a muchachas mayores. Los Unknowns eran una pandilla bastante numerosa y en la zona había al menos diez o quince tipos en cada esquina. Tenían un mural que ocupaba el costado entero de un edificio. En él aparecían dos segadores armados con escopetas, uno a cada lado de un escudo con las letras UK escritas en el centro.

Me encontré a Speedy fumándose un cigarrillo de marihuana delante de la pared pintada. Le pregunté dónde estaban las chicas desenfrenadas de las que me había hablado. Me contestó que si yo llevaba dinero suficiente para comprar algo de hierba, podríamos darnos un revolcón esa misma tarde. Fuimos a ver a Papo para ver si podía prestarnos algo, pero estaba sin un centavo, como nosotros. Echamos a andar en busca de alguien que tuviera dinero y quisiera unirse a nosotros. Al pasar por Tuley nos topamos con Rican y Snake. Como Rican y yo nos habíamos hecho muy amigos, éste se paró a platicar conmigo. Quería conocer detalles sobre la noche en que mataron a su hermano, pero le conté que no había visto lo sucedido, sólo había oído los disparos. Los ojos se le llenaron en lágrimas mientras le hablaba. Me juró que los Cobras pagarían por lo que le habían hecho a su hermano. Y yo no dudé de su palabra ni un momento.

Como sabía que Rican vendía bolsitas de marihuana, le pedí una. Me dio dos, y me aseguró que siempre que quisiera algo de hierba no tenía más que decírselo. Le di las gracias y me fui con Papo y Speedy. Mientras caminábamos, me explicaron que Rican me trataba de forma tan amistosa porque quería reclutarme para los Lords. A mí no me importaba, siempre y cuando me diese marihuana gratis. Además, planeaba incorporarme a los Lords de todas maneras.

Speedy nos llevó a un edificio frente a Wicker Park, junto a la avenida Damen, entre Division y North. Allí nos dijo que en un apartamento del segundo piso vivían cuatro mujeres. Tres de ellas tenían menos de veinte años, y la otra era la madre de una de ellas. Según Speedy, eran chicas fáciles, hasta tal punto que muchos conocían su apartamento como «la casa del sexo».

La madre y la hija se llamaban María y Lucy, respectivamente. María era una mujer de armas tomar. Tenía unos treinta y cinco años, pero se vestía, se comportaba y se veía como si tuviera veintipocos. Su hijo se había matado en un accidente de tráfico y su marido, un Latin King, estaba cumpliendo una condena de cuarenta años por asesinato. Lucy, de diecisiete años, tenía el cabello corto y ondulado y los ojos castaños. Era un poco plana de pecho, pero el resto del cuerpo compensaba este defecto. Speedy la llamaba Miss Culo por razones obvias. Las otras dos muchachas se habían escapado de casa. Se llamaban Yolanda y Myra. La primera era una chica rellenita de dieciséis años con una melena pajiza que le llegaba a los hombros y ojos castaños. Iba muy maquillada y llevaba prendas muy sugerentes y breves. Una de cada dos palabras que pronunciaba era una grosería. Myra, también de dieciséis años, tenía el pelo negro y corto y los ojos castaños. Era una joven muy hermosa con un cuerpo por el que habría valido la pena matar, aunque, según Speedy, no hacía falta. Bastaba con drogarla un poco para que fuera toda tuya. Hacía todo lo posible por resultar llamativa; se contoneaba de manera exagerada al andar y hablaba con una voz suave, que sonaba casi como un gemido. Esa actitud me atraía mucho, y no podía apartar la vista de ella. Era la chica con la que más me apetecía estar, pero no sabía cómo entrarle. Decidí sentarme a esperar el desarrollo de los acontecimientos; luego daría el primer paso.

Liamos los cigarrillos de marihuana y los repartimos a partes iguales entre Papo, Speedy y yo para que no tuviéramos que molestarnos mutuamente cuando estuviéramos a solas con las muchachas. Papo y Myra no tardaron en entablar conversación, y luego él le susurró algo al oído y se fueron a otra habitación. Lucy se marchó, según nos dijo, al bar de la esquina a ver si María, su madre, todavía estaba allí. Speedy se sentó junto a Yolanda y se pusieron a cuchichear entre risitas. Supuse que hablaban de mí, porque cada vez que decían algo, Yolanda me miraba y se reía. Al cabo de un rato, los dos se levantaron y se fueron a un cuarto que estaba al fondo del apartamento. Speedy regresó y me dijo que no perdiese un segundo cuando Lucy volviera.

—Si le das un cigarrillo de marihuana, nunca olvidarás por qué la llaman Lucy la Jugosa —dijo.

Yo ya estaba bastante alterado a causa de los nervios; ahora, además, tenía miedo. Jamás me había acostado con nadie. Era virgen y estaba convencido de que a partir de esa noche me convertiría en el hazmerreír del barrio. Aquellas chicas tenían mucha experiencia sexual y me parecía poco probable que Lucy guardara en secreto mi virginidad. Aun así, decidí lanzarme: mientras pudiera darme mi primer revolcón, todo estaba bien.

Parecía como si Lucy se hubiera perdido antes de llegar a la esquina. Tardaba en regresar. Allí estaba yo, sentado en la oscuridad, esperando ansioso mi primera experiencia sexual, fantaseando sobre lo que ocurriría, cuando de repente oí su voz. El corazón casi se me salió por la boca y me eché temblar. Al escuchar con atención advertí que la voz provenía de fuera. Me asomé a la ventana y vi a Lucy dentro de un auto besando a un hombre que le doblaba la edad y dejándose manosear por él. El hombre arrancó el motor y se alejaron.

¡Qué chasco! A través de la puerta del cuarto en que se habían encerrado Papo y Myra se oían risitas, carcajadas y gemidos. Sentía todo el desánimo y la envidia del mundo. Me senté en el rincón más oscuro que encontré y encendí un cigarrillo de marihuana con la esperanza de quitarme de la cabeza la imagen de Lucy enrollándose conmigo. La razón por la que Speedy y Papo habían conseguido lo que querían y yo no era que ellos pertenencían a una pandilla. Me arrepentía de haber venido, pero al mismo tiempo me moría de ganas de regresar otro día. Allí sentado, me adentré en mi mundo imaginario, dejando correr la fantasía mientras me frotaba la entrepierna. Cuando me disponía a encender mi segundo cigarrillo de marihuana, oí que la puerta se abría y se cerraba.

El primer pensamiento que me vino a la mente fue: «Bien, Lucy la Jugosa ha vuelto». Y me puse nervioso. Tras debatirme por unos instantes, reuní el valor suficiente para ir a la cocina a insinuarme. Pero con quien me encontré fue con María, su madre, agachada y echando un vistazo al interior del refrigerador. Llevaba una falda muy corta y ceñida. Me quedé inmóvil, contemplándola, mientras ella refunfuñaba porque no quedaban cervezas o algo así. Se volvió y me vio allí parado, observándola.

–¿Quién carajo eres tú? –me preguntó–. Nunca te había visto por aquí. Qué, ¿te gusta mi culo?

No respondí. Me entró pánico. María se me acercó y me quitó el cigarrillo de marihuana de entre los dedos. Se dirigió a la mesa, sacó un encendedor del bolso y lo encendió. Entonces abrió la puerta trasera, que daba a un porche cerrado.

–Ven, si quieres fumar –como yo seguía paralizado, agregó–: No tengas miedo, no muerdo –y me indicó por señas que me acercara.

El porche estaba acondicionado como una sala. Había una mesita, dos sillas y un viejo sofá. Yo estaba tan asustado que me temblaba todo el cuerpo y no acertaba a hablar. María me invitó a sentarme y ponerme cómodo, riéndose de mis nervios. Dio unas caladas y me preguntó si quería que me soplara el humo para inhalarlo. Yo no entendí por qué demonios me ofrecía semejante cosa, así que callé. María se llevó el cigarrillo de marihuana a la boca y se arrodilló delante de mí, con su cara a pocos centímetros de la mía. Me sopló tanto humo que casi me ahogo. Se me nubló la vista a causa de las lágrimas, pero seguía oyendo a María, que me animaba entre risas a retener el humo en los pulmones.

Cuando me recuperé del sofoco, María me pidió que le hiciera lo mismo. Se sentó en el sofá y yo me puse enfrente. Metí con cuidado el extremo encendido del cigarrillo de marihuana en mi boca, cerré los labios, me incliné hacia la cara de María y soplé. Inhaló el humo como una aspiradora. Luego sacó la lengua y me lamió el labio inferior. Pegué un salto hacia atrás, me caí y me quemé la lengua. Me quedé sentado, atragantándome, mientras María se reía de mí a carcajadas.

–¿Qué te ocurre? –me preguntó cuando se le pasó la risa–. Esto es nuevo para ti, ¿verdad? *¿De dónde eres? Nunca te había visto.*

Me levanté del suelo y me senté en la silla situada frente a ella. La miré, temeroso, con ganas de ponerme de pie y salir corriendo, pero estaba demasiado nervioso para hacerlo. Ella notó mi agitación y empezó a tomarme el pelo.

–Caray, con lo guapo que eres y con esos ojos color avellana, no sé si eres puertorriqueño o gringo.

Tenía la falda levantada casi hasta la cintura y se le veía el panti. Yo no podía resistirme y trataba de ver más. Ella, muy consciente de lo que yo pensaba, abría las piernas ligeramente y luego las cruzaba. Volví a prender el cigarrillo de marihuana, intentando mostrarme tranquilo, pero mi excitación le resultaba evidente.

–Seguro que eres gringo –dijo–. *Un boricua ya me habría comido.*

Se levantó, echó el pestillo a la puerta, se sentó junto a mí y empezó a hacerme preguntas para las que yo no tenía respuesta. Me limité a asentir con la cabeza a todo. Me preguntó si la encontraba atractiva, si me parecía sexy. Lo cierto es que era más guapa que su hija Lucy, pero despedía un olor muy fuerte a alcohol y tabaco que me provocaba náuseas. Hice un gesto que daba a entender que me agradaba su aspecto y noté que me acariciaba la pierna. Posó su mano en mi entrepierna y empezó a apretar. De repente, se detuvo. Yo estaba tan nervioso que no podía moverme. Me miró y dijo:

–Eres virgen. Yo te voy a enseñar todo lo que necesitas saber para complacer a una mujer –se levantó y se desvistió despacio, explicándome cómo se debe desnudar a una mujer. De golpe olvidé lo mal que olía. Me quedé contemplando su cuerpo desnudo, sin la menor idea de qué debía hacer.

María se encargó de todo. No abrió los ojos ni me miró una sola vez hasta que terminamos. Esa noche me convertí en un hombre, o al menos eso pensé. María me enseñó todo lo que había que saber sobre sexo. Me reveló también los placeres del sexo oral, mientras sostenía mi cabeza entre las manos contra su cuerpo y me daba instrucciones precisas.

–Las mujeres se enamorarán de ti si se lo haces bien –explicó. Cuando le pregunté si ella se había enamorado de mí, respondió con una risita–: No, pero con un poco de práctica todo puede ser. No seas tan tímido o te perderás muchas cosas buenas de la vida –me aconsejó.

Cuando todo hubo acabado, me dio un beso apasionado y luego comenzó a vestirse.

Yo sólo tenía trece años. Era demasiado joven para comprender que lo que ella había hecho estaba mal. En aquel entonces pensaba que tener relaciones sexuales con una mujer mayor era lo máximo. Ahora sé que estaba equivocado. Sí, aprendí mucho sobre sexo aquella noche, pero nada más. No compartimos sentimientos ni ideas. Fue puro sexo, sin más.

En todos los barrios por los que me movía había casas como la de María, donde mujeres adultas se acostaban con jóvenes o, como en mi caso, con niños. Casas que acogían a muchachos fugitivos, lugares donde no había normas, «casas del sexo» donde los chicos podían evadirse de la realidad.

Papo, Speedy, Myra y Yolanda estaban en la sala fumando hierba.

–¿Qué tal estuvo el chico, María? –preguntó Myra en voz muy alta.

–Estuvo muy bien –respondió María–. Y más te vale mantenerte alejada de él, es mío –y salió de la casa, riéndose.

Los demás se quedaron mirándome como si estuviera loco. Nadie dijo una palabra. Sólo me observaban con una mirada de incredulidad. Era ya bastante tarde, así que nos marchamos.

En el camino de regreso a nuestro barrio, no hablamos más que de María. Yo me sentía como un semental, sobre todo por lo que había aprendido de ella. Los chicos querían que les contara lo que había pasado, pero María me había dicho que las mujeres prefieren a los caballeros que no se jactan de sus conquistas, así que sólo les dije que habíamos fumado bastante. Cuando llegamos a nuestra zona, Papo les habló a todos los chicos de María y de mí.

–El muchacho se tiró a María –les informó.

Yo sólo esperaba que Jenny no se enterara. De hecho, me moría de ganas de poner en práctica con ella las técnicas que me había enseñado María. Siempre había tenido fantasías sexuales con Jenny, pero de pronto se habían vuelto gráficas. La visualizaba en mi mente como mi alumna sexual. Me imaginaba cómo sería desnuda y cómo reaccionaría a mis habilidades eróticas. Después del episodio con María, pensamientos muy vívidos sobre el sexo ocupaban mi mente de manera casi constante. Cualquier mujer atractiva que veía, ya fuera en la vida real, en la televisión o en una revista, se convertía en objeto de mis fantasías sexuales. Cada vez que una mujer me atraía, mi imaginación se echaba a volar.

María tenía treinta y cinco años; yo, trece. Ella me había guiado, yo la había seguido. Sin embargo, los chicos del barrio me consideraban ya todo un machote. María me preparó para tener relaciones sexuales con mujeres, pero no para apreciar la belleza emocional que lleva aparejado el sexo. A la larga, la lección de María perjudicó mis relaciones posteriores con las mujeres.

Me fui a casa, trepé por entre los dos edificios y entré en mi cuarto por la ventana. Una vez allí, escuché atentamente para intentar saber si había actividad en la casa. No oí a Pedro ni a mi madre. Al abrir la puerta de mi habitación me encontré a mis hermanas viendo la televisión. Mamá y Pedro habían salido. Mi hermana mayor me contó que volvían a pensar en la posibilidad de regresar a Puerto Rico. De hecho, Pedro ya había comprado los boletos de avión. Iría primero a la isla para acondicionar nuestra futura casa. Poco después, iríamos los demás.

En cuanto mi hermana me comunicó la noticia, empecé a pensar en maneras para perder ese avión. Un par de días después, mi madre fue a las escuelas para pedir nuestro certificado de traslado. Entonces comprendí que la cosa iba en serio. Repasé en mi mente cientos de planes para quedarme en Estados Unidos, todos ellos interrumpidos por fantasías sexuales con Jenny. Era obvio que aunque no quisiera tendría que volver a Puerto Rico. Me fijé el propósito de acostarme con Jenny antes de partir; nada era más importante para mí.

Cuando sólo faltaba un día para el vuelo, acompañé a Jenny caminando a su casa por última vez, o al menos eso creía. Le hablé de mi inevitable marcha a Puerto Rico. Ella expresó su decepción y dijo que no quería que me fuera. Nos desviamos del camino, como de costumbre, para irnos a un lugar donde nadie nos viese. Era la primera vez que estaba a solas con ella desde la noche en que conocí a María. Jenny reaccionó a la estimulación erótica de una manera que me sorprendió. Cuando le soplaba suavemente en la oreja o le besaba la cara y el cuello, gemía y jadeaba con fuerza. De nuevo me sentí como un semental. ¡Las técnicas que me había enseñado María daban resultado! Me sorprendió que me dejara tocarle los pechos y la entrepierna sin enojarse como siempre. Le desabotoné la blusa pero no lograba encontrar el broche de su sostén. Ella me tomó las manos y las acercó a la parte delantera, donde estaba el cierre. Me puse algo nervioso, pero no tanto como para detenerme. Intenté bajarle los pantalones, pero aquí ella me paró los pies. Disgustado, le mordí un pezón.

En ese momento, yo no pensaba más que en el sexo. Los sentimientos de Jenny no me importaban en absoluto. Ella notó mi enfado y me pidió disculpas, aunque en realidad no tenía por qué. En cualquier caso, por más que intentaba convencerla de practicar sexo conmigo, seguía negándose. Me recordó que yo iba a marcharme de Chicago y que, de no ser por eso, tal vez llegaría hasta el final. Mientras yo seguía batallando con sus pantalones, le repliqué que no me iría a Puerto Rico. No me creyó, pero me prometió que si no me iba se entregaría a mí. A partir de entonces decidí que, pasara lo que pasara, no regresaría a Puerto Rico. Nos arreglamos la ropa y proseguimos el camino hasta la casa de Jenny. Íbamos de la mano, pero sin hablarnos. Yo no tenía ni idea de qué le pasaba por la cabeza; estaba pensativo, tratando de imaginar dónde me alojaría si no me iba a Puerto Rico. Cuando llegamos a su casa, nos despedimos sin conversar siquiera. Nos besamos, ella entró y yo me fui a la parada de autobús.

Una vez en mi barrio, me topé con Rican. Me invitó a fumar hierba en la sede de los Lords. Me preguntó si el rumor que corría sobre María y sobre mí era cierto. Cuando le respondí que sí, rompió a reír. Dijo que María era una asaltacunas y una abusadora. Le aseguré que no me importaba, siempre y cuando fuera yo la víctima de sus abusos.

—Pero si eres un niño —señaló Rican—, y María es una vieja. No debería hacer esas cosas contigo.

—Sí, es una vieja estupenda —respondí, y le referí con pelos y señales lo que había sucedido aquella noche.

Mientras tanto, él se limitaba a negar con la cabeza y a mirarme con expresión de incredulidad.

—Esa mujer es una puta —murmuró al tiempo que me pasaba un cigarrillo de marihuana.

Permaneció sentado en silencio por unos instantes y después me preguntó si quería unirme a los Lords. Le contesté que no lo sabía. Me recordó que los Lords me consideraban uno de los suyos. Le hablé de que mi familia estaba a punto de trasladarse a Puerto Rico y le confesé que no quería irme con ellos. Esto le sorprendió y empezó a contarme historias de la isla. Después se declaró decepcionado por mi negativa a ser uno de los Spanish Lords. Yo le dije que sentía como si fueran a encerrarme en una jaula donde Pedro podría pegarme una paliza siempre que le diera la gana. Rican aseguró que me comprendía: su padre también lo maltrataba. Añadió que, si decidía quedarme, podría dormir en la sede de los Lords si quería.

Las palabras de Rican, sumadas al deseo que Jenny despertaba en mí, me hicieron tomar la determinación de quedarme. Ahora sólo tenía que idear una manera de huir de mi madre. Estaba previsto salir rumbo al aeropuerto al día siguiente a las seis de la mañana. Aquella noche me fui a casa y saqué de las maletas las cosas que me interesaba conservar, sobre todo algo de ropa y mi certificado de traslado. Me fui a dormir y me desperté hacia las cinco de la mañana. Mi madre ya estaba levantada, ansiosa por emprender el viaje. Se metió en el baño y abrió el agua de la ducha. Aproveché la ocasión para salir de casa. Agarré mi ropa y me encaminé a la puerta lo más rápida y sigilosamente posible. Sin embargo, descubrí que no era capaz. Estaba demasiado asustado; la idea de quedarme solo, sin hogar y sin comida a los trece años me aterraba. No me quedaba otro remedio que aguantar a Pedro. ¡Puerto Rico, allá voy!

8. No precisamente un paraíso

Puerto Rico era tal como lo recordaba: verde, de cielo azul y radiante, hermoso. Vivíamos en una aldea situada en la cima de una colina, a las afueras de la ciudad de Caguas. Tenía muy pocos habitantes, y casi todos eran parientes de Pedro. Aun así, me fascinaban en cierto modo los cañaverales, los mangos y los bananos que flanqueaban el camino hacia nuestra casa. Ésta era una construcción moderna de cemento con instalación de agua corriente. Yo temía que fuéramos a parar en una choza de madera con un excusado exterior. Menos mal que la técnica avanza.

Desde el momento en que pusimos los pies en la casa, Pedro comenzó a imponer su autoridad sobre mis hermanas y sobre mí. Me advirtió que me mataría si desobedecía alguna de sus órdenes, mientras mi madre hacía caso omiso de sus palabras, como de costumbre. Pedro había comprado un machete y lo llevaba siempre consigo. A menudo me amenazaba con él. Para protegerme, arranqué una rama de un guayabo del tamaño de un bate de béisbol, y nunca la soltaba. No pasaba un solo día sin que se produjera algún altercado entre Pedro y yo.

Él le había dicho a todo el mundo que yo era un delincuente y un drogadicto. Así no era fácil hacer amigos. Las pocas personas que se dignaban hablar conmigo solían preguntarme si las acusaciones de Pedro eran ciertas. Me convertí en un solitario. Paseaba por el terreno que se extendía detrás de la casa y me encerraba en mi pequeño mundo interior. Me pasaba los días trepando a los naranjos y a los mangos, hablando solo y deseando estar muerto. En mis conversaciones conmigo mismo evocaba grupos de amigos y episodios románticos. Imaginaba muchos encuentros sexuales apasionados y los hacía realidad masturbándome. Sólo encontraba algo de felicidad en mi mundo propio e inexistente.

Mis hermanas, por su parte, se desenvolvían bastante bien. Hicieron amigos que pasaban a recogerlas y las llevaban por ahí. A mí me ignoraban. Empecé a pensar que tal vez yo tenía algún problema que no tenía nada que ver con Pedro. Aun así, me encantaba eso de sentarme a solas en lo alto de los árboles, comiendo fruta y fantaseando sobre Jenny, María y Chicago.

Al cabo de seis meses de soledad y una vida infernal, mi madre decidió mandarme de vuelta a Chicago a vivir con Héctor, el hijo de Pedro. Se había hartado de separarnos a Pedro y a mí cuando nos peleábamos, y me acusaba de ser la causa de todos sus problemas. Decía que no sabía qué hacer conmigo, así que decidió enviarme lejos. Quizá debería haberme ofendido al oír lo que opinaba de mí, pero, en cambio, me puse eufórico. Sólo habría deseado que se hubiera librado de mí mucho antes.

Su decisión no me sorprendió. Lo que sí me extrañó fue que no me diera de palos de camino al aeropuerto, como había amenazado hacer. Nunca me tomé la molestia de preguntarle por qué me trataba con tanto odio. Estoy seguro de había alguna explicación lógica para sus actos; al fin y al cabo, era mi madre; aunque me llamara *hijo de la gran puta*. Me pregunto si alguna vez recapacitó sobre estas palabras. Quizá tenía toda la razón.

9. Sin hogar

Llegué a Chicago a finales de febrero. Un par de los yonquis de Héctor me recogieron en el aeropuerto. Hacía frío, y yo sólo llevaba un suéter. De camino a casa, los yonquis se detuvieron en un K-mart y uno de ellos entró y robó un abrigo para mí. Durante el resto del trayecto discutieron sobre cuánta droga podrían pedirle a Héctor por haber hurtado el abrigo.

Vivir con Héctor era como vivir solo. Peor, de hecho. Los yonquis entraban y salían a todas horas del día y de la noche. Cada tres o cuatro meses la policía registraba el apartamento para buscar droga. Yo observaba a la gente que se inyectaba heroína, e incluso en algunas ocasiones les echaba una mano. Me volví un experto en preparar los picos para los yonquis y en pincharlos en las venas. Me ofrecía voluntario a cambio de marihuana o dinero.

Había una muchacha de diecinueve años que se picaba entre los dedos de los pies. Le resultaba más fácil que se lo hiciera yo. Se llamaba Gina y era una chica muy atractiva; no tenía aspecto de yonqui en absoluto. Siempre iba aseada y bien vestida. Además, olía bien, a diferencia de los otros yonquis, que apestaban a alcohol y tabaco. Gina era prostituta. Y, a juzgar por los autos que la dejaban delante de la casa de Héctor, yo diría que era una prostituta de categoría. Con frecuencia me la chupaba para devolverme el favor de inyectarle su dosis. Hacía todo esto en mi habitación, en casa de Héctor. A él le parecía bien que yo ganara dinero a costa de los yonquis y que me aprovechara sexualmente de Gina. Todo eso formaba parte de lo que implicaba ser un hombre y estar en la onda. Sólo la ayuda de Dios y mi terror a las inyecciones impidieron que yo mismo me convirtiera en yonqui.

A cualquier hora de la noche se me podía encontrar en la calle. A veces me pasaba dos o tres días enteros sin poner un pie en casa, y nadie me hacía preguntas. Empecé a frecuentar la sede de los Lords y la casa de María. Dormía muy poco, y siempre en casa de María o en la sede. Quería acostarme de nuevo con ella, pero siempre se negaba. De hecho, estaba tan ocupado tratando de darme otro revolcón con María que me olvidé por completo de Jenny.

Rican me invitaba una y otra vez a unirme a los Lords, pero yo siempre estaba demasiado fumado para contestarle. Me convertí en un marihuano. Fumaba a todas horas. Rican seguía portándose bien conmigo, pero yo sabía que era sólo porque quería reclutarme.

Un día me llevó a su casa, donde su novia me dio de comer y me dijo que podía ducharme si quería. Se llamaba Marilyn y era una muchacha bonita y menuda. Había tenido dos hijos con Rican. No le iba nada el papel de novia de un jefe de pandilla. Parecía demasiado pura e inteligente para eso. Marilyn fue al cuarto del fondo, salió con una bolsa de plástico llena de ropa y me dijo que le echara un vistazo y me llevara lo que quisiera. Esas prendas habían pertenecido a Afro. Me resistí a quedarme con nada, pero Rican me aseguró que no había ningún problema. Es más, según él, le faltaría al respeto si no aceptaba.

Me di una ducha, me cambié de ropa y me senté a cenar con Rican y Marilyn. Durante la cena la observé a ella y me fijé en la delicadeza con que caminaba y se movía. Además, se expresaba con mucha claridad y propiedad, como una maestra. A diferencia de Rican, no utilizaba argot ni soltaba palabrotas. Hablaba con orgullo. Yo no podía dejar de preguntarme qué circunstancias la habrían llevado a juntarse con Rican.

Después de cenar, Rican y yo fuimos a la sala a fumar hierba. Marilyn se llevó a los niños a la habitación del fondo y cerró la puerta con llave. Rican me expuso las ventajas de ser un Lord. Me enseñó un suéter distintivo de la pandilla y me prometió que me compraría uno si me unía a ellos. Sus tácticas de reclutamiento resultaban bastante convincentes; sin embargo, yo apenas escuchaba sus palabras. Estaba sumido en fantasías sexuales sobre Marilyn y me limitaba a asentir con la cabeza a todo lo que él decía. Marilyn salió de la habitación y le pidió a Rican que dejara de fumar para que los niños pudieran ver la televisión. Me sorprendí a mí mismo mirándola fijamente con ojos llenos de deseo, pero hice un esfuerzo por despertar de mi ensoñación antes de que Rican se diera cuenta. Yo sabía que Marilyn nunca sería mía, pero mi imaginación me estimulaba. De pronto, las últimas palabras que me había dirigido Jenny resonaron en mi mente: «Si no te vas de Chicago, me entregaré a ti». Me excusé de inmediato y me encaminé a casa de Jenny.

10. Jenny

Me subí sin pagar a un autobús en Western con Hirsch y me senté en un asiento del fondo. Sólo pensaba en Jenny como objeto sexual. No me preocupaba lo que iba a decirle ni cómo reaccionaría ella cuándo me viera. Lo único que ocupaba mi mente era lo que iba a hacerle en cuanto consiguiera desnudarla. Sólo quería acostarme con ella.

Cuando llegué a su casa me encontré con Lil Man y Lisa, sus hermanos, que estaban fuera, fumando un cigarrillo de marihuana. A Lisa le sorprendió que yo hubiese regresado tan pronto de Puerto Rico. Me dio la bienvenida con un abrazo y un beso. Lil Man le gritó a Jenny que bajara, que su novio «el Lord» había llegado. Le aclaré que no era un Lord. En ese momento, unos amigos suyos que también pertenecían a los Latin Kings se presentaron en una camioneta. Dijeron algo así como que los Gaylords necesitaban una lección. Lil Man abrió la puerta lateral del vehículo y subió, arrastrándome consigo. Antes de que yo pudiera bajar de un salto, la camioneta arrancó y enfiló Western a toda velocidad, en dirección al barrio de los Gaylords.

Los chicos de la camioneta le preguntaron a Lil Man quién era yo. Él les contestó que era el novio de su hermana y que quería averiguar cuáles eran mis intenciones. Me miró y me advirtió que no quería que su hermana saliera con un sinvergüenza. Los chicos le dijeron a Lil Man que varios Gaylords habían llegado en auto a Humboldt Park, le habían pegado una paliza a un anciano y le habían arrancado la parte de arriba del vestido a su esposa. Y el único motivo para hacerlo era que la pareja era puertorriqueña. Al oír esto me puse furioso. En mi fuero interno, di gracias a Dios de que mi madre y mis hermanas estuvieran en Puerto Rico.

Los Gaylords solían reunirse en la esquina de las calles Moffat y Campbell. Un tramo del bulevar Palmer también formaba parte de su territorio. Nos dirigimos hacia allí. Yo nunca había estado en esa zona y no tenía idea de dónde se encontraba. Cuando llegamos había Gaylords por todas partes. Los Kings habían decidido machacar al primero que encontraran; les daba igual quién, siempre y cuando fuera blanco. Por una ventanilla vi una valla de madera pintada de negro. Tenía una cruz nazi con una esvástica en el centro flanqueada por una bandera estadounidense y una bandera sudista. Encima de la cruz había una faja que llevaba escrita la palabra Palmer, y debajo, otra faja con la palabra Gaylords. Pero lo que de verdad llamó mi atención fue la frase, escrita en letras grandes y gruesas, que decía: «EL ÚNICO PUERTORRIQUEÑO BUENO ES EL PUERTORRIQUEÑO MUERTO». Me pregunté qué les habrían hecho los puertorriqueños a los Gaylords para ganarse tanto odio. Me sentí furioso, y la descarga de adrenalina me empujó a decirle al conductor que por qué no paraba y así podríamos agarrar a algún Gaylord. Creía que los Kings tenían la intención de salir del vehículo, atrapar a un par de Gaylords y pegarles una buena paliza, así que empuñé un bate de béisbol que estaba en el piso de la camioneta. Me moría de ganas de hacerle daño a uno de esos cabrones que quería verme muerto por ser puertorriqueño. Lil Man se volvió hacia mí y me dijo que no bastaría con el bate. Metió la mano bajo una manta, sacó una escopeta y me aconsejó que me escondiera y me preparase para cualquier cosa.

No podía creer lo que estaba a punto de ocurrir: estos tipos realmente querían matar a alguien. Lil Man le indicó al conductor que parara delante de un grupo bastante numeroso que estaba en la esquina y le avisó al otro que estuviera listo para abrir la puerta lateral. Yo permanecí sentado, pensando: «¿Qué demonios hago aquí?». De pronto, la camioneta se detuvo y alguien abrió la puerta con violencia. La escopeta de Lil Man disparó tres veces, bum, bum, bum. Se oyeron gritos mientras nos alejábamos rápidamente. Me zumbaban los oídos y el corazón me latía a mil por hora. Estaba paranoico. Unas cuatro o cinco cuadras más adelante, abandonamos el vehículo en un callejón; era robado y no importaba mucho. Lil Man me dijo que limpiara con un trapo todo lo que había tocado. Salimos del callejón caminando y subimos a un auto que nos esperaba. Los chicos no mostraban el menor remordimiento. Iban riéndose, bromeando sobre los tipos a los que habían disparado, que habían «mordido el polvo como putas» y eran unos «cabrones» que habrían hecho mejor en no meterse con la nación de los Kings. Yo estaba petrificado y, aunque sonreía cada vez que me miraban, no me parecía divertido.

Confieso que estaba tan deseoso de lastimar a un blanco como los demás. Sin embargo, matar a alguien no entraba en mis planes. Fue mi primera lección directa de justicia callejera: hispanos a la caza de anglos y viceversa. Las víctimas solían ser inocentes, como en el caso de la pareja agredida por los Gaylords en el parque. El odio racial parecía algo natural, como si todo el mundo tuviera derecho a matar a alguien, siempre y cuando fuera de otra raza.

Nos dejaron a Lil Man y a mí delante de la casa de Jenny. Ella estaba fuera, con Lisa, esperándonos. Lil Man se alejó por el callejón lateral de la casa, Jenny me tomó de la mano y los dos lo seguimos, con Lisa detrás. Entonces bajamos por unas escaleras que conducían al sótano del edificio donde vivían, Lil Man gritó desde dentro que nos diéramos prisa y cerráramos la puerta con llave. El sótano estaba bien iluminado y tenía un montón de sillas y una mesa. En la pared había pintada una corona negra y dorada, los colores de los Latin Kings.

Lil Man seguía pavoneándose del tiroteo mientras encendía un cigarrillo de marihuana y mandaba a Lisa arriba a buscar una botella de vino que tenía en el refrigerador. Jenny me pidió que le explicara lo sucedido y yo le dije que no quería hablar de ello. Lil Man le contó que yo quería saltar de la camioneta y propinarle un batazo a un Gaylord. Jenny me miró, sonrió y me besó. Daba la impresión de que se enorgullecía de mí por estar implicado en un crimen. Después de ese beso ya no pensé en otra cosa que en acostarme con ella. La violencia que tan turbado me tenía había desaparecido por completo de mi mente.

Lisa regresó con el vino y me lo dio. Descorché la botella, tomé un buen trago y se la alargué a Lil Man. Él, a su vez, me pasó el cigarrillo de marihuana. Cuando se terminó el vino, Lil Man decidió marcharse. Yo iba a marcharme también, pero Jenny me susurró al oído que me quedara con ella. Se acercó a la puerta, cuchicheando con Lisa. Ésta se fue, y Jenny volvió a mi lado y me plantó un beso.

Nos besamos apasionadamente mientras nos desvestíamos el uno al otro. Al poco rato estábamos los dos desnudos, y todos los consejos que me había dado María para complacer a una mujer se agolparon en mi cabeza. No sabía muy bien por dónde empezar. Jenny debió de pensar que estaba asustado o algo así, porque me dijo que no me preocupara, que Lisa estaba fuera, vigilando que no se acercara nadie. Lo cierto es que no estaba asustado, sino inquieto. Tanto, de hecho, que la levanté, la tendí sobre la mesa y me apliqué a la tarea de copular con ella. Jenny era virgen; María no me había preparado para una situación semejante. Las estaba pasando negras y no conseguía penetrarla, así que intenté practicarle sexo oral. Jenny me agarró del pelo y me acercó la cara a la suya.

–No hagas eso –me dijo.

Traté de penetrarla otra vez, con avidez, pero no pude. Por fortuna, ella tuvo mucha paciencia, porque estaba ansiosa por perder la virginidad. Empecé a repasar las enseñanzas de María: «Tómate tu tiempo y concéntrate en lo que haces para poder disfrutar», me había recomendado. Al final logré controlarme lo suficiente como para darme cuenta de qué estaba haciendo mal, y logré penetrar a Jenny. Todo terminó casi tan deprisa como había empezado. Quería hacerlo de nuevo, pero Jenny dijo que no, que ya habría otras oportunidades, y empezó a vestirse.

Después me preguntó qué haría si se quedaba embarazada. La pregunta me dejó helado. Ni siquiera había pensado en esa posibilidad. Al ver la cara que ponía, Jenny rompió a reír. Me confesó que le había comentado a Lisa que quería acostarse conmigo mucho antes de que yo intentara convencerla, de modo que Lisa le había conseguido unas píldoras anticonceptivas y le había enseñado a usarlas. Jenny me invitó a pasar a su casa para lavarme antes de marcharme. Me dijo que no me preocupara, que seguramente sus padres habían salido. Una vez aseado, Jenny me guió a su cuarto. Yo la acosté en la cama de inmediato y empecé a quitarle la ropa a tirones. Ella forcejeó para soltarse y me pidió que no insistiera. A continuación me llevó a la ventana y me dijo que si era capaz de trepar hasta allí se acostaría conmigo siempre que yo quisiera. La rabia que se acumulaba en mi interior a causa de su rechazo se transformó en una sonrisa. Sabía que subir hasta la ventana de Jenny no supondría el menor problema para mí. La besé y prometí verla más tarde, esa misma noche. Después me fui andando hasta la parada de autobús. Eran casi las diez, pero daba igual: en casa no me esperaba nadie.

Mi primera experiencia sexual después de la que tuve con María no había resultado para nada como yo esperaba. María me había preparado para todo menos para afrontar el hecho de que era demasiado joven para mantener relaciones sexuales. Lo que ocurrió entre Jenny y yo cuando yo tenía catorce años, más que hacer el amor, fue algo así como un combate de lucha libre. El episodio me dejó confundido y algo avergonzado. ¿Por qué se había puesto Jenny tan histérica cuando yo había intentando lamer su sexo, si María me había asegurado que a las mujeres les encantaba?

11. Los Lords de la nada

Estaba en la parada, esperando el autobús, cuando María y Lucy detuvieron su auto ante mí y me dijeron que subiera. María me preguntó qué hacía tan lejos del barrio y a aquellas horas de la noche. Le respondí que había visitado a mi novia y que lo que me había enseñado había dado resultado. Ella se rió y me dijo que si quería aprender algo más se lo hiciera saber. Supongo que Myra y Yolanda no le habían contado a Lucy lo sucedido entre su madre y yo, porque se quedó mirándonos, preguntándose de qué demonios estábamos hablando.

María quiso saber dónde vivía yo, para llevarme en auto. Le contesté que, como mi madre estaba en Puerto Rico, me alojaba en casa de mi hermanastro Héctor. Entonces recalcó que, si necesitaba algo de ella, no dudara en pedírselo.

Le pedí que me dejara cerca de Tuley para reunirme con algunos amigos y tal vez fumar un poco de hierba. Rican, Papo y el resto de los Lords estaban allí y se pusieron a gritar a coro «abusaniños» cuando me vieron bajar del auto. Ella no les hizo caso, arrancó y se fue. Sexpot empezó a meterse conmigo por haberme acostado con una señora mayor en lugar de hacerlo con ella. Le repliqué que la señora mayor era cuatro veces más atractiva que ella. Todos se rieron excepto Snake, que estaba enamorado de Sexpot porque era la única chica que había accedido a tener relaciones sexuales con él. Yo entonces ignoraba que las otras muchachas lo evitaban por su aspecto. Pensaba que por el mero hecho de ser un Lord podía elegir a cualquiera de las chicas que se juntaban con ellos, pero me equivocaba.

–Cuidado con lo que dices, mocoso, o te rompo la cara –me amenazó Snake.

–Controla a tu novia –le respondí–. Nadie está tan desesperado como para tirársela excepto tú, porque mira que eres feo.

Snake hizo ademán de pegarme, y yo me preparé para defenderme. Pothead me agarró por detrás y me inmovilizó con una llave. Rican se interpuso entre nosotros y nos dijo que nos calmáramos. Snake no dio su brazo a torcer.

–Ese mocoso no es un Lord. ¿Por qué lo proteges? –dijo.

Rican le contestó que yo era del barrio y que no debíamos pelearnos entre nosotros, pero Snake no se bajaba del burro. Me quedé junto a Papo, fumando un cigarrillo de marihuana mientras Snake discutía con Rican. Me puse a conversar y me había olvidado de Snake cuando, de pronto, arremetió contra mí y me tiró al suelo. Trató de darme un puñetazo, pero Rican y Papo me lo quitaron de encima a tiempo para evitarlo. Me levanté, dispuesto a contraatacar. Rican me agarró y me apartó de un empujón, perdí el equilibrio y me caí. Rican me puso un pie encima.

–Lárgate a tu casa antes de que alguien te mate. Tú no eres un Lord, ¡no lo olvides!

Me levanté y me marché, rabioso. No podía creer que los Lords, y en especial Rican, me hubiesen tratado así. Creía que serían más justos y me dejarían plantarle cara a Snake. Pero la tomaron todos conmigo. Cuando llegué a casa de Héctor, conseguí algo de hierba de un yonqui y me encerré en mi cuarto. Estaba demasiado cabreado para ir a ver a Jenny. Ni siquiera pensaba en ella. Me fumé un par de cigarrillos de marihuana y me fui a dormir.

Desperté al día siguiente hacia el mediodía. Missy, la novia de Héctor, me dijo que uno de mis amigos acababa de pasar para preguntar por mí.

Me asomé a la ventana y vi a Papo al otro lado de la calle, frente a su casa. Cuando me vio, me hizo señas de que bajara. Me aseé un poco y salí con él y sus hermanos a la cancha Clemente a jugar al fútbol americano. Después de un par de partidos, nos separamos. Papo y yo nos fuimos a Tuley y sus hermanos regresaron a casa. Yo tenía bastante frío, así que entramos en el sótano de los Lords. Me sentía un poco incómodo allí, pero Papo me dijo que Rican quería hablar conmigo.

–Oye, no quiero ser un Lord después de lo que pasó anoche –le dije a Papo.

Él me explicó que, después de irme, Snake siguió empeñado en que quería pelear conmigo mano a mano. Rican y Lil Chino habían decidido dejar que nos enfrentáramos y encargaron a Papo que me llevara a la sede de los Lords, donde tendría lugar la pelea. Empecé a preguntarme si habrían decidido matarme. ¿Me habría llevado Papo allí aun sabiendo lo que pretendían? Me puse nervioso. Tenía miedo de lo que ocurriría si le pegaba una paliza a Snake. ¿Me dejarían en paz los Lords o vengarían a su compañero? La alternativa estaba entre ir a enfrentarme con Snake o encerrarme en casa de Héctor para el resto de mi vida. Me decidí por probar suerte con los Lords. Supuse que si las cosas se ponían feas, podía decirle a Rican que quería unirme a la pandilla.

Aparentemente, todos los Lords y Lordettes habían dormido en aquel sótano. Estaban todos allí, excepto Rican. Snake empezó a soltar pestes en cuanto me vio. Lil Chino le dijo que se tranquilizara hasta que llegara Rican. Lil Chino y Papo eran los únicos que me trataban como amigos. Los demás se mostraban hostiles y nos azuzaban para que nos pegáramos. Yo permanecí callado, fumando hierba y bebiendo vino con Lil Chino y Papo.

Para cuando Rican hizo acto de presencia, yo ya estaba bastante colgado. También estaba molesto por todas las estupideces y cosas desagradables que los Lords estaban diciendo sobre mí.

–Ahora viene lo bueno –dijo Pothead en cuanto Rican apareció.

Snake se me acercó, se encaró conmigo y dijo:

–Vamos afuera, mocoso.

Salió, seguido de todos los Lords. Yo agarré mi chaqueta y salí también. Los miembros de la pandilla habían formado un círculo en el callejón que estaba detrás de la sede. Snake estaba en medio, esperándome. En cuanto pasé al interior del círculo me pegó dos puñetazos en la cara. Empezó a sangrarme la nariz. Me invadió la misma ira que cuando Pedro me maltrataba. La mente se me puso en blanco; no pensaba más que en matar a Snake por haberme golpeado. Nadie me había pegado desde que mi madre me había mandado de vuelta a Chicago, y no estaba dispuesto a permitir que nadie más abusara de mí. Lo siguiente que recuerdo es que alguien me asía y tiraba de mí hacia atrás; luego oí que Papo me pedía calma. Le dije que me soltara, que iba a matar a ese feo hijo de puta. Creí que todos los Lords se estaban volviendo contra mí, así que me puse a forcejear. Me inmovilizaron hasta que me tranquilicé. Cuando me soltaron descubrí que los que me sujetaban eran cuatro: Lil Chino, Papo, Pothead y Crazy One, «el loco». Snake estaba en el suelo, con las manos en el vientre, sangrando por la nariz y la boca, diciendo que iba a buscar una pistola para pegarme un tiro. Rican opinó que había sido vencido limpiamente, así que más valía que se olvidara de mí y me dejara en paz. Lo ayudó a ponerse en pie y nos animó a darnos un apretón de manos. Snake no me la estrechó y se alejó muy enojado. Sexpot corrió tras él. Todos los demás entramos en la sede.

Yo tenía cierta idea de lo sucedido, pero no recordaba haber golpeado a Snake. La rabia que se había apoderado de mí era más intensa que la que Pedro me había provocado jamás. No era consciente de qué había hecho ni de cómo lo había hecho. Parecía que mi organismo estuviera programado para atacar cuando sufría una agresión. Yo no sabía pelear. Ni siquiera sabía qué sensación producía pelearse con alguien. Pero a Snake se le había hinchado un ojo, que presentaba un corte en la parte superior, y tenía la nariz rota y ambos labios reventados. Y no recordaba haberle pegado. (Me pregunto si mi madre se acordaba de cuando me pegaba a mí).

Crazy One me rodeó los hombros con un brazo y me invitó a fumar un cigarrillo de marihuana. Comentó que yo estaba tan loco como él. Lo habían apodado «el loco» porque hacia los trece años había tomado una sobredosis de Valium y desde entonces entraba y salía constantemente de hospitales psiquiátricos. Era un muchacho blanco de veinte años que, junto con sus hermanos, había echado una mano a varias familias puertorriqueñas cuando se instalaron en el barrio. Sus hermanos también pertenecían a los Lords; uno de ellos estaba cumpliendo condena en la cárcel por matar a varios miembros de los Vicelords. La de Crazy One era una de las pocas familias blancas que quedaban en la zona de Humboldt Park. Encendió un cigarrillo de marihuana y los dos echamos a andar por la calle Claremont hacia la cancha Clemente. Rican y Lil Chino se unieron a nosotros poco después. Lil Chino me dijo que no me preocupara por Snake y me recomendó que si volvía a meterse conmigo le rompiera la cara de nuevo. Rican no estaba de acuerdo. Me dijo que si Snake me provocaba de alguna manera no le hiciera caso y se lo comunicase a él. Me advirtió que si yo le pegaba una paliza a Snake sin él estar enterado, los Lords tendrían que encargarse de mí. Le pregunté por qué.

—Snake es un Lord —me respondió Rican—, y tú no —entonces me adelantó y siguió caminando.

Cruzamos la cancha Clemente y enfilamos la avenida Western. Íbamos a un restaurante situado en el cruce de Western con Haddon, justo enfrente de la escuela. Era un local al que iban muchos estudiantes, pero al ser fin de semana, estaba vacío. Pedimos algo de comer y nos pusimos a jugar en las máquinas del millón. Al cabo de un par de minutos, Lil Chino salió, y regresó diciendo que se acercaban unos Chi-West por la calle. Los demás interrumpieron lo que estaban haciendo y salieron. Los seguí por curiosidad. Los Chi-West eran unos pandilleros blancos, como los Gaylords, y sus sentimientos hacia los puertorriqueños eran más o menos los mismos. Unos seis de ellos venían directos hacia nosotros. Crazy One se quitó su suéter rojo y negro de los Lords y me lo pasó. Yo me quedé junto a la puerta mientras los demás iban al encuentro de los Chi-West. Crazy One se sacó una navaja automática del bolsillo de atrás y la abrió.

Los Chi-West corearon el nombre de su pandilla y se dispersaron por la calle. Nos gritaron comentarios racistas como «latinos de mierda, sucios boricuas, vuelvan a su isla y llévense las cucarachas que trajeron consigo». Los Lords corrieron tras ellos, mientras los Chi-West salían disparados en todas direcciones, con los Lords pisándoles los talones. Unos segundos después, todos habían desaparecido de mi vista. No sabía si ir tras ellos o regresar a nuestro barrio a pedir refuerzos. Al cabo, como quería mantener mi imagen de tipo duro, decidí unirme a ellos. Salí del restaurante y fui en su busca. No había recorrido ni dos casas cuando alguien me agarró por detrás.

Me di la vuelta y ese alguien me tiró al suelo de un empujón. Alcé la mirada y vi que tenía delante a dos tipos blancos de veintipocos años: dos Chi-West. Me arrebataron el suéter de Crazy One, me propinaron patadas y puñetazos y se alejaron corriendo. Yo me quedé tumbado en el asfalto, dolorido, jurando que me vengaría de esos cabrones. Los Lords regresaron y me ayudaron a levantarme. Crazy One enseguida me pidió su suéter y le expliqué que los Chi-West me lo habían quitado. Se puso como una fiera, me agarró por el cuello y me advirtió que si no le devolvía su suéter me mataría. Rican percibió el miedo en mi cara y se interpuso entre nosotros. Me dijo que no me preocupara, que recuperaríamos ese suéter.

Cuando volvimos a nuestro territorio, ya todos estaban al tanto de lo ocurrido. Crazy One se nos había adelantado, aullando y farfullando sobre el incidente. Le conté a Papo lo que había pasado y dijo que me había metido en un buen lío. Lil Chino nos pidió que fuéramos aquella noche a la sede. Los dos supusimos que iban a pegarme una paliza, o a «violarme», como decían ellos. Yo no acababa de entender por qué era tan grave perder un suéter. Además, Papo me explicó que como Crazy One me había pedido que le cuidara el suéter, también lo «violarían» a él. Al no ser miembro de la pandilla, un Lord no debía dejarme al cargo de «los colores»; quebrantaba las reglas. (Los colores son sagrados para los miembros de la pandilla, que están dispuestos a matar y morir por ellos porque les otorgan una significación especial. El problema es que no siempre limitan esta práctica al grupo, sino que a menudo personas inocentes se ven envueltas en su estúpido jueguecito. En cualquier momento, alguien puede recibir un disparo, una paliza o ser víctima de un asesinato sólo por el color de la ropa que lleva).

Hacia las ocho de la noche acudimos a la sede de los Lords. Cuando llegamos, ordenaron a los miembros de mi edad que salieran. Luego me dijeron que entrara y cerrara la puerta. Tal como yo me había imaginado, la reunión se había convocado para tratar el asunto del suéter. Los Lords me preguntaron qué pensaba hacer para recuperar sus colores. Les respondí que no lo sabía y me contestaron que ellos sí. Lil Chino dijo que esperarían a que hiciera más calor. Así sería más fácil sorprender a los Chi-West por la calle. Seguramente ellos esperaban represalias inmediatas, pero los Lords aguardarían a que se hubieran olvidado del asunto para contraatacar. Rican me apuntó con el dedo y dijo:

–Tú vas a recuperar ese suéter –acto seguido, señaló a Papo y añadió–: Y tú vas a ayudarle, pues fuiste tú quien lo trajo por aquí.

–Que se jodan esos blanquitos de mierda. Recuperaremos nuestros colores ahora mismo, si quieres –soltó Papo.

Yo no dije nada. Ni siquiera me atrevía a mirar a nadie a los ojos.

–No hace falta –repuso Lil Chino–. Esperaremos a ver qué pasa.

Entonces dejaron entrar al resto de los Lords. Todos nos pusimos a beber y a fumar. Poco después, me obligaron a marcharme. No me permitirían regresar a la sede hasta que hubiese recobrado el suéter que me habían quitado. Creí que Papo vendría conmigo, pero sólo me acompañó hasta la puerta. Me había quedado solo.

12. Chi-West

Durante el resto del invierno, me pasé casi todo el tiempo jugando a fútbol americano con los hermanos de Papo. Los Lords se encaraban conmigo a la mínima oportunidad para recordarme lo del suéter. Por eso dejé de frecuentar la zona de Tuley y el apartamento de María. En cambio, recogía a Jenny cada día a la salida de clases y la acompañaba a su casa. Yo no había vuelto a la escuela desde que me marché a Puerto Rico. No creo que a Héctor se le pasara siquiera por la cabeza la posibilidad de inscribirme de nuevo.

En casa de Jenny averigüé muchas cosas de los Latin Kings a través de Lil Man. Además, fumaba y bebía con ellos. A veces me escondía en el cuarto de Jenny y, cuando todo el mundo se iba a dormir, ella y yo nos dábamos un revolcón. Si no se me presentaba la oportunidad de ocultarme, regresaba y trepaba hasta su ventana. Jenny siempre estaba lista y bien dispuesta. De hecho, se molestaba si no me presentaba para acostarme con ella. Mostraba una actitud cada vez más abierta hacia el sexo. Al final me dejó practicar sexo oral con ella, y llegó a encantarle. Por otro lado, aprendió también a darme más placer. Al final, nos convertimos prácticamente en obsesos sexuales. Rara vez hablábamos de otra cosa que no fuera la postura que probaríamos cuando estuviésemos a solas. Jenny hurtaba las revistas pornográficas de su padre para que yo las viera. Por lo general me mostraba alguna foto de una postura que quería imitar. Me daba la impresión de que, con el tiempo, ella adquiría más experiencia que yo. Con frecuencia me pedía que me moviera más despacio o con menor brusquedad. Incluso llegó a darme instrucciones de cómo practicarle sexo oral sin que le doliera. (Yo ni siquiera sospechaba que le estuviera haciendo daño). Juntos aprendimos muchas cosas que María no me había enseñado.

Jenny era estupenda. Cuando estaba con ella me olvidaba de mis problemas en casa y con los Spanish Lords. Aun así, no dejaba de fantasear con otras mujeres, especialmente con mujeres mayores. Cada vez que me acostaba con Jenny, me imaginaba que estaba con alguna de ellas, sobre todo con las que salían por televisión, como Marilyn Monroe, Jaclyn Smith, Farrah Fawcett o Raquel Welch, entre otras. Mantenía relaciones sexuales con ellas a través de Jenny, y cuando las veía en la tele, sonreía como si de verdad hubiera estado con todas.

Ese invierno, Joker, de los Spanish Lords, decidió regresar a Puerto Rico. Lo habían absuelto del cargo de intento de asesinato y ya no tenía ganas de quedarse. Cuando faltaban pocos días para su partida, se le veía entusiasmado. «Será un nuevo comienzo», decía. Se organizaron varias fiestas de despedida en su honor, y otros pandilleros hablaban de seguir los pasos de Joker. La suya les parecía una decisión inteligente. El tipo había comprendido que si seguía por el mismo camino acabaría mal, así que decidió apearse antes de que fuera demasiado tarde.

El día anterior a su marcha, Joker fue a cortarse el pelo en una peluquería de la avenida North con la calle Campbell. Una vez sentado en la silla del barbero, un tipo con un pasamontañas entró y le pegó un tiro. Joker murió allí mismo. Consiguió regresar a Puerto Rico, pero en una caja. Corría el rumor de que el hijo del dueño de la peluquería era uno de los Spanish Cobras y que el propio peluquero mantenía vínculos con alguna pandilla. Hasta donde yo sé, nunca detuvieron a nadie por el asesinato. Para los Spanish Lords fue una acción que clamaba venganza. Ahora, los que pensaban seguir el ejemplo de Joker encontraron un motivo para no hacerlo.

Las temperaturas subían. Los árboles echaban hojas, los Cubs iniciaron su temporada de entrenamiento primaveral; todo indicaba que el invierno se había acabado. La de aquel año fue una primavera muy calurosa: a mediados de abril parecía que estuviéramos en pleno verano. Los Lords decidieron que había llegado el momento de actuar contra los Chi-West. Llamaron varias veces a la puerta de Héctor para preguntar por mí, pero yo siempre estaba en casa de Jenny. Los Lords hicieron correr la voz de que yo los rehuía. Un día, Papo me vio frente a Clemente, esperando a Jenny, y me abordó con cierta agresividad.

–¿Así que tratas de esconderte, mocoso? Pásate por Tuley hoy o serás hombre muerto –me dijo.

Su actitud me pilló totalmente por sorpresa. Siempre se me olvidaba que él era un Lord y yo no.

Le expliqué a Jenny mis problemas con los Lords, de modo que se mostró comprensiva cuando me excusé por no poder acompañarla a casa aquel día. De hecho, se emocionó al saber que iba a participar en una operación contra otra pandilla. «Tú eres mi hombre –me dijo entre un beso y otro–. Recuperarás ese suéter, sé que lo harás.» Le prometí que iría a verla esa noche. Jenny se subió al autobús y yo me encaminé a Tuley. Una vez allí, me senté en uno de los escalones que conducían a la puerta principal de la sede de los Lords y me puse a esperarlos.

No tardaron mucho en llegar. Pothead se sentó junto a mí sin abrir la boca. Poco después apareció Papo.

–Asegúrense de que no se vaya –dijo y se alejó hacia la parte trasera del edificio. Yo estaba rodeado de Spanish Lords. Casi todos hablaban sobre mí, pero ninguno me dirigía la palabra.

–Eh, vengan acá –gritó alguien desde el fondo del edificio.

Los Lords me escoltaban; querían asegurarse de que no iba a huir. Recorrimos un callejón hasta la parte de atrás del bloque y entramos en la sede.

Todos estaban sentados contra las paredes. A mí me dejaron de pie en medio del cuarto delante de una mesa ocupada por Lil Chino, Rican,

Crazy One y un tipo al que nunca había visto. Ordenaron a Papo que se colocara junto a mí. Rican empezó a soltar un discurso sobre lo que significaban los colores para ellos y las consecuencias que acarreaba perderlos. Señaló que esas consecuencias eran doblemente graves para aquellos que perdían los colores sin ser Lords. Mientras tanto, Crazy One repetía sin cesar: «Quiero mi suéter, mocoso. Quiero que me devuelvas mi suéter».

Rican me presentó al desconocido: lo llamaba Mouse, «ratón». Me explicó que Mouse nos ayudaría en nuestra misión, y luego nos entregó una pistola a cada uno. Nuestra misión consistía en recuperar el suéter o bien matar a uno de los Chi-West. Si fracasábamos, Papo sería sometido a una «violación», y yo a una paliza brutal. Papo asintió de inmediato. Yo estaba tan nervioso que guardé silencio. Vi que Papo se metía la pistola bajo la cintura del pantalón y lo imité. Entonces, Mouse se dirigió a la puerta y Papo lo siguió. Después de unos instantes de vacilación, eché a andar tras ellos.

–Si no me traes mi suéter de vuelta, eres hombre muerto –bramó Crazy One a mi espalda. Cuando me disponía a salir, Papo volvió a entrar.

–Esperaremos a que oscurezca. Mouse vendrá a recogernos –dijo.

Nos quedamos allí matando el tiempo. Papo fumaba hierba mientras bromeaba y se reía con el resto de los Lords. Yo estaba en un rincón, sentado en el suelo, y nadie me hacía el menor caso. Pasó lo que me pareció una eternidad hasta que Mouse se presentó y dijo:

–Vamos, hermanos, vámonos.

Los Lords se despidieron de Papo con apretones de manos y abrazos, y de mí, con miradas siniestras y amenazas.

(En una pandilla, la distancia que separa el ser bien recibido del estar en peligro es mínima. Incluso tus mejores amigos pueden volverse en tu contra de un día para otro. Ser miembro tiene sus ventajas, pero pueden desaparecer en cualquier momento. Papo pertenecía a los Spanish Lords, y aun así sus correligionarios le obligaban, como a mí, a jugarse la vida por un suéter.)

Nos marchamos de la sede con Mouse y salimos al callejón, donde nos esperaba un auto. Era un Ford LTD verde con cubierta negra de vinilo. Dentro había una chica. La reconocí como la que estaba en la sede cuando me llevaron ahí por primera vez, la que había insultado a Sexpot. Se llamaba Maribel pero la conocían por el sobrenombre de Morena. Era una de las Latin Queens, la rama femenina de los Latin Kings. Ella también llevaba una pistola. Mouse nos pidió las nuestras y se alejó para esconderlas. Luego regresó, subió al auto y sacó una bolsa de plástico medio llena de marihuana. Mouse y Morena liaron varios cigarrillos, los encendieron y los compartieron con nosotros. Mientras fumábamos, Mouse nos contó que, camino de la sede, había atravesado la zona de los Chi-West. Los pandilleros estaban pasando el rato en el patio de una escuela. Mouse había decidido esperar a que estuvieran borrachos para pillarlos por sorpresa. Morena seguía callada y sólo se movía para pasar o recibir el cigarrillo de marihuana. Transcurrió cerca de una hora sin que nadie abriese la boca.

–Vámonos –dijo Morena al fin.

Mouse fue a buscar las pistolas, nos las devolvió y nos pusimos en marcha. Miré a Papo mientras intentaba guardarme el arma en el bolsillo. Él se puso la suya dentro del pantalón, como antes. Yo traté de hacer lo mismo, pero iba tan incómodo que opté por llevarla en la mano. Tenía miedo. Examinaba constantemente a Papo para ver si él también estaba asustado, pero él no me miró ni una vez en todo el trayecto al barrio enemigo. Se mantenía en su papel de macho y no dejaba de comentar las ganas que tenía de matar a un Chi-West.

La única persona que me dirigía la mirada era Morena. Yo desviaba la vista para que ella no leyese el miedo en mis ojos. Contemplaba por la ventanilla los edificios por los que pasábamos, pensando en lo que iba a ocurrir, y en la pistola que empuñaba. Me convencí de que iba a usarla. Sin embargo, ni siquiera era capaz de imaginar qué se siente al apretar el gatillo para pegarle un tiro a otro ser humano. No podía ser de otra manera: nunca antes lo había hecho. Por un momento, tuve la sensación de estar solo. Era como si no oyera ni viera a los que venían en el auto conmigo. Papo me hizo volver a la realidad con un codazo en el hombro.

–Ya falta poco –me dijo.

Estábamos en la avenida Augusta. Mouse avisó que nos preparáramos; ya casi habíamos llegado a nuestro destino.

Los Chi-West se encontraban en una escuela de Augusta. Nos bajamos del auto y, a través del patio, nos acercamos silenciosamente a los barracones, de donde salía música rock a todo volumen. Los Chi-West habían montado una fiesta en un lugar que no se veía desde la calle, entre dos barracones. Nos separamos en dos grupos para bloquear sus dos únicas vías de escape. Papo y yo fuimos a la parte de atrás mientras Mouse y Morena cubrían la fachada. Cuando nos plantamos allí de un salto, los Chi-West quedaron aterrados. El que me había quitado el suéter estaba allí, con la prenda puesta. Como muestra de desprecio hacia los Lords, había arrancado el emblema y lo había cosido cabeza abajo. Aparte de él, había tres muchachos y tres chicas. Mouse me indicó que agarrara lo que habíamos venido a buscar.

–Dispárale, dispárale –repetía Papo sin cesar.

Las jóvenes que estaban con los Chi-West rompieron a llorar y le pidieron al tipo que me diera el suéter. Pero él tenía otra idea en mente. Se me acercó y se encaró conmigo.

–Mátame, mocoso –me retó.

El miedo que yo sentía era evidente para todos.

El cuerpo me temblaba como presa de un terremoto. Me vino un sudor frío y me quedé mirando al tipo, mientras él soltaba bravatas como «dispara, maldito cobarde» o «ustedes los puertorriqueños son todos unos gallinas». Yo no hacía más que preguntarme por qué no me daba el suéter, pero él no paraba de desafiarme para que lo matara, y yo no podía. Mouse me arrebató la pistola y le pegó dos tiros en la pierna. Morena también abrió fuego. Disparaba contra todo lo que se movía. Papo se unió también al tiroteo. Mouse le quitó el suéter al tipo y se le subió encima para pegarle otro tiro. A su lado, en el suelo, yacía una chica que se apretaba una herida en el brazo con la mano. El tipo se percató de que iban a dispararle de nuevo y utilizó el cuerpo de la chica como escudo. Mouse apretó el gatillo. Horrorizado, vi como la bala entraba en la cara de la joven por un lado y salía por el otro. Mouse disparó otra vez, y esta vez el tiro alcanzó a la muchacha en el pecho. La sangre salpicó por todas partes con el segundo impacto. Me quedé helado. En mi mente veía una y otra vez la bala chocando contra la chica y la sangre manando. Oí sirenas de autos patrulla, pero seguí plantado, incapaz de echar a correr. Entonces, noté que alguien me agarraba y tiraba de mí. Primero creí que se trataba de la policía, pero luego vi que era Morena. Había salido a escape, pero regresó a buscarme.

Saltamos la valla que rodeaba la escuela y corrimos por un callejón mientras los autos patrulla zumbaban con las sirenas ululando y las luces parpadeando. Sabíamos que no conseguiríamos salir de ese barrio sin toparnos con la policía, así que nos pusimos a buscar un sitio donde escondernos. Nos metimos por un corredor y encontramos una puerta abierta. Entramos y echamos el cerrojo. Desde ahí oímos las pisadas de los policías que andaban por el callejón; uno de ellos intentó abrir la puerta. Le oímos decir que se moría de ganas de echarle el guante a algún jodido hispano. Estuvimos en silencio, inmóviles, durante cerca de una hora. Pasado este lapso, Morena se dirigía a abrir la puerta para ver si quedaba alguien cuando sonaron voces en el callejón. Decidimos esperar un rato más. Yo no paraba de temblar y las lágrimas me resbalaban por las mejillas. Morena trató de consolarme, diciéndome que todo saldría bien.

Me pasé el resto de la noche conversando con ella en susurros. Le conté mis problemas con mi madre, Pedro y Héctor. Morena me habló de su ex novio, un Latin King. Los Vicelords lo habían matado a tiros. Lo había conocido después de que su madre la echara de casa. Morena era hija única y, por lo visto, no le caía bien al novio de su madre, que intentó abusar de ella sexualmente. Cuando Morena se negó, él le contó a la madre que la chica se le había insinuado. La madre le creyó y obligó a su hija a marcharse. Como no tenía adonde ir, se fue a vivir con su novio. Al final, acabó queriéndolo. Pero un día iban paseando de la mano por la avenida Damen, junto a Wicker Park, cuando sonaron dos disparos. Él se aferró a ella y luego cayó al suelo. Tenía dos heridas de bala en la espalda y murió desangrado en plena calle. A Morena se le saltaban las lágrimas cuando contaba esa historia. Me explicó que por eso no le importaba matar gente: aquel suceso le había abierto los ojos; me aconsejó que abriera los míos antes de que fuera demasiado tarde. Para vivir en la calle, me aseguró, había que ser despiadado.

–Tienes que aprender a hacer daño a la gente antes de que ellos te lo hagan a ti –dijo, y me recomendó que no me fiara de nadie y que no hiciera nada que no quisiera–. Sé un líder, no un vasallo –añadió–. Sé siempre un líder.

Ser un líder y no un vasallo implicaba actuar con sangre fría, con violencia y sin contemplaciones. Había que luchar contra el sentimiento de empatía hacia el sufrimiento ajeno. Uno no debía escandalizarse al ver manar sangre de un cuerpo humano. Había que pasar por alto los gritos de piedad y de terror, incluso burlarte de ellos. En teoría, la muerte era algo normal, que me convertiría en líder; en un líder y no en un vasallo. A lo largo de mi vida, nunca he dejado de oír esa frase. Tardé muchos años en comprender que no se ajustaba a la realidad.

13. Cobarde

Cuando la luz del amanecer empezó a colarse por debajo de la puerta, decidimos que había llegado el momento de intentar regresar a nuestro barrio. La idea era caminar de la mano, como si fuéramos novios, con el aire más inocente posible. Con un poco de suerte, no nos cruzaríamos con ningún blanco. El plan dio resultado. Cuando llegamos a nuestra zona, nos separamos. Yo fui a casa de María y aporreé la puerta hasta que ella me abrió, furiosa conmigo por haberla despertado. ¡Qué carajo quieres tan fuckin' temprano!, gritó. Me quedé mirándola con los ojos llorosos, sin saber qué decir. Notó que algo no iba bien y me preguntó qué sucedía. Le prometí que se lo diría, pero era importante que abandonara la calle lo antes posible. Una vez dentro, le conté lo que había pasado la noche anterior. Ella me estrechó en sus brazos y me dijo que podía quedarme allí todo el tiempo que quisiera, lo que supuso un alivio para mí por más de un motivo. Por un lado, ahora tenía un lugar donde ocultarme; por otro, deseaba acostarme con María para quitarme el tiroteo de la cabeza. Ni siquiera pensé en la posibilidad de regresar a casa de Héctor. Me pasé todo el día encerrado en la habitación de María. Nadie estaba al corriente de que estaba allí excepto Lucy, su hija. Sabía por qué me escondía, pero no conocía los detalles. Creía que yo había participado activamente en los hechos, y eso la impresionaba mucho: empezó a coquetear conmigo. Yo podría haberle dicho la verdad, pero no me convenía.

Aquella tarde, María entró en el cuarto y me preguntó cómo me encontraba. Le dije que estaba bien y traté de besarla, pero ella me apartó de un empujón. Su novio estaba subiendo y yo tenía que salir de su habitación a toda prisa. Aunque muy desilusionado, obedecí.

Durante los días siguientes, no hacía más que caminar de la sala a la cocina y viceversa, pensando en el ataque a los Chi-West. No pegaba ojo. Me venía a la cabeza una y otra vez la imagen de los disparos contra la cara y el pecho de aquella chica, y de la sangre que salpicaba. Fumar marihuana me tranquilizaba, pero cuando se me pasaban los efectos, la paranoia se apoderaba de mí.

Myra y Lucy se me insinuaban todo el tiempo. Me parecía increíble que estuvieran tan locas. Todo su mundo se reducía al sexo y las drogas. Había días en que tenían varios compañeros sexuales, y luego se sentaban a compararlos con los de la otra. Durante mis primeros cuatro días allí, me acostaba con una o con otra, nunca solo. A partir del cuarto día, todo cambió.

Myra nunca se había quejado de que la tocara, independientemente de lo que ella estuviera haciendo. De pronto, comenzó a echarme bronca cada vez que me acercaba. Decía que le gustaban los jóvenes valientes, no los cobardes. Lucy hacía comentarios sobre que yo me creía fuerte y duro, pero que en realidad era un mariquita y que me había salvado la vida una chica.

Al quinto día me marché de su apartamento. Me sentía humillado y lleno de rabia, pero por encima de todo, asustado. Debía llegar a casa de Héctor sin toparme con los Lords. Papo, Pothead y Crazy One estaban delante de Tuley cuando pasé por ahí. Temí que se abalanzaran sobre mí, así que empecé a buscar sitios por los que poder huir. Pero ellos sólo me miraron de arriba abajo sin abrir la boca. Me detuve frente a ellos y los saludé.

–Hola, ¿qué hay?

Pothead me dijo que me largara de allí. No querían juntarse con cobardes. Me enojé y les solté unas cuantas palabrotas. Papo me inmovilizó sujetándome por detrás con los brazos y poniéndome las manos detrás de la cabeza.

–Vete antes de que te demos tu merecido, mocoso –dijo. Y añadió que ahora estaba solo; los Lords ya no querían saber nada de mí.

Me alejé por la calle Claremont con una terrible sensación de abandono. Oía que la gente me gritaba *pendejo*, cobarde y *maricón*, entre otras muchas cosas. Sin saber por qué, me entraron ganas de ir a casa de Héctor.

Caminé por la avenida Western hacia Hirsch y me encontré con Morena. Pensé que ella añadiría un par de insultos más a los que ya me habían soltado, pero en cambio se acercó y me sorprendió dándome un beso en la mejilla. Me preguntó dónde había estado. Le dije que había estado escondido en el apartamento de María. Se rió y me invitó a fumar un poco de hierba. Bajamos por Hirsch y nos dirigimos hacia la zona de los Unknowns, que estaba a un par de cuadras de distancia. Mientras andábamos, encendimos unos cigarrillos de marihuana y conversamos sobre el pasado. Le hablé de cómo me estaban tratando en el barrio y ella se mostró comprensiva conmigo. Luego me contó que la policía había pillado a Mouse con la pistola que había usado esa noche. Snake estaba con él y los habían encarcelado a los dos. Añadió que Papo fue el que había propuesto que me expulsaran del barrio. Eso me chocó bastante porque se suponía que era mi «mejor amigo». Supongo que él estaba enfadado y decepcionado porque yo no había estado a la altura de lo que se esperaba de un miembro de la pandilla.

En territorio de los Unknowns vi a Speedy con Lil Man, el hermano de Jenny. Supuse que me tratarían tan mal como los Lords, pero no fue así. Al parecer, los únicos que hablaban pestes de mí eran los Lords. Lil Man me preguntó dónde me había metido y me dijo que su hermana estaba preocupada por mí. Lil Man, Morena y yo subimos entonces a un auto manejado por un Latin King de las calles Beach y Spaulding llamado

Tito. La zona de Beach y Spaulding era territorio de lo que se suponía la facción más numerosa de Latin Kings de todo Chicago. Yo había oído hablar de ese barrio, pero nunca había estado allí. Creía que se encontraba en algún lugar de las afueras. Lil Man le dijo a Tito que me dejara delante de su casa para que su hermana me viera. Yo no quería ir. Me habría gustado ir con los Kings, pero no dije una palabra. De mala gana, me quedé con Jenny, pensando que al menos podría disfrutar de un poco de sexo.

Jenny ya sabía lo sucedido con los Lords. Tocó el tema con mucho cuidado. Era evidente que no quería herir mis sentimientos, pero algo la molestaba.

Estaba sola en casa. Sus padres habían llevado a Lisa a que le arreglaran un vestido que se iba a poner para ser madrina en una boda. Hablamos durante un rato sobre dónde había estado yo en los últimos cuatro o cinco días y luego nos besamos. Ella me invitó a su cuarto. La tendí sobre la cama y me puse encima. Ella me apartó.

—¿Por qué no le pegaste un tiro a ese tipo blanco? —me preguntó.

Me quedé callado con la vista clavada en ella, sin saber qué decir.

—No puedes ser mi novio si eres un mocoso —señaló—. Yo quiero que mi novio sea valiente.

Tartamudeé, buscando palabras para defender mi virilidad.

—Bueno, no importa —siguió—. Sé que la próxima vez no te vas a rajar, ¿verdad? —y empezó a darme besos en el cuello y en la cara.

Nos olvidamos de todo y nos pusimos a hacer el amor. De pronto oímos que alguien la llamaba a voces desde la calle. Nos detuvimos para escuchar. Cuando gritaron su nombre de nuevo, reconocimos la voz de su padre. Nos levantamos y empezamos a vestirnos, pero antes de que me diera tiempo de ponerme los pantalones, ya estaba golpeando la puerta del cuarto de Jenny. Ella fingió que los golpes la habían despertado y le pidió que esperara un momento. Yo recogí todas mis cosas y me escondí debajo de la cama. Oí que el padre de Jenny le preguntaba por qué estaba dormida a esas horas de la tarde. Luego le ordenó que se pusiera a preparar la cena para que su madre pudiera descansar el resto del día. La luz de la habitación se apagó, la puerta se cerró y todo quedó en silencio.

Aunque mi madre y Pedro ya no estaban, había acabado otra vez debajo de una cama. Las palabras de Jenny –«No puedes ser mi novio si eres un mocoso»– eran proféticas. No sólo las pandillas te exigían que fueras violento, también las chicas. La razón por la que a una muchacha le gustan los tipos capaces de matar a sangre fría sigue siendo un misterio para mí.

Transcurrieron segundos, minutos y horas, y yo seguía debajo de la cama. Jenny entró en el cuarto varias veces, pero siempre con su madre y por poco tiempo. Cada vez que se abría la puerta, el corazón me daba un vuelco.

De repente oí que la puerta se abría de nuevo. Esta vez sólo vi entrar un par de pies. Eran los de Lisa. Ella se agachó, me alargó un plato con comida y me dijo que guardara silencio y tuviera paciencia; sus padres no tardarían en irse a la cama. Salí de debajo de la cama y me asomé a la ventana para ver si tenía vía libre para saltar a la calle. Lil Man y algunos de sus amigos estaban delante de la casa, así que descarté descolgarme por la ventana. Me senté y me comí lo que me había llevado Lisa. En cuanto terminé, oí unos pasos que se acercaban a la puerta y me arrastré de nuevo debajo de la cama.

Jenny, Lisa y su madre entraron, se sentaron sobre el colchón y se pusieron a charlar de la boda a la que iba a ir Lisa. Yo estaba apretujado entre la cama y el suelo, intentando desesperadamente no hacer el menor ruido para no delatarme. Lisa decidió ir a buscar el vestido para probárselo. Jenny propuso que lo hicieran en la habitación de su madre, pero Lisa no quiso, diciendo que sólo tardaría un momento. Salió y volvió con el vestido. Vi que se quitaba los pantalones y, aunque me hubiera gustado echar una buena ojeada, me quedé muy quieto por miedo a que, al menor movimiento, la madre de Jenny me descubriese. Al fin, después de unos cuarenta y cinco minutos de tormento físico y mental, Lisa y Jenny se llevaron a su madre del dormitorio. Al poco rato regresaron y comenzaron a saltar encima de la cama, riendo en voz baja. Lisa me dijo que saliera, que sus padres ya se habían ido a la cama y que tan pronto como Lil Man y sus amigos se marcharan, yo podría saltar por la ventana para irme a casa. Jenny fue a ducharse; Lisa y yo nos quedamos mirando por la ventana, esperando a que los chicos se fueran. Estaban bebiendo, fumando hierba y enseñando los emblemas de la pandilla a los autos que pasaban. A veces incluso perseguían el auto y le arrojaban botellas. Jenny volvió a la habitación. Lisa nos dio las buenas noches y salió. Jenny corrió el pestillo, se me acercó y me plantó un beso. Se despojó de la bata para dejar al descubierto su cuerpo desnudo. Nos besamos apasionadamente y, poco después, estábamos haciendo el amor de nuevo.

Cuando me di cuenta, había amanecido y se oía a los padres de Jenny ir y venir por toda la casa. Me aterroricé. Miré por la ventana y vi que no había nadie. Me vestí, le di a Jenny un beso en la frente y empecé a descolgarme por la ventana.

—Vuelve esta noche —la oí decir mientras me iba.

En la parada de autobús, no pensaba más que en Jenny y su apetito sexual. Me reí solo al imaginar qué habría pasado si sus padres nos hubieran sorprendido en pleno acto. El autobús llegó y yo me colé por la puerta de atrás. Por la ventanilla vi desfilar los edificios mientras mi cabeza se perdía en recuerdos de la noche anterior. Sabía que iba hacia territorio de los Lords, pero no sabía adónde iría una vez allí. No me gustaba la idea de volver a casa de Héctor; allí todos parecían zombis, y él era su amo. Pero daba igual, porque no me quedaba otro remedio que ir. Tenía miedo de lo que me podían hacer los Lords si me quedaba en la calle.

14. Imposible ser normal

Me bajé del autobús en el cruce de Western y Potomac, caminé hasta el edificio donde vivía Héctor y subí las escaleras. Había unos yonquis sentados en los escalones esperando a que Héctor abriera la «droguería». Se alegraron de verme, pero sólo porque sabían que despertaría a Héctor para que me dejara entrar. Aporreé y pateé la puerta durante unos cinco minutos. Al fin, oí una voz femenina.

–Vuelve más tarde, maldito cabrón.

–Soy yo –dije–. Ábreme.

–¿Estás solo? –me preguntó la voz.

–No. Hay cola aquí fuera –respondí.

La voz me dijo que les pidiera a todos que se apartaran, pero no tuve que decir una palabra. Los yonquis de arriba oyeron a la mujer y empezaron a bajar. Los demás los siguieron.

–Ya se han ido. Déjame pasar –dije y esperé a que abriera la puerta.

Gina estaba al otro lado. Abrió las dos cerraduras de la pesada reja que protegía la puerta y me dejó pasar.

–Héctor quiere hablar contigo –dijo Gina mientras cerraba la reja y la puerta.

Fui hacia la habitación de Héctor y, desde la puerta, le pregunté qué quería.

–¿Cuántos hay ahí fuera? –preguntó.

–Unos diez –respondí.

–Toma. Diles que esto es todo lo que hay hasta la noche –dijo Missy, alargándome un bote de mantequilla que contenía unas bolsitas con heroína.

–¿Cuántas hay? –pregunté.

–Veinte –me contestó–. Guarda el dinero –dijo, y cerró la puerta del dormitorio.

Salí al rellano e intercambié la droga por dinero con los yonquis. En un par de minutos vendí veinte papelinas de heroína a veinte dólares cada una.

–No vuelvan hasta esta noche; ya no hay más –les dije a los yonquis mientras les daba sus dosis. Ya había despachado veinte bolsitas, pero todavía quedaban dos; por lo visto, Héctor o Missy las habían contado mal.

–¿Cuántas vendiste? –gritó Héctor desde su cuarto.

–Veinte –le contesté.

Gina me tapó la boca con la mano antes de que pudiera decirle a Héctor que habían sobrado dos.

–Te las compro –me dijo.

La llevé a mi habitación, me tumbé en la cama y miré cómo Gina se preparaba para picarse. Sacó media onza de hierba del bolso y me la tiró.

–Enciéndete uno –me dijo.

Saqué dos cigarrillos ya liados de la bolsa de plástico y le dije que me quedaba con lo demás. Gina calentó el contenido de las dos papelinas en una cuchara sopera con un encendedor. Luego empapó un trozo de algodón en el líquido y lo utilizó como filtro para introducirlo en una jeringa.

–Hazme un favor –me pidió.

–Quítate la ropa –respondí.

–Chico malo –me riñó Gina mientras me pasaba la jeringa. Luego se quitó su vestido de tirantes.

Debajo no llevaba más que un tanga. Se sentó en la cama y me puso la pierna sobre las rodillas. Le di un cigarrillo de marihuana y le dije que lo encendiera. Le separé los dedos segundo y tercero del pie, clavé la aguja y traté de succionar un poco de sangre con la jeringa, pero tuve que clavarla dos veces hasta que encontré la vena y logré sacar algo. Dejé que la sangre y la heroína se mezclaran en el interior de la jeringa y a continuación inyecté despacio la mixtura en la vena. Gina cerró los ojos y soltó un gemido cuando inoculé el contenido de la jeringa en su corriente sanguínea. Cuando la jeringa estuvo completamente vacía, la saqué y la puse en la ventana.

–Gracias –me dijo Gina–. Quítate los pantalones, que te devolveré el favor.

Me desnudé y me quedé tumbado, fumándome un cigarrillo de marihuana y mirando Gina mientras me la chupaba. Gina hacía algo que no se atravían a hacer ni Jenny ni María: se tragaba mi semen. Yo la consideraba una puta asquerosa por ello, pero la sensación me encantaba.

Nunca se me pasó por la cabeza que estuviera mal el hecho de que un muchacho de catorce años le inyectara heroína a una yonqui, por no hablar de que una prostituta se la chupara a menudo. Todo me parecía de lo más normal; mi vida era así. A nadie de mi entorno le preocupaban las repercusiones de nuestros actos, y a mí tampoco. Me habían robado la infancia, pero yo no era consciente de ello. Creía que mi deber como «hombre» era tener relaciones sexuales con cualquier mujer que se me ofreciera. En realidad no era más que un niño, un niño chico.

Aquel día dormí hasta las tres de la tarde. Me asomé a la ventana y vi a los hermanos de Papo jugando al béisbol en la cancha Clemente. Aunque temía toparme con los Spanish Lords, salí a jugar con ellos. Después del partido, Heraldo, el hermano mayor de Papo, me invitó a su casa. Me dijo que estaba enterado de lo sucedido con los Chi-West. Y que yo había hecho lo correcto al negarme a disparar. Luego me aconsejó que no me acercara a su hermano porque era un pendenciero.

Sus consejos me pareción razonables, pero yo seguía sintiendo que había hecho algo mal y que debía demostrar mi hombría. Sabía que la hostilidad de los Lords hacia mí no desaparecería a menos que yo les demostrara que no era un cobarde. Por otra parte, las palabras de Jenny cuando me dijo que no quería ser la novia de un mocoso aún resonaban en mis oídos. Tenía que encontrar una manera de borrar el recuerdo de la noche en que nos enfrentamos a los Chi-West. Lo único que se me ocurrió fue acudir a Rican para pedirle otra oportunidad. Conseguir entrevistarme con él ya resultó una misión difícil por sí misma. Cada vez que intentaba hablarle, me decía que me fuera al carajo o mandaba a otra persona a decírmelo.

Faltaban un par de semanas para que comenzaran las clases y yo quería matricularme. Tenía que averiguar cómo podía inscribirme en Clemente y fui a pedirle a María que se hiciera pasar por mi madre. Dijo que lo haría pero que necesitaba el certificado de traslado. Corrí a casa a buscarlo. Sabía que lo guardaba en algún sitio, pero no recordaba dónde. Héctor estaba sentado a la mesa de la cocina contando dinero junto a un anglo que yo no conocía de nada. Me dijo que me acercara y me presentó como su hermano menor. El anglo llevaba una pistolera en el costado. No parecía yonqui ni la clase de persona que se juntaba con mi hermanastro. Se identificó como el detective Schwartz. Dijo que era buen amigo de Héctor y que si algún día me detenía la policía, diera su nombre. Me quedé callado, sorprendido de que Héctor tuviera un amigo policía. Me parecía absurdo. Supongo que en aquel entonces yo ignoraba muchas cosas del mundo de la droga. Entretanto, ellos seguían contando billetes y hablando de algo que iba a ocurrir en la casa el jueves de la semana siguiente. Entré en mi cuarto y encontré el certificado de traslado. Le pedí diez dólares a Héctor y, cuando los tuve, salí de nuevo a la calle.

Yo no sabía qué ropa ponerme para ir a clase. Mi guardarropa consistía en tres pantalones y cinco camisetas. Pensé en las prendas que Marilyn, la novia de Rican, me había ofrecido, y de algún modo reuní el valor suficiente para ir a buscarlas. Una vez frente a su casa, dudé en llamar pero al final decidí arriesgarme. Marilyn me abrió la puerta y me invitó a pasar. Le pregunté si podía llevarme la ropa que me había ofrecido. Señaló el cuarto del fondo y me dijo que agarrara lo que quisiera. Al fijarme en ella, vi que tenía un ojo morado, que ella trataba de disimular tapándose la cara con el cabello. Le pregunté qué le había pasado, pero ella se limitó a decirme que me diera prisa en marcharme antes de que regresara Rican. Él le había dejado claro que no quería volver a verme en su casa, así que recogí las bolsas de ropa y me fui tan deprisa como pude. En lugar de ir a la casa de Héctor, me fui hacia la de María. No dejaba de pensar en Marilyn. Si Rican trataba con esa brutalidad a la madre de sus hijos, no quería ni imaginar lo que era capaz de hacerme a mí.

Cuando llegué al apartamento de María, le pedí permiso para dejar allí mis cosas. Respondió que no había problema y me pidió un cigarrillo de marihuana. Le contesté que no llevaba, así que me dio dinero para que fuera a comprar algo de hierba. Pasé por la zona de los Unknowns y me encontré con Speedy, que estaba vendiendo *nickel bags*. Después de bromear un rato con él, le compré una bolsa y regresé a casa de María.

Cuando entré, estaba en la sala, tomando cerveza. Me pidió que liara un cigarrillo de marihuana y lo encendiera. Mientras me ponía manos a la obra, la noté algo deprimida. Nunca la había visto así; solía estar animada, pasase lo que pasase. Nos fumamos unos cuatro cigarrillos de marihuana sin cruzar una palabra. Tenía ganas de hacerle proposiciones sexuales, pero comprendí que no era el momento adecuado. Al echar un vistazo por la ventana me di cuenta de que había oscurecido. Me pregunté en voz alta dónde andarían Lucy, Myra y Yolanda. Al anochecer, por lo general, estaban en casa o justo enfrente, en compañía masculina. Pensé que quizá la ausencia de las chicas tenía alguna relación con la depresión de María. Sin responder a mi pregunta, ella se levantó, se metió en su cuarto y cerró la puerta. Decidí que había llegado el momento de hacerle una visita a Jenny.

Caminé hasta el cruce de Western con North, me metí en el autobús sin pagar y me dirigí a casa de Jenny. Supuse que Lil Man estaría fuera con sus amigos, fumando marihuana, pero allí no había nadie. Fui hasta el callejón y trepé hasta la ventana de Jenny. Eché una ojeada al interior para comprobar que estaba sola y entré. Ella, como siempre, se mostró encantada de verme. Unos instantes después estábamos desnudos, haciendo el amor. Convencí a Jenny de que practicara sexo oral conmigo. En realidad, la forcé, amenazándola con armar mucho alboroto si no accedía a mis deseos. Ella me repitió una y otra vez que no quería y me rogó que no la obligara. Pero yo insistí con determinación. Le dije que chupase como si fuera un pirulí, pero que no se le ocurriera morder. Después de una discusión encendida, Jenny aceptó hacer lo que le pedía. Su falta de interés me hacía sentir incómodo. Cerré los ojos e imaginé que estaba con Gina. Noté que me venía el orgasmo y coloqué las manos sobre la cabeza de Jenny. Ella intentó apartarse pero yo la agarré del pelo con fuerza para asegurarme de que se tragara el semen. Había olvidado que no era con Gina con quien estaba tratando. A Jenny le entraron arcadas, y se apartó de mí con todas sus fuerzas.

—Lárgate de aquí, cabrón de mierda —susurró con rabia.

—Consígueme algo con que limpiarme —le pedí.

—¡Asqueroso hijo de puta! ¿Por qué me obligaste a hacer eso? —quiso saber Jenny.

—Porque me encanta —respondí mientras me limpiaba la entrepierna con sus sábanas—. Te gusta cuando te lo hago yo a ti, ¿no? Bueno, pues a mí también me gusta.

—Lo haces porque quieres. Yo nunca te lo he pedido —contestó Jenny mientras yo me vestía.

—Pero te encanta, ¿no? Te encanta —le solté, con la cara muy cerca de la suya, y luego la tiré sobre la cama de un empujón—. Salgo a fumarme un cigarrillo de marihuana, y para cuando vuelva más te vale estar lista —le advertí mientras salía por la ventana.

Una vez que estuve fuera, ella la cerró y echó el cerrojo.

—Maldita puta —dije para mí y me fui a fumar a la parte trasera de la casa.

Cuando terminé, estaba decidido a entrar de nuevo en el cuarto de Jenny para acostarme con ella. Trepé hasta su ventana, que seguía cerrada. Cuando Jenny me vio, corrió la cortina.

—Voy a romper la ventana, perra, así que será mejor que me dejes entrar —le exigí.

Al no obtener respuesta, golpeé el cristal con fuerza suficiente para romperlo, pero no se rompió. Aun así, Jenny se asustó lo bastante como para dejarme entrar.

—Entra de una vez —dijo, abriendo la ventana—, pero deja de armar jaleo.

Se acostó y me volvió la espalda. Todavía estaba desnuda. Me quité la ropa y me tendí a su lado, empeñado en tirármela. Ella rechazaba todos mis avances, y yo me enfurecí por momentos.

—Si me apartas una vez más, te mato, puta —la avisé.

Ella se dio la vuelta y me besó. Llorando, murmuró «te odio», mientras mis labios se deslizaban por su cuerpo, hacia abajo.

—No hagas eso, te odio —me dijo.

No le hice el menor caso. Lo único que me importaba era mi propio placer. Mientras no se levantara de la cama, por mí podía llorar cuanto quisiera. Cuando acabé, me pidió que me fuera. Yo me negué, hasta que ella amenazó con contarle a su hermano lo que había sucedido esa noche. Me vestí, le di un beso en la frente y me marché. Subí al autobús que iba a mi barrio cerca de las tres y media de la madrugada. En casa de Héctor, nadie me abrió la puerta. Tampoco en casa de María. Me quedé sentado en los escalones que conducían a su apartamento y me dormí.

Mis experiencias con los adultos influían en mis actos de cada día. La brutalidad con que había tratado a Jenny no me hacía sentir el menor remordimiento, como si ella fuera mía y yo tuviera derecho a hacerle lo que quisiera. Debía satisfacer mis deseos, o atenerse a las consecuencias. No me paré a pensar ni por un momento en cómo sería nuestra relación a partir de entonces. No había un mañana, o por lo menos yo no veía ninguna ventaja en reflexionar sobre ello. Para mí fue como si nada hubiera ocurrido.

—Despierta, no puedes dormir aquí en el vestíbulo —dijo alguien, sacudiéndome.

Era Lucy; acababa de llegar. Pasaba del mediodía y yo llevaba ya bastante rato durmiendo ahí. Regresé a casa de Héctor, me di una ducha, le pedí dinero, dormí unas cinco horas más y salí de nuevo a la calle. Pasé por la tienda para comprarme unos pastelitos y un cartón de leche, que devoré camino de vuelta a casa de María, donde me podría cambiar de ropa. Además, quería darle mi certificado de traslado y hablar con ella de lo que haríamos para inscribirme en Clemente. Ya iba a subir las escaleras de su edificio cuando oí unos gritos. María y Lucy discutían. La puerta estaba cerrada, pero no con llave, de modo que entré. Y me encontré con Speedy y Papo que estaban con Lucy, María, Myra y Yolanda. Le pregunté a Speedy qué estaba pasando. Me contestó que la discusión era sobre el novio de María. María estaba visiblemente borracha y llamaba «puta barata» a su hija una y otra vez, y le aconsejaba que vendiera su cuerpo en lugar de ser el banco de semen gratuito del barrio.

–Pues habré salido a ti –replicó Lucy–, que sólo eres famosa por tus mamadas.

María se lanzó sobre Lucy y le propinó un puñetazo en la cara. La chica cayó al suelo y su madre se sentó encima, le tiró del cabello y continuó pegándole, sin parar de insultarla. No cabía duda de que la situación se les había escapado de las manos.

Speedy, Papo y yo las separamos. En cuanto Lucy se puso en pie, María la golpeó de nuevo. La joven se cayó, se arrastró hasta Speedy y se aferró a él. María se fue a la cocina y regresó con una cerveza. Se paró en medio de la sala y dijo:

–Quiero decirles una cosa, putitas: ¡ésta es mi casa! Yo dejo que se acuesten con quien quieran aquí, así que si yo decido darme un revolcón no quiero que me vengan con pendejadas. ¿Queda claro? ¡Ésta es mi casa! ¡Aquí mando yo!

Todos la mirábamos, callados, menos Lucy, que lloraba agarrada a Speedy y no cesaba de meterse con María:

–Puta, hasta te tiras a niños chicos.

Al oír este último comentario, María perdió el control por completo.

–¿Quién carajo te crees que eres para decirme con quién puedo coger y con quién no? ¿Eh, puta? –gritó, alargando el brazo hacia el pelo de Lucy–. ¡Si quiero tirarme a niños chicos, eso es asunto mío! –Estampó contra la pared la lata de cerveza que llevaba en la mano y empezó a arrancarse la ropa. Mientras se manoseaba el cuerpo, decía–: Estoy caliente, estoy muy caliente, quiero una verga –se encaró con Papo, se abrió de piernas y le ordenó que se la tirara.

Papo se quedó atónito, incapaz de pestañear siquiera. María se apartó de él.

–Maricón desgraciado, no sabes lo que te pierdes –dijo. Entonces se acercó a donde yo estaba sentado, se arrodilló delante de mí y se puso a batallar con mis pantalones–. Éste es el niño chico con el que me acosté, y volveré a hacerlo –señaló María.

Estaba a punto de desabrocharme los pantalones cuando yo, presa del pánico, salté por encima de ella y corrí hacia la puerta. Todos me miraron como si estuviera haciendo algo malo. En realidad, era lo único que podía hacer.

15. Mi primer muerto

Al día siguiente, el incidente en casa de María estaba en boca de todo el barrio. Corría el rumor de que, cuando yo me marché, Papo y Speedy se aprovecharon de ella. Me pregunté si sería cierto, aunque me daba igual; lo que de verdad me importaba era lo que se decía de mí. Primero me había ganado fama de cobarde por no pegarle un tiro al Chi-West y ahora debía ser un maricón por no haberme tirado a María. Quería ir a hablar con ella y preguntarle cómo se encontraba, pero me faltó valor. Tenía la sensación de que nuestra relación ya no volvería a ser la misma.

No podía juntarme con los Lords y me daba miedo ir a ver a María. Mi alternativa era quedarme el día encerrado en casa de Héctor o buscar algún sitio nuevo donde pasar el rato. Con esa intención me dirigí a Maplewood Park para encontrarme con Lil Man y los Latin Kings, que tenían montada una especie de fiesta en el parque. Estaban bebiendo y fumando, con la música a todo volumen. Morena estaba allí. Me saludó con un beso en la mejilla y me llevó a dar una vuelta para que conociera a todo el mundo. Me presentó como un futuro King. Nos acercamos a una camioneta y subimos. Morena me invitó a sentarme y relajarme, y se puso a liar cigarrillos de marihuana. Un tipo que estaba en el asiento del acompañante se pasó a la parte de atrás, me alargó una botella de vino Richards y se presentó. Se llamaba Leo y era un Latin King. Era un poco más alto que yo y muy delgado, con ojos castaños y cabello rizado, con una fea cicatriz encima del ojo derecho. Tenía unos diecinueve años. Me pareció un poco enclenque para su edad. Llevaba los brazos cubiertos de tatuajes, casi todos nombres de chicas grabados toscamente sobre la piel. Leo se sentó a mi lado y empezó a contarme historias de pandillas. Rara vez me miraba. Mantenía la vista fija en los cigarrillos de marihuana que Morena iba liando, ansioso por encender uno. Cuando ella se lo pasó con una caja de cerillas, suspiró aliviado. Después, no dijo una palabra más y se limitó a disfrutar de la marihuana.

Morena salió de la camioneta y regresó al poco rato con otra chica. Me la presentaron como Pebbles. Era bajita, de cabello negro y corto y ojos azules. Tenía una sonrisa preciosa y un cuerpo escultural muy acorde con su piel de porcelana. Se sentó junto a mí y empezó a hablarme. Encendí un cigarrillo de marihuana y se lo pasé. Ella le dio una calada, retuvo el humo y se me acercó como para besarme, pero en el último momento me echó el humo en la cara y se rió. Aunque avergonzado, me reí también para que ella no se diera cuenta.

Después de unas cuantas bolsas de hierba y unas tres botellas de vino, empecé a hacer muchas gansadas. Leo había salido de la camioneta y en su lugar había subido otro King, llamado Hércules. Era un chico corpulento y musculoso, de pelo rubio pajizo y ojos azules, que medía cerca de metro noventa. No bebía ni fumaba, y tampoco hablaba mucho que digamos. Sólo abría la boca para susurrar alguna cosa al oído a Morena. Yo estaba haciendo el payaso, y Pebbles, Hércules y Morena me animaban a continuar. Parecía que me había convertido en el alma de la fiesta. Entonces, Hércules propuso que saliéramos a dar una vuelta para ver si encontrábamos a algún Vicelord. La idea entusiasmó a las chicas, y a mí también. Cuando el vehículo arrancó, alguien le preguntó a Hércules adónde íbamos.

—A ver de qué está hecho el novato —respondió a voz en grito.

Yo me reí como un idiota porque no me daba cuenta de que el novato al que se refería era yo.

Los Vicelords frecuentaban el cruce de las calles Hoyne y Evergreen, no muy lejos del territorio de los Unknowns. Y hacia allí nos dirigimos. Pebbles y yo íbamos en la parte de atrás de la camioneta, Hércules iba al volante y Morena en el asiento del acompañante. Leo llamó a Pebbles para que se asomara a la parte delantera.

–Dale esto al nuevo, para que se encargue del asunto –le oí decir.

Pebbles volvió a su puesto y me entregó una recortada. Me quedé de piedra. De nuevo iban a ponerme a prueba. ¡Maldita sea, habría preferido estar en Puerto Rico!

El vehículo se detuvo unos segundos después. Hércules se pasó a la parte de atrás y pidió la escopeta. Eso me alivió. Pensé que ya no tendría que utilizarla, pero Hércules sólo quería cargarla. Lo hizo y me enseñó cómo usarla.

–Fíjate, mi hermano; aprietas el gatillo, tiras de la corredera hacia atrás para recargar, luego aprietas el gatillo otra vez y la recargas de nuevo, hasta que se vacíe –me instruyó Hércules. Cada vez que hacía retroceder la corredera (sin apretar el gatillo), salían volando los cartuchos. Hércules volvió a meterlos en el arma, me la pasó y nos pusimos en marcha de nuevo. Pebbles encendió un cigarrillo de marihuana y se sentó a mi lado, me lo pasó y comenzó a hablarme en susurros de las cosas que me haría si le pegaba un tiro a un Vicelord. Yo contemplaba la escopeta sin saber cómo reaccionar. Pebbles me la quitó de las manos, la colocó debajo de una manta y me besó. Estaba dándole un beso con lengua y manoseándole el cuerpo cuando Morena se vino a la parte de atrás y nos comunicó que habíamos llegado. Me dijo que me preparara y regresó al asiento delantero.

Pebbles se asomó a la ventanilla y me señaló a los Vicelords. Posó su mano en mi entrepierna, apretó con suavidad, me besó y me dijo que cuanto antes terminase con aquello, antes podría poseerla. En ese momento decidí hacerlo. «Qué demonios, son sólo negros. ¿A quién le importa de todos modos?», me dije. Le pedí a Hércules que diera una vuelta más. Encendí un cigarrillo de marihuana, me bebí media botella de vino como si fuera agua y empuñé la escopeta. Morena se volvió hacia mí y me dijo que me preparara. Deslicé la corredera hacia atrás y me acerqué a la puerta lateral. Pebbles, que iba mirando por la ventanilla, me indicó cuál era la esquina en la que se encontraban los Vicelords. De pronto, el vehículo frenó.

–¡Ahora! –gritó Hércules.

Me bajé de un salto, corrí hacia la esquina nordeste y abrí fuego. Tal como Hércules me había enseñado, recargué y disparé, recargué y disparé. Había gente chillando y corriendo por todas partes. Avancé a toda prisa por la acera y vi a un par de personas desangrándose, suplicando piedad. Un tipo salió corriendo de la parte trasera de un auto. Mi reacción fue volverme hacia él y apretar el gatillo. Los tiros lo alcanzaron en la espalda y la cabeza; cayó hacia adelante y se quedó tumbado, inmóvil. Subí rápidamente a la camioneta y cerré la puerta de un golpe. Salimos a toda velocidad de allí y regresamos a Maplewood Park. Entonces sentí una descarga de adrenalina, como si hubiera protagonizado una hazaña. Pebbles me abrazó, me cubrió de besos y me aseguró que estaba muy orgullosa de lo que acababa de hacer. En Maplewood Park, Hércules estacionó el vehículo en un garaje y se llevó la escopeta para deshacerse de ella. Yo me quedé acostado en el piso de la camioneta, fumándome un cigarrillo de marihuana con Pebbles.

Por algún motivo, este episodio no me afectó tanto como el de los Chi-West. Me sentía tranquilo y satisfecho de mí mismo. Quizá fue por la hierba y el alcohol, o quizá porque estaba con Pebbles. En realidad no sabía qué diferencia podía haber entre esta situación y la de los Chi-West, y me daba igual. Lo que de verdad me importaba es lo que me había demostrado a mí mismo.

Pebbles nunca cumplió su promesa de hacer el amor conmigo. En realidad, jamás tuvo intención de hacerlo. Todo había sido una idea de Morena para ponerme a cien, y lo consiguió. De todos modos, me pasé media noche presumiendo como un imbécil de mi hazaña.

«Son sólo negros», había dicho para mis adentros antes de cometer aquel crimen, intentando tranquilizarme. Me pregunto cuántas veces habrán usado el mismo razonamiento los Gaylords antes de matar a un puertorriqueño. Estoy seguro de que debían de pensar: «Pero si no es más que un hispano de mierda». Todos padecemos esa ceguera racial. Pebbles me ofreció su sexo a cambio de mi violencia, y el deseo que encendió en mí me dio valor. Era la primera vez que derramaba sangre y eso fue toda una revelación para mí, la prueba de que yo podía ser, y de hecho era, tan despiadado como cualquiera. También fue el inicio de mi carrera como pandillero. Ya no había vuelta atrás.

Cuando abrí los ojos, tenía un dolor de cabeza terrible. Al volverme, vi a Pebbles tendida junto a mí y entonces me vino a la cabeza el recuerdo de la noche anterior. Desperté a Pebbles y la contemplé mientras se desperezaba. Traté de besarla, pero ella me apartó de un empujón. Me advirtió de que si su novio se enteraba de que estábamos juntos, me mataría.

Me llevó al apartamento de su hermana, donde nos lavamos y desayunamos. Conversamos un rato y me dijo que su nombre de pila era Josephine. Tenía dieciocho años y acababa de terminar el bachillerato en la escuela de Orr, donde había sido animadora. Definitivamente tenía cuerpo de animadora. No entendía por qué andaba con una pandilla. Caminamos hasta Maplewood Park y allí jugamos en los columpios como dos niños. De hecho es lo que éramos, niños esforzándose por ser adultos.

Unos Kings llegaron en bici; vendían hierba. Le pedí a uno de ellos que me prestara la bicicleta para irme a casa. Me preguntó si yo era el muchachito que había participado con Hércules en la misión de la noche anterior. Le respondí que sí, que era yo. El tipo se bajó de la bici, me estrechó la mano, me entregó la bicicleta y una bolsita de hierba y me aseguró que sería bien recibido siempre que quisiera. Me subí a la bici y comencé a pedalear. *Amor de Rey*, gritó el tipo a mi espalda.

16. La diferencia aceptable

Llegué a casa de Héctor y subí las escaleras. Los yonquis ya estaban en el rellano esperando su dosis. Héctor sólo atendía a algunos en persona; la mayoría se limitaba a deslizar el dinero por debajo de la puerta y recibía la droga de la misma manera. Llamé y le pedí que me abriera. Me preguntó cuánta gente había allí fuera. «Tres», le respondí. Me dijo que regresara más tarde. Yo no quería. Temía que la policía estuviera buscándome, pero no tuve elección.

Subí a la bici y pedaleé hasta casa de María lo más rápido que pude. El tiroteo se había producido a sólo cuatro cuadras de su apartamento. Cuando llegué, como de costumbre, pasé al interior, como si estuviera en mi casa. En esta ocasión, Lucy me recriminó que hubiese entrado sin llamar. Incluso llegó a decir que yo ya no era bienvenido allí. Pregunté por María con la excusa de que quería que me ayudara a inscribirme en la escuela.

—No sé dónde andará esa puta —dijo, y se metió en la cocina.

Myra me puso al corriente de lo que había hecho María aquella noche después de que yo saliera huyendo. Al parecer, su estado de embriaguez combinado con su enojo la habían empujado a tirarse a Papo y a Speedy. Al menos, eso iban contando esos dos por ahí. María había echado a las chicas a patadas y no las había dejado entrar hasta el día siguiente. Según Myra, a Lucy le daba igual, porque su madre ya tenía fama de puta en el barrio. (Yo creo que Lucy ocultaba sus sentimientos y se sentía dolida por que no respetasen a su madre. La chica era como era por el dolor que acarreaba.)

Fui al cuarto de María, me tumbé en su cama y dormí hasta el atardecer. Myra me despertó para avisarme de que había un chico que reclamaba su bicicleta. Cuando bajé las escaleras vi a Lucy en el vestíbulo, besándose y dejándose manosear por un tipo, como si nada hubiera sucedido la otra noche. Interrumpió lo que estaba haciendo para decirme que su madre quería hablar conmigo. Morena y el miembro de los Kings que me había prestado la bici estaban fuera, esperándome. Metieron la bicicleta en el maletero de un auto y me invitaron a ir a fumar y beber con ellos. Rehusé la invitación y les expliqué que tenía que esperar a María porque iba a matricularme en la escuela a la mañana siguiente. Entonces me dirigí hacia la avenida Western con la intención de colarme en el autobús y acercarme a casa de Jenny.

Cuando caminaba por la calle Hirsch oí que alguien me llamaba. Eran Crazy One y Papo. Pensé que Crazy One iba a meterse de nuevo conmigo por el episodio con los Chi-West. En cambio se me acercaron, me estrecharon la mano y me felicitaron por lo que les había hecho a los Vicelords. Los mismos tipos que me habían expulsado de su territorio ahora me daban palmaditas en la espalda porque había disparado contra alguien. Empezaba a comprender que en aquel mundo lo único que obtenía recompensa era la violencia. Para que te aceptaran tenías que ser violento. En mi fuero interno decidí hacer todo lo posible, lo que fuera, por mantener intacta mi recién adquirida popularidad. Pasamos por Tuley, fumando hierba, y luego enfilamos Potomac hacia Western.

Cuando llegamos a la esquina, Papo vio a un tipo que estaba haciendo una pintada en el muro de un callejón de Potomac, entre Western y Artesian. Papo corrió hasta allí para examinar la situación y yo le seguí como un perrito. El chico era un Spanish Cobra. Al vernos, gritó «amor de Cobra, Lords muertos» y echó a correr. Los Spanish Cobras se estaban convirtiendo en una pandilla importante desde que se habían instalado en la avenida Division con Maplewood, sobre todo por su alianza con los Latin Disciples.

El tipo del spray debió de pensar que éramos unos mocosos asustadizos, o tal vez tenía ganas de morir. El caso es que, al cabo de un rato, reapareció en el callejón, detrás del cuartel de bomberos, gritando «Cobra» y escribiendo las siglas ISC (Insane Spanish Cobras) por todas las paredes. Resultaba gracioso que a Papo le irritaran tanto esas provocaciones.

Lo persiguió por la callejuela, conmigo detrás. Cuando le pisábamos los talones, el tipo le arrojó el spray a Papo, pero me alcanzó a mí en la cabeza. Eso me enfureció y comencé a perseguirlo tan colérico como Papo. Al poco rato lo teníamos acorralado y le pegamos una paliza brutal. Yo le daba patadas y pisotones en la entrepierna mientras Papo le golpeaba la cabeza contra una pared de ladrillo.

Lo habríamos matado de no ser porque un vecino salió de un edificio cercano y nos gritó que lo dejáramos en paz. Entonces corrimos por el callejón hacia Potomac, pero antes de llegar nos rodearon varios Spanish Cobras. Algunos tenían nuestra edad, otros eran mayores. Entre ellos estaba nuestro viejo amigo Flaco. Había crecido más que nosotros: tenía vello en la cara y un cuerpo muy robusto. Él me seguía considerando su amigo, pero no sentía lo mismo por Papo. Y era el líder del grupo. Les ordenó a los demás que no me tocaran. Entonces me sujetaron para que no interviniese en la pelea y machacaron a Papo a golpes. Flaco me advirtió que si no quería que me mataran dejara de juntarme con él y los Spanish Lords. Luego desaparecieron.

Ayudé a Papo a regresar a nuestro barrio. Estaba muy molesto de que lo hubieran apaleado a él y a mí no me hubieran puesto la mano encima. Me culpó de lo ocurrido y se largó. Tras el tiroteo contra los Chi-West, ya no me sorprendía que Papo se comportara como un idiota cuando le venía bien. Ni me importaba que se enfadara conmigo.

17. Amigo policía

Vi pasar a María en su auto y le hice señas para que se detuviera. Le pregunté si todavía quería inscribirme en la escuela. Me explicó que lo sucedido la otra noche no afectaba a nuestra amistad y que yo siempre sería bien recibido en su casa. Pero añadió que no dejaría entrar a ninguno de los otros tipos que frecuentaban su apartamento. No me molesté en preguntarle por qué; en cierto modo entendía sus sentimientos. Le dije qué día vencía el plazo para inscribirse en la escuela y me aseguró que estaría lista; luego arrancó y se marchó.

De camino a la parada de autobús para ir a casa de Jenny, oí que alguien tocaba un claxon. No reconocí el automóvil, de modo que seguí andando. El auto se detuvo junto a mí y vi que era Morena con un par de amigas. Subí al auto, saludé a Morena, como siempre, con un beso en la mejilla y le pedí que me dejara frente a la casa de Jenny. Me presentó a sus amigas, que también eran Latin Queens, y les dijo que yo era su hermanito preferido. Se llamaban China y Giggles, o «Risitas». China parecía medio oriental, pero en realidad era mitad mexicana, mitad puertorriqueña. Era bonita y, según me pareció, algo tímida: otra de las muchas chicas hermosas que por algún motivo se juntaban con pandilleros. Yo no podía despegar los ojos de ella. Morena se dio cuenta e intentó hacer de cupido. Giggles, su otra amiga, era una muchacha bastante gruesa de cabello largo y una risa muy graciosa.

Fuimos en auto por la orilla del lago hasta Montrose Harbor, donde todos los Kings iban de fiesta. Las chicas llevaban una nevera llena de cerveza y vino en el maletero. Agarramos una bebida y fuimos a sentarnos en las rocas. Oscurecía. Desde donde estábamos veíamos los edificios de Chicago recortados contra el cielo; una vista espectacular. Me puse a hablar con China, con ganas de conocerla mejor, y nos fuimos abandonando al alcohol que corría por nuestra sangre y al embrujo de un paisaje tan bello y romántico. Nos besamos al mismo tiempo, como temiendo que la ocasión se perdiera para siempre.

Al poco rato, toda la zona rocosa de Montrose Harbor se llenó de Kings y Queens bebiendo, fumando y armando alboroto en general. La estábamos pasando muy bien hasta que llegó la policía con intención de desalojarnos.

Algunos de los chicos, que estaban muy borrachos, se pusieron agresivos y arrojaron latas y botellas a los autos patrulla. En cuestión de segundos, el lugar se llenó de agentes. China y yo nos quedamos sentados, abrazados, observando a los policías que arrestaban a la gente que se negaba a marcharse del parque y pegando porrazos a los que se resistían al arresto.

Morena se acercó y nos dio prisa para que subiéramos al auto y nos largáramos de allí lo antes posible. Obedecimos. Arrancó el motor y salió del estacionamiento marcha atrás. Dio la vuelta y se dirigió a la salida del parque. Horrorizado, vi que la policía apaleaba a la gente que detenía. No importaba que fueran hombres o mujeres: todos recibían el mismo trato. Alguien gritó «detengan ese auto», y de pronto un policía se plantó ante de nosotros, mientras otro se acercaba a la ventanilla y me apuntaba con el dedo.

—Ése es el pequeño sinvergüenza que nos tiró la botella —señaló.

—¡Y una mierda, se equivoca de persona! —dije yo.

Les daba igual. Abrieron la puerta, me agarraron del pelo y me sacaron del auto. Oí que China gritaba y lloraba. Me volví y vi que sujetaban a Morena mientras una mujer policía la golpeaba una y otra vez, diciéndole que se calmara y se marchase. ¿Cómo diablos iba a obedecer si la estaban sujetando y pegando? Me revolví para que los agentes me soltaran el pelo, pero recibí un rodillazo en el abdomen. Caí al suelo doblado y oí que un policía le decía a otro que me metiera de nuevo en el auto de Morena porque era menor de edad. Otra vez me agarraron del pelo, ahora para levantarme. Furioso, me resistí y me gané otro golpe en el abdomen. Me arrojaron al interior del auto y le ordenaron a Morena que arrancara si no quería que nos arrestaran a todos.

Sentado, luchando contra el dolor, me preguntaba qué delito habíamos cometido para merecer semejante trato. Pasamos junto a un letrero que decía «EL PARQUE CIERRA A LAS 11:00 P. M.». Vi que pasaban ya de las dos de la madrugada, pero no me parecía que eso le diera a la policía el derecho a ejercer la violencia física contra nosotros.

Durante todo el trayecto de regreso a Maplewood Park, Morena estuvo echando pestes de la policía. Cuando llegamos, conseguimos unos sprays de pintura y nos entregamos a una orgía de vandalismo. Estuvimos unas tres horas dando vueltas en el auto, pintarrajeando señales de STOP, las paredes del edificio de la Guardia Nacional y de las escuelas y cometiendo otros actos incívicos para molestar a las autoridades. Fue nuestra manera de vengarnos de la policía. Era una estupidez, pero nos sirvió para desahogarnos y sentirnos mejor. Morena nos llevó a un apartamento que los Latin Kings usaban como sede, en el cruce del bulevar Kedzie y la avenida Armitage. El sitio estaba vacío. Todos los Kings de la zona que no habían sido detenidos junto al lago estaban en la calle, lanzando ladrillos y botellas contra cualquier vehículo de la policía que pasara por allí.

Me ganó la fatiga, me tumbé en un sofá e intenté echar una cabezada. Mientras me abandonaba al sueño, llegué a la conclusión de que la policía era definitivamente enemiga de los hispanos.

18. China

Desperté al lado de China. Eché un vistazo alrededor y vi a varias personas, entre ellas Morena, dormidas en el piso y en los otros sofás. Me quedé acostado, esperando a que Morena se despertara para llevarme en auto de vuelta a casa de María, y me puse a mirar a China embelesado, como en trance. Aun despeinada y con la ropa arrugada y sucia me parecía muy atractiva. Me costaba entender que se hubiera metido en ese estilo de vida. Había muchas chicas guapas que se relacionaban con pandilleros, pero ninguna era como China. No fumaba, apenas bebía, y consideraba que la marihuana era una droga peligrosa. Yo no dejaba de pensar en nuestra conversación de la noche anterior, cuando China me habló de su sueño de ir a la universidad para ser profesora.

Aunque ella no quería beber, Morena la había convencido, y empecé a sospechar que la simpatía y el afecto que me había mostrado eran consecuencia del alcohol y no de que yo le gustara realmente. Me pregunté cómo reaccionaría cuando abriera los ojos y se diera cuenta de que estaba acurrucada a mi lado. Decidí besarla antes de que despertara, porque era probable que no volviera a tener esa oportunidad nunca más. Cuando mis labios rozaron los suyos, sus párpados se abrieron. Me sonrió, me dio un beso en la mejilla y me abrazó con fuerza.

Se levantó y se quejó de que le dolía la cabeza.

–¿Qué demonios estoy haciendo aquí? –soltó–. ¡Mi padrastro me va a matar! –Y se metió en el baño.

Su voz y el sonido de la puerta del baño al cerrarse despertaron a varias personas, pero permanecieron acostadas. Eché otra ojeada alrededor y me reí para mí al ver lo mucho que se parecía la sede de los Kings a un albergue para indigentes. Todos parecían zombis. Entonces oí unos gemidos procedentes del baño y fui hacia allí. China estaba sentada al borde de la bañera, llorando, con la cabeza entre las manos. Ni siquiera se dio cuenta de que yo estaba allí hasta que cerré la puerta a mi espalda. Alzó la vista y me pidió que la dejara sola. Le respondí que me iría en cuanto me lavara la cara, pero que no tenía la menor intención de dejarla sola.

Me eché agua en la cara y me enjuagué la boca. Luego le pregunté si tenía un peine o un cepillo. China se llevó la mano al bolsillo de atrás y me alargó su peine. Le pregunté qué le ocurría, sin muchas esperanzas de que me respondiera. Se puso de pie, se arregló el cabello y me propuso salir con ella a dar un paseo. Caminamos hasta Humboldt Park, contemplando las pintadas que habíamos hecho la noche anterior en las paredes del edificio de la Guardia Nacional. (En el momento de hacerlas no me di cuenta de que estábamos deteriorando nuestro propio barrio.) A China le dio por llamarme Lil Loco porque, según ella, tenía una personalidad chiflada.

Luego empezó a contarme por qué había llorado. Su padre era mexicano, su madre puertorriqueña y se habían divorciado cuando ella tenía unos cinco años. Su madre tuvo entonces una aventura con un amigo de su padre, y el tipo era ahora su padrastro: lo mismo que me había ocurrido a mí con mi familia, le estaba pasando a China con la suya. Su padrastro se había portado muy bien con ella y con su madre hasta que nació un hijo suyo y empezó a maltratarla. Escuchándola, me acudían a la cabeza los abusos a los que me sometía Pedro.

China me contó que cuando llegó a la pubertad, su padrastro empezó a tocarla siempre que podía. Cuando ella se lo dijo a su madre, ésta no la creyó y le dijo que eran imaginaciones suyas. Conforme el cuerpo de China se iba desarrollando, la actitud de su padrastro se volvía más agresiva. Trataba de besarla y hacía lo imposible por conseguir que su madre saliera de casa para poder toquetearla a su antojo. Además, se enfurecía cuando China le suplicaba a su madre que la llevara consigo y ésta aceptaba.

Las lágrimas le corrían por las mejillas y sollozaba desconsoladamente mientras me explicaba que tenía que dormir con ropa bien abrochada porque una vez, mientras dormía, la estuvo tocando. Al despertar le vio arrodillado y desnudo sobre ella, tratando de bajarle el panti. China rompió a gritar mientras intentaba violarla y, al oír que la madre se acercaba, su padrastro se levantó de un salto y le soltó «si no tienes ganas, ¿para qué me provocas?». China creía que su madre era consciente de lo que estaba pasando pero prefería creer la versión de su marido. Y empezó a maltratarla. Le decía cosas como «búscate a tu propio hombre» o «tal vez si no te portaras como una puta te respetarían más».

A su madre le daba igual que no fuese a casa a dormir, pero su padrastro se ponía furioso, porque mientras estaba fuera no tenía la oportunidad de violarla. Tampoco lo hacía muy feliz que varios Latin Kings le hubieran plantado cara, advirtiéndole que dejara en paz a China.

Cuanto más me contaba ella, más lágrimas derramaba yo. Me preguntó por qué lloraba y me secó los ojos. Le hablé de lo que me hacía Pedro y de que mi madre también me había dado la espalda. China quiso saber dónde vivía y le dije la verdad: donde me acogían. Le expliqué mi situación en casa de Héctor y mi experiencia con los Spanish Lords. Nos pasamos casi todo el día paseando por el parque, contándonos nuestras vidas y hablando de cómo el destino nos había unido. Decidimos seguir viéndonos. Por un momento pensé en Jenny, pero en el fondo no me importaba demasiado. Sabía que mientras pudiera trepar a su ventana, ella estaría allí, bien dispuesta y esperándome.

Las historias de malos tratos por parte de uno de los progenitores mientras el otro ignora las llamadas de auxilio eran demasiado comunes en el lugar donde me crié. Por lo general, eran madres asustadas, sin educación ni preparación, las que consentían los abusos. Los recuerdos de la ignorancia de mi madre se agolpaban en mi mente con toda nitidez cuando escuchaba el testimonio de China. Era algo que teníamos en común con muchos otros pandilleros y que nos unía. Por eso, los miembros de las pandillas se responsabilizan de los actos violentos cometidos por otros como ellos. Por eso van a la cárcel en lugar de otros como ellos. Por eso matan y mueren juntos. Ese vínculo alivia el dolor de la realidad.

Volvimos caminando hacia Kedzie con Armitage. Una vez allí, le pedí a Morena que me llevara en auto al apartamento de María. Cuando llegué, María me llamó desde su habitación. En seguida pensé que quería sexo, pero me equivocaba. Me entregó una bolsa llena de ropa nueva y me dijo que me la probara. Todas las prendas me venían perfectamente. Me recordó que al día siguiente me inscribiría en la escuela. Por un instante creí que María había dejado atrás su vida descarriada y se había convertido en una figura materna. Decidí ponerla a prueba. Ella estaba colgando mi ropa en el armario de su cuarto, me acerqué por detrás, la rodeé con el brazo y le apreté un pecho. María se volvió y me propinó un empujón tan fuerte que me caí al suelo. Me dijo que lamentaba haberse aprovechado de mi inocencia cuando nos conocimos, y luego me suplicó que la perdonara y la respetara. Se echó a llorar. Sólo se me ocurrió asegurarle que la respetaría pasara lo que pasase. Entonces, me propuso que saliéramos juntos para comprar unos zapatos a juego con la ropa.

Fuimos en el auto, callados. Yo reflexionaba sobre sus palabras. No entendía por qué pensaba que se había aprovechado de mí. Todavía no había tomado conciencia de que lo sucedido entre María y yo, sumado al hecho de que mi primo me había violado, era en parte la causa de mi obsesión por el sexo. Creía que era natural que un varón, de la edad que fuese, aceptase los favores sexuales de cualquier mujer, mayor o joven, y que tratase a las personas del sexo opuesto como objetos.

Lucy y sus amigas casi siempre estaban fuera. María me trataba como a un hijo y me pedía que pasara más tiempo en casa. Decía que no quería que me metiera en líos, sobre todo teniendo en cuenta que la escuela estaba a punto de empezar. Me di cuenta de que se sentía muy sola y se centraba en mí para olvidar sus problemas. Pero también sabía que su actitud cambiaría tan pronto como encontrara novio.

Pronto comenzarían las clases y me moría de ganas de volver a la escuela. Héctor me compró todo lo necesario e instaló unos muebles en el primer piso, que antes ocupaba mi familia, para que me instalara allí. Pensé que lo hacía para alejarme de los yonquis, pero seguía pidiéndome que los dejara entrar para que se pincharan.

19. Retorno al terreno de caza

La mañana del primer día de clase me encontré con Jenny en la esquina de Western con Potomac. Iba con un grupo de amigas; caminamos juntos durante un rato y nos separamos cuando llegamos a la escuela. Papo y Speedy iban de un lado a otro preguntando a los chicos nuevos a qué pandilla pertenecían. No sé qué me impulsó a seguirlos, pero el caso es que lo hice, dando así la impresión de que era un Spanish Lord o bien un Unknown. Durante el curso escolar, rara vez salí del barrio excepto para visitar a Jenny o a China. Papo había olvidado la paliza que le habían pegado los Cobras y volvimos a ser buenos amigos. Empecé a «representar» a los Lords (es decir, a llevar símbolos de la pandilla), aunque no era miembro. Y cuando iba a ver a Jenny o a China representaba a los Kings. Lo hacía sólo por diversión. Nunca me lo tomé demasiado en serio.

Jenny y yo nos volvimos inseparables en la escuela. Después de clase la acompañaba a su casa, regresaba a mi barrio a jugar al baloncesto o a fumar hierba, y por la noche volvía a su casa para nuestro encuentro sexual de cada día. Casi nunca hablábamos de temas importantes. Nuestras conversaciones giraban sobre todo en torno al sexo, a lo que sentíamos y a las posturas nuevas que queríamos probar. Con China era otra cosa. Nos besábamos, pero no pasábamos de ahí. Por lo general hablábamos de lo que queríamos y de lo que no queríamos. Compartíamos nuestros sueños y nos sentíamos solidarios con el otro por las penas que nos había dado la vida. Yo siempre tenía ganas de ver a Jenny en la escuela o cuando estaba caliente, pero cuando quería charlar con una amiga, acudía a China. De hecho, cuando me acostaba con Jenny, a menudo me imaginaba que estaba con China o con alguna otra chica. Los besos entre China y yo pronto se volvieron más apasionados. Empecé a tener las mismas fantasías sexuales con ella que antes había tenido con Jenny. Sin embargo, China me inspiraba un respeto que me llevaba a refrenar esos instintos.

En la escuela, mi relación con Papo y Speedy empezaba a verse en mis notas. Constantemente faltaba a clase para fumar o beber. El apodo que China me había puesto, Lil Loco, empezó a aparecer en las paredes de la escuela y los alrededores.

Un día salíamos de la cafetería cuando Speedy vio el símbolo de una pandilla rival en la carpeta de un chico. Lo seguimos hasta las escaleras, y allí Speedy se le acercó. El tipo admitió que era un Latin Disciple. Yo no lo sabía, pero los Disciples estaban en guerra con los Kings y, debido a la alianza que los Unknowns tenían con los Kings, también estaban en guerra con ellos. Le pregunté si conocía a Chico. Una expresión de alivio asomó a su cara, como si estuviera entre amigos. Contestó que Chico era su jefe. En cuanto dijo esto, Papo y Speedy la emprendieron a golpes con él. El tipo sacó un lápiz y trató de clavármelo. Como represalia, le di tres patadas en el abdomen mientras él se encogía, tratando de protegerse de los puñetazos de Speedy y Papo. Lo pateé de nuevo, en la zona de la garganta. Se cayó al suelo, ahogándose, luchando por respirar. Papo y Speedy retrocedieron, pero yo seguí pegándole y al final lo empujé escaleras abajo. Tenía ganas de bajar tras él y continuar con la paliza, pero Speedy me sacó a rastras de allí. Salimos y fuimos al restaurante que estaba al otro lado de la calle. Pocos minutos después, llegó una ambulancia que se llevó al tipo. Desde el restaurante vimos a varios agentes de policía que iban por ahí haciendo preguntas. Me entró miedo, pero uno de los muchachos de Speedy me aseguró que había varios chicos recorriendo la escuela para asegurarse de que nadie se fuera de la lengua. Papo, Speedy y yo decidimos que lo más conveniente era alejarnos. Les propuse ir a pasar el rato a la zona de Kedzie y Armitage y les pareció bien.

Mi actitud hacia la escuela y la educación cambió a peor. La escuela ya no era lo mismo para mí. Dejó de ser el lugar que yo adoraba por mis ganas de aprender para convertirse en el sitio en el que ganar popularidad. Me convertí en un matón a tiempo completo, aunque yo no me consideraba perdido porque, en realidad, no era miembro de ninguna pandilla. Clemente no era más que un coto de caza, y los alumnos eran mis presas. Qué desgracia para todos.

Llegamos al cruce de Kedzie con Armitage y saludamos al grupo de Kings y Queens que estaba allí. Yo esperaba encontrarme con China. Sus problemas en casa le impedían concentrarse en clase, así que había dejado de asistir. En cuanto me vio, echó a andar en nuestra dirección. Speedy la vio cruzar la calle y nos dijo que estuviéramos atentos, que iba a por ella. Yo iba a advertirle que se mantuviera alejado, pero cambié de idea y decidí esperar a ver cómo reaccionaba China. Speedy se le aproximó seguro de sí mismo y se presentó. China le dijo su nombre, me señaló y añadió: «Y ése es mi novio, King Lil Loco». Me reí de Speedy y me marché con ella.

Como de costumbre, dimos un paseo por Humboldt Park y pasamos casi todo el día allí. Luego, anduve por Kedzie y Armitage hasta el amanecer. Papo y Speedy habían regresado al barrio de los Lords antes de que yo volviera del parque. China se alojaba con una amiga y no tenía la menor intención de volver a casa. Por alguna razón se me ocurrió que tal vez conseguiría de ella algo más que unos besos ahora que ya no vivía con sus padres. Le pregunté si quería que me quedara. Respondió que no, porque los padres de su amiga eran muy religiosos y no quería que nos vieran juntos. Intenté avanzar en el terreno sexual, pero no lo hice tan agresivamente como con Jenny. Ella tenía ganas de conversar y se disgustó mucho al darse cuenta de que me fijaba en su cuerpo y no en lo que me decía. Me apartó de un empujón, me dijo que volvería a verme cuando yo dejara de pensar con el pito, y se fue. Pensé en detenerla, pero decidí no hacerlo. Tenía razón: en ese momento estaba pensando con el pito. Me alejé de Kedzie y Armitage y pasé por casa de Jenny. A ella le daba igual que no la escuchara. De hecho, a ella le gustaba que yo pensara y hablara con el pito.

20. Traicionado y en coma

Fue una larga caminata a través de territorio enemigo para llegar a casa de Jenny. Tomé la precaución de evitar las callejuelas y de adoptar la expresión de un niñito perdido. Llegué a mi destino sin que me tocaran un pelo, gracias a Dios. En casa de Jenny trepé rápidamente a la ventana, pensando que ella estaría dispuesta y esperándome. Sin embargo, me cerró el paso. Supuse que sus padres estaban en casa y que no quería correr riesgos, aunque eso nunca la había frenado antes. Algo no iba bien. Amenacé con armar un escándalo y contarles la verdad a sus padres si no me dejaba entrar. Ella, clavando en mí una mirada de miedo y desconcierto, me dejó vía libre. En cuanto entré y le di el primer beso se convirtió en la Jenny bien dispuesta y complaciente que yo conocía y a la que estaba acostumbrado.

Jenny se había habituado a que le practicara sexo oral, e incluso solía esperar que lo hiciera. Pero esta vez se negó en redondo. Por más que insistí, fingiéndome enojado, no dio su brazo a torcer. Empecé a sospechar que ocurría algo raro. Después de hacer el amor le pregunté por qué se negaba ahora a practicar sexo oral. Se puso muy seria y dijo que tenía que confesarme algo, pero que la culpa era mía. Dijo que Speedy había salido de su cuarto unos quince minutos antes de que yo llegara. Le había contado lo mío con China y Jenny había decidido que, puesto que yo me entregaba a alguien más, ella tenía derecho a hacer lo mismo. Le pregunté si se había tirado a Speedy. Me respondió que sí, sin vacilar. Enfadado, le exigí que me explicara por qué se había acostado conmigo justo después de hacerlo con Speedy. Me contestó que yo era mejor amante. Quizá se imaginó que yo me sentiría mejor al oír eso. Se equivocaba. Me sentía traicionado, utilizado y furioso. Comencé a preguntarme cuántos tipos más trepaban a la ventana de Jenny en mi ausencia. Mi orgullo había sufrido un duro golpe y mi ego masculino quedó hecho pedazos. Me vestí, le pegué unas cuantas bofetadas y me descolgué por la ventana a toda prisa. En circunstancias normales habría esperado el autobús en la esquina, pero esta vez estaba tan rabioso que eché a andar sin parar por Western en dirección a la casa de Héctor.

La infidelidad de Jenny no hirió mis sentimientos. Al fin y al cabo, la consideraba poco más que un pedazo de carne... mi pedazo de carne. Sólo tenía la sensación de que había ofendido mi hombría y me había faltado al respeto. ¡Tantas pasiones, y ni siquiera teníamos quince años! (Las relaciones sexuales entre Jenny y yo y entre Jenny y Speedy se producían en la habitación de ella, sin que sus padres tuvieran la menor idea de lo que pasaba. En lugar de abofetear a Jenny, podría haberla matado y ellos no se habrían enterado. Por alguna razón, no se interesaban lo más mínimo por lo que hacía su hija, allí, en su propia casa. ¿Era por ignorancia o por indulgencia? Fuera lo que fuese, esta situación se repetía constantemente en barrios como los que yo frecuentaba.)

De camino a casa de Héctor, yo no dejaba de pensar en matar a Speedy por haberme apuñalado por la espalda. Si se hubiera intentado ligar a Jenny sin delatarme a mí, no se lo habría reprochado. Pero no, tuvo que utilizarme para meterse en su cama. ¡Qué cabrón! Y el hecho de que Jenny se hubiera dado un revolcón con Speedy sin comprobar primero si lo que le había contado de China era cierto me sacaba de quicio. Tal vez se había vuelto una especie de ninfómana como Lucy y sus amigas. A mi modo de ver, se había portado como una puta barata al acostarse conmigo con la excusa de que Speedy no la había dejado satisfecha. ¡Maldita perra! (En ningún momento se me ocurrió pensar que yo también me tiraba a otras chicas a espaldas de Jenny. ¿Por qué si yo me acostaba con muchas personas me convertía en un semental, y en cambio ella pasaba a ser una puta?) Intenté desterrar a Jenny de mi mente pensando en China.

De pronto caí en la cuenta de que estaba en territorio de los Gaylords. Eché un vistazo alrededor y no vi a nadie, salvo a un chico de mi edad que botaba una pelota bajo un viaducto. Era blanco. Apreté el paso, porque aunque sabía que podría enfrentarme a él sin problemas, no quería que me viera nadie. El viaducto estaba en el cruce de Western y Bloomingdale; Western pasaba por debajo. Al aproximarme, el chico se fijó en mí y dejó de botar la pelota. Cuando me encontraba bajo el viaducto, se me paró delante. Intenté rodearlo, pero me obstruyó el paso.

—¿Qué carajo te pasa? —le pregunté.

—Oye, hispano, ¿es que no sabes dónde estás? —dijo—. ¡Eres puertorriqueño muerto! —y me lanzó un puñetazo.

Paré el golpe y le pegué en la cara. Me aparté, preparado para darle de nuevo, cuando de pronto noté un dolor agudo en la coronilla, y luego otra vez. Me tapé la cabeza y la cara con los brazos y sentí que un objeto contundente me golpeaba. Una punzada de dolor me recorrió la parte baja de la espalda y la parte posterior de la pierna. Creí que me habían apuñalado. Me puse a rezar para pedir piedad y finalmente perdí el conocimiento.

Desperté en el hospital. Lo veía todo borroso. Había unas figuras de pie en torno a la cama, pero no conseguía distinguir quiénes eran. Cuando se me aclaró la visión, reconocí a María, a Morena y a China. Unos médicos y enfermeras llegaron corriendo y empezaron a hacerme varias pruebas. Uno de ellos se volvió hacia María y le aseguró que su hijo se pondría bien. China me sujetó la mano con fuerza y le dio un beso, con lágrimas de alegría en las mejillas. Oí que Morena le decía a alguien por teléfono que yo había despertado por fin. Miré a China e intenté preguntarle de qué estaba hablando Morena, pero un tubo que tenía metido en la garganta me lo impidió. También me salían tubos de las fosas nasales y de una oreja. Tenía la aguja de un gota a gota clavada en un brazo y en el otro un dispositivo que me administraba sangre. Debía de parecer el monstruo de Frankenstein. Me encontraba en un estado lastimoso. Morena se inclinó sobre mí y me dio un beso en la frente.

–¿Sabes una cosa, bello durmiente? Llevas nueve días fuera de combate. Mis besos te devolvieron el sentido.

María me dijo que tenía suerte de estar vivo. Luego se puso a darme la lata recordándome que ya me había avisado de que me quedara en casa. La hora de visita terminó y apareció una enfermera para llevarse a María y a las chicas de la habitación, que se quedó desierta y a oscuras. Empecé a notar dolor por todo el cuerpo, sobre todo en la cabeza. Cuando me dormía, me asaltaban pesadillas. Me veía a mí mismo tendido en un charco de sangre y despertaba de golpe, gritando. La aguja del gota a gota se aflojó y me arranqué los tubos de la nariz y la boca. Me dolió horrores porque todos esos tubos me bajaban por la garganta. Las enfermeras entraron corriendo y me clavaron una aguja en el brazo. Es lo último que recuerdo hasta la mañana siguiente.

Me despertaron unas voces. China, Morena y un par de Kings estaban allí esperando a que abriese los ojos. Los Kings habían venido a entregarme una postal que había firmado todo el mundo y para asegurarme que se vengarían de lo que me habían hecho. Morena y los Kings se marcharon, pero China se quedó. Estuvo a mi lado, cada día, hasta que me dieron el alta. Se lo agradecí muchísimo. Las enfermeras me habían sujetado a la cama la noche anterior para que no volviera a arrancarme los tubos, y ni siquiera podía mover la cabeza. China se deshizo en atenciones conmigo, me leyó la postal y el nombre de todos y cada uno de los firmantes. Me compró varias revistas *Mad*. Me las leía en voz alta y me mostraba las viñetas. Me decía que me parecía a Alfred E. Newman, el personaje que aparecía en portada.

Cuando salí del hospital me instalé de nuevo en casa de María. Tardé cerca de dos meses en recobrarme por completo de mis heridas y un mes más en poder salir a la calle. No me habían apuñalado; me habían dado una paliza con un objeto contundente. Me habían abierto la cabeza por varios sitios. Al protegerme con los brazos, había salvado el pellejo. Lo lógico habría sido aprender la lección sobre los peligros de las pandillas, pero reaccioné de forma completamente opuesta.

Nueve días de inconsciencia provocada por el odio y la ignorancia. Estuve a punto de morir a los catorce años. A una edad en la que habría debido disfrutar de los placeres de la adolescencia, luchaba como un desesperado por sobrevivir. Me sentía perdido, sin esperanza en un futuro más seguro. Los que vinieron a mi cabecera y me expresaron su apoyo también estaban perdidos. Aunque sus intenciones eran buenas, no hablaban más que de venganza. Y al final, eso era lo único que me animaba.

21. Locura

Me contaron que los Latin Kings habían tiroteado a un par de Gaylords por lo que me habían hecho, pero me daba igual; quería vengarme personalmente. La idea de que tenía que hacer algo para demostrar mi valor estaba convirtiéndome en un animal. Me sentía obligado a defender mi orgullo y mi honor. María y China me cuidaron hasta que me recuperé del todo. Al cabo de unos tres meses estuve preparado para salir a enfrentarme al mundo por primera vez. Los Gaylords me atacaron en verano; ahora que estaba listo para salir a la calle de nuevo, ya era invierno.

Me enteré de que Papo había estado detenido a causa del incidente en Clemente durante los tres meses que yo había vivido recluido. La policía había registrado dos veces en una semana el apartamento de Héctor, y lo había arrestado en ambas ocasiones. Como siempre, salió en seguida a la calle tras pagar una fianza. Sin embargo, después de su segundo arresto se mudó a otro barrio, dejándolo todo atrás, yo incluido. El edificio donde vivía quedó abandonado. Yo no tenía ni idea de adónde se había marchado y tampoco me molesté en averiguarlo. Su casa había sido un refugio para yonquis y personas sin hogar. Según me informaron, los yonquis se iban llevando los muebles de la casa para venderlos. No me importaba. María ya me había ofrecido quedarme en su casa. También me dijeron que Jenny se acostaba con el primero que se cruzaba en su camino. Por algún motivo, no me sorprendió. Ya no quería verla ni saber nada de ella.

Decidí no volver a la escuela hasta que hiciera más calor. Mientras tanto, pasaba mucho tiempo con China. Se instaló conmigo en casa de María, con su permiso. Ésta desarrolló hacia mí un instinto maternal que nunca imaginé que tuviera. Varias veces, cuando estábamos a solas, le hice insinuaciones sexuales que ella siempre rechazó, incluso estando bebida. Me regañaba y luego rompía a llorar y me pedía perdón por haberse aprovechado de mí. Dejé de acosarla porque me harté de que montara siempre el mismo numerito. Comprendí que nunca volvería a hacer el amor con María, pero en el fondo le estaba agradecido por lo que me había enseñado. Me había hecho un hombre y, lo que es más importante, cuidaba de mí y me proporcionaba los alimentos y el techo que necesitaba para sobrevivir.

China y yo convertimos el porche cerrado en nuestra habitación, que caldeábamos con un radiador eléctrico. Lucy y Myra ya casi nunca estaban en casa. Pasaban varios días seguidos, incluso semanas, sin aparecer. María les había dejado claro que si querían vivir con un hombre no había problema, pero que se había acabado lo de usar su casa como un hotel. La otra chica, Yolanda, se había mudado a otro sitio mientras yo estaba en el hospital. Había conocido a un hombre bueno y fue lo bastante lista para darse cuenta y serle fiel. La jugada le salió bien: él le propuso que se fueran a vivir juntos y fijaron la fecha de la boda para el verano.

Aunque China y yo dormíamos juntos, no teníamos relaciones sexuales. Yo intentaba una y otra vez hacerle el amor, pero ella no lo permitía. Me explicaba continuamente que se había hecho la promesa, ante Dios y su padre, de que llegaría virgen al matrimonio. No pensaba romper esa promesa, ni siquiera por mí. Yo respetaba sus deseos, más que nada porque no me quedaba otro remedio. Aun así, y aun sabiendo que no accedería, no dejaba de insistir. Seguía considerándose mi novia y no me negaba nada excepto el sexo. Así las cosas, la tensión sexual llegó a tal punto que empecé a soltar comentarios estúpidos como «no seas calientabraguetas». Ella, sin perder la calma, replicaba que mi braguta se calentaba sola. Me decía hasta dónde estaba dispuesta a llegar, pero yo no la escuchaba. Tenía razón, como siempre. Reanudé mis visitas a casa de Jenny. Ella seguía tan complaciente como siempre; la única diferencia es que ahora yo no era el único que trepaba hasta su ventana.

Se comportaba como si se alegrara mucho de verme, pero yo sabía que sólo estaba contenta por tener a alguien con quien darse un revolcón. No había cambiado nada. No perdía un segundo en prolegómenos. Las primeras veces que hice el amor con ella quería asegurarme de dejarla satisfecha. Ella se esforzaba ahora por hacerlo durar al máximo, pero yo acababa rápidamente, le daba las gracias y me iba. Mientras me vestía, ella se quejaba de que yo no era tan bueno como antes y de que extrañaba a mi viejo yo. Yo sólo le respondía que tuviera paciencia, que no tardaría en llegar otro que llamara a su ventana. Al fijarme en su expresión notaba que mis palabras la ofendían, pero me daba igual. Mi intención era ofenderla. Llegó a afirmar, de hecho, que pasara lo que pasara yo seguía siendo el número uno para ella. La muy puta tenía la caradura de creer que esas palabras tan bonitas iban a cambiar algo. Aun así, continué frecuentando su cuarto para aliviar mis frustraciones sexuales, y ella nunca me rechazó. De todos modos, la rutina diaria llegó a aburrirme. Primero China me ponía más caliente que un horno y luego iba a desahogarme con Jenny.

Faltaban un par de meses para las vacaciones, así que decidí volver a clase. Le pedí a María que llamara a la escuela y le dijeron que podía asistir a clase a partir del lunes siguiente. El sábado, un par de Kings de Kedzie y Armitage vinieron a verme a casa de María. Eran los mismos que me habían visitado en el hospital. Querían saber cómo me encontraba y comunicarme que habían dado un golpe contra los Gaylords en mi nombre. Les dije que quería vengarme por mi cuenta, aunque en realidad no hablaba muy en serio. Sólo quería hacerme el duro, reforzar mi reputación de chico malo. Sin embargo, los Kings reaccionaron de un modo inesperado: se ofrecieron a llevarme en auto hasta allí para que pudiera desquitarme. Tragué un montón de saliva, tratando de disimular el miedo y el nerviosismo, pero quedé en encontrarme con ellos en Tuley aquella noche. En cuanto se marcharon, me entró el pánico. Me temblaba todo el cuerpo y bajé corriendo las escaleras para intentar alcanzarlos y decirles que había cambiado de idea, pero ya se habían ido.

China vio que estaba asustado y enseguida supo por qué. Trató de disuadirme de ir esa noche con los Kings, diciendome que sería una locura. Me recordó los planes de futuro que habíamos hecho juntos, y dijo que podía acabar muerto o en la cárcel. Yo sólo pensaba en la manera de no quedar como un cobarde; mi orgullo de macho era más importante para mí que cualquier otra cosa. No quería que los Latin Kings se volvieran contra mí, como los Lords. Tenía que actuar. Me pasé el resto del día caminando de un lado para otro, con los nervios a flor de piel. China no dejaba de sermonearme; yo no le prestaba atención. Registré hasta el último rincón de la casa en busca de marihuana, pero no encontré nada. Sólo la droga podría calmarme un poco. Pese a las protestas de China, salí a la calle. Me acerqué a Tuley y me topé con Snake, Rican y Speedy. Estaban bebiendo jugo de la selva (Bacardi) y fumando hierba. Me uní a ellos. Cuando le di unas caladas a un cigarrillo de marihuana, me sentí más aliviado y empecé a hablar de lo que les haría a los Gaylords. Al cabo de un rato estaba bastante fumado, además de ansioso por que llegaran los Kings. Rican tenía en su auto un tubo de medio metro de largo totalmente forrado de cinta aislante, y se lo pedí. Accedió a prestármelo, con la condición de que se lo devolviera manchado de sangre de Gaylord.

Snake y Speedy habían ido a buscar otra botella de jugo de la selva. Cuando regresaron, Snake empezó a meterse conmigo porque Speedy se había acostado con Jenny cuando todavía era mi novia. Era algo de lo que me había olvidado por completo hasta ese momento. Había comprendido que Jenny era adicta al sexo y que, por tanto, algo así acabaría pasando tarde o temprano. Con eso en mente, intenté no hacer caso de los comentarios de Snake y me reí de sus insultos.

Luego también Speedy se unió a las burlas y empezó a presumir de que la concha de Jenny era suya y de que se la tiraba cada día hasta dejarla agotada. Empecé a enfadarme de verdad, pero me logré controlarme recordándome que Jenny no era más que una puta caliente. Justo entonces llegaron los Kings para recogerme. Speedy no dejaba de pincharme. Decía que yo no era lo bastante hombre para Jenny. Me di cuenta de que al ignorarlo y reírme de él sólo le daba más cuerda. Le advertí que cerrara el pico y eché a andar hacia el auto. El muy pendejo no se calló. Lo último que le oí decir fue que si yo hubiera sido más hombre, Jenny seguiría siendo mía. Me di la vuelta, me lancé sobre él y empecé a golpearlo con el tubo que Rican me había prestado. Rican, Snake y los Kings me sujetaron y me apartaron de él. Speedy tenía la cara y la cabeza ensangrentadas. No sentí el menor remordimiento por lo que había hecho. Agarré la botella de Bacardi, le pegué un buen trago y me fui hacia el auto, con ganas de largarme de una vez. Antes de hacerlo, le avisé a Speedy que si volvía a meterse conmigo lo mataría. Iba a pegarle de nuevo, pero Rican se interpuso en mi camino. El corazón me latía tan deprisa que temí que me atravesara el pecho.

—Ya está bien, hermano, vámonos —me dijo uno de los Kings, tirando de mí. Subí al auto con ellos y emprendimos nuestra misión de búsqueda y destrucción contra los Gaylords.

Los dos Kings que venían conmigo se llamaban Lalo y Paco. Lalo iba al volante, yo en el asiento del acompañante y Paco en el de atrás. Lalo era un tipo alto y delgado con el cabello peinado hacia atrás. Siempre tenía una mirada perversa en los ojos, como si fuera una especie de psicópata. Paco era de complexión mediana y llevaba unas greñas grasientas recogidas en una cola de caballo. Tenía una marca de nacimiento en la parte superior izquierda de la cara que le daba un aspecto despiadado, pero tenía madera de comediante y se pasaba todo el rato bromeando. Era todo lo contrario de Lalo. Hablaba mucho y se expresaba con absoluta propiedad. Sólo soltaba palabrotas cuando contaba un chiste o cuando describía una situación que lo indignaba. Los dos tenían veintitantos años y eran Latin Kings desde la pubertad. Me preguntaron por lo ocurrido con Speedy. Cuando se lo expliqué, se rieron y me dijeron que ellos habrían hecho lo mismo. Luego me aconsejaron que hablara de ello con los Unknowns. Me dijeron que me identificara como miembro de los Kings para que me trataran de forma justa en virtud de la alianza entre ambos grupos. Lalo se ofreció a ir conmigo para confirmar que yo era un King. No me pareció necesario ya que conocía a casi todos los Unknowns en persona, pero Lalo insistió.

Camino del territorio de los Gaylords pasamos por debajo del viaducto donde me habían apaleado hasta dejarme sin sentido. Justo después, torcimos a la derecha por la calle Bloomingdale y fuimos hacia Campbell. Sabíamos por experiencia que nos encontraríamos con algunos Gaylords antes de llegar al cruce de las calles Moffat y Campbell, donde solían reunirse. Vimos a cuatro jóvenes que estaban cruzando Bloomingdale hacia el sur y reconocí a uno de ellos como el tipo que me había cerrado el paso bajo el viaducto. Le indiqué a Lalo que los siguiera. Aceleró y giró hacia el sur en Campbell, aunque era una calle de sentido único en dirección norte. Los Gaylords se habían quedado bajo el viaducto y estaban pintando las paredes con spray, sin fijarse en nosotros. Lalo me pasó una pistola. Paco y yo bajamos del auto de un salto y los acorralamos bajo el puente. Paco, que también tenía un arma, iba a abrir fuego de inmediato, pero se lo impedí. Me acerqué al tipo que me había tendido la trampa y le pregunté si me reconocía. Se puso a llorar y a suplicar piedad. No le sirvió de nada.

—No me mates, hombre, no soy un Gaylord —sollozó.

—Maldito maricón, ¿es que no me recuerdas, hijo de puta? —grité con todas mis fuerzas, a sólo unos centímetros de él.

—Lo siento, de veras que lo siento —lloriqueó mientras yo levantaba el brazo que sostenía el tubo.

—Gaylords muertos —bramé y empecé a pegarle una paliza. Se me olvidó por completo que tenía una pistola en la otra mano. Tampoco presté atención a los otros Gaylords ni, en realidad, a ninguna otra cosa.

El chico puso una mano sobre su cabeza, intentando protegerse; entonces oí como se quebraba un hueso cuando lo golpeé. Estaba fuera de mí. Cuanta más sangre veía, más fuerte le pegaba. De pronto, me llegó el sonido de unos disparos. Desperté de aquel trance demente y vi que Paco había disparado a un Gaylord y se preparaba para disparar contra otro. Pero el tipo estaba demasiado cerca de mí y Paco vaciló. El Gaylord debía de estar paralizado de miedo, porque no aprovechó la oportunidad para echar a correr. Me aparté y Paco le pegó un tiro. Enseguida cayó hacia mí y yo le reventé la cabeza con el tubo.

Paco y yo corrimos hacia el auto. Él subió al asiento del acompañante. Arrancamos en marcha atrás para enfilar Bloomingdale y vimos que Lalo apuñalaba una y otra vez al último de los Gaylords que se mantenía en pie. Nos acercamos hasta él en el auto y se subió de un salto, asomó la cabeza por la ventana y gritó «¡amor de Kings!» mientras nos alejábamos a toda velocidad. Lalo y Paco me dejaron en Western esquina con North y me dijeron que me fuera caminando a casa desde ahí, pero se me ocurrió una idea mejor. Vi un autobús que se aproximaba por Western y decidí colarme en él. Todavía llevaba conmigo la pistola que Lalo me había dado, aunque Paco me había dicho que la dejara en el auto para deshacerse de ella. Subí al autobús y llegué hasta Potomac. No tenía ningún miedo. De hecho, me sentía valiente y orgulloso; indestructible. Había conseguido vengarme, los Latin Kings eran mis aliados y, lo que era más importante, había dado un gran paso para ganarme la fama de tipo duro que tanto anhelaba.

Al bajar del autobús vi a unos Spanish Lords en la esquina coreando los lemas de su pandilla. Atravesé la calle y me uní a ellos. Se intercambiaban insultos y amenazas con los Cobras que estaban en las calles Artesian y Potomac. Me acerqué a Crazy One y le pedí un poco del vino que estaba bebiendo. Me bajé casi media botella de un trago, se la devolví y le propuse que me acompañara al otro lado de la calle, donde estaban los Cobras. Mientras cruzábamos, me volví y me levanté la camisa para que los Lords vieran que llevaba una pistola y no nos siguieran.

Cuando los Cobras nos vieron venir, se desplegaron en actitud hostil. Crazy One les gritó que se largaran del territorio de los Lords. Los Cobras respondieron con obscenidades y nos arrojaron botellas y piedras. Entonces saqué la pistola y arranqué a correr hacia ellos. Cuando vieron que iba armado, huyeron hacia su barrio, en dirección oeste. Uno de ellos llevaba un suéter de los Cobras debajo de su chaqueta de cuero. Al correr, resbaló a causa del hielo y se cayó. Para cuando empezaba a levantarse, yo estaba de pie, junto a él, apuntándole a la cabeza con la pistola.

Le exigí que me diera el suéter. Se lo quitó y me lo alargó. Le advertí que se marchara antes de que Crazy One le pegara una paliza de muerte. Luego regresamos junto a los otros Lords, felicitándonos mutuamente. Le entregué el suéter a Rican y le dije que eso debería ser pago suficiente por haber perdido su tubo. Lo aceptó, pero me recriminó que no hubiera matado al Cobra. Al parecer, el único que estaba satisfecho era Crazy One. Todos los demás pensaban que tenía que haber apretado el gatillo. Yo estaba un poco bebido, pero no tanto. No les hice caso y me encaminé al apartamento de María. Mi opinión de los Lords bajó después de aquello y decidí, de una vez por todas, no integrarme en su pandilla. Quizá me convertiría en un King, o incluso tal vez en un Unknown, pero nunca en un Lord.

Los acontecimientos se sucedían muy deprisa. En una misma noche me había enfrentado a Speedy, a los Gaylords y a los Cobras. Estaba cavando mi propia tumba por querer que los demás me aceptaran, que me admiraran incluso. El único sistema que conocía para alcanzar ese estatus entre los pandilleros consistía en cometer el máximo número posible de actos violentos. Así funcionaban las cosas: agredir a unos y luego agredir a otros. De este modo, por fin, los que me rodeaban dejaron de considerarme un cobarde.

El apartamento de María era ahora mi residencia oficial. Héctor nunca vino a buscarme ni mandó a nadie a interesarse por mí. En realidad, no me importaba. Ahora tenía otra familia que cuidaba de mí. Morena se presentó un día y me avisó que me quedara en casa porque corría el rumor de que uno de los Gaylords le había dado a la policía una descripción bastante exacta de mí. Según Morena, si yo no estaba fichado, probablemente acabarían por detener a alguien que encajara con mi descripción. Lo único que tenía que hacer era salir lo menos posible.

Me asusté. No estaba fumado ni borracho en ese momento, de modo que pensaba con claridad. Me vi a mí mismo en la cárcel, víctima de palizas y violaciones. Me fumé un cigarrillo de marihuana para tranquilizarme. Siempre que me drogaba me perdía en un reino de fantasías machistas. Presumía de mis actos y proclamaba mi deseo de repetirlos. Sin embargo, cuando estaba sobrio me ponía nervioso y paranoico, como un cachorro en un día de tormenta.

China no se dejaba engañar por mi máscara. Estaba conmigo cuando Morena me habló de la policía y se dio cuenta de mi preocupación. Sacó una maquinilla para el pelo y me lo cortó al estilo militar. Luego se puso a echarme una bronca. Dijo que no quería que su novio fuera un pandillero violento. Añadió que había decidido hacer el amor conmigo, pero que ahora le resultaba imposible. Yo sabía que mentía. Ella empleaba esa clase de trucos psicológicos conmigo a menudo, pero ya no surtían efecto. China tenía la esperanza de que la escuela cambiara mi actitud y me amenazó con dejarme si no cambiaba.

22. Rosie

Llegó el lunes y, con él, el momento de regresar a la escuela. Salí de casa con el aspecto de un colegial inocente. En el camino vi a unos policías que estaban interrogando a un par de chicos y me puse algo nervioso. Pero al pasar junto a ellos no me prestaron atención. Incluso me volví y les pregunté qué hora era antes de seguir andando. Me di cuenta de que estaba a salvo.

Cuando llegué a la escuela descubrí que me habían asignado otra aula. Me habían cambiado el horario para hacer hueco a unas clases particulares, para que pudiera recuperar el tiempo perdido. Me encontraba sentado en clase, rodeado de desconocidos, cuando entró la chica más hermosa, atractiva y deliciosamente seductora que había visto en mi vida. Su nombre era Rosalinda; la llamaban Rosie. Sin duda superaba en popularidad al resto de las muchachas, y además lo sabía. Era tan creída y presuntuosa como guapa. La saludé, pero ella pasó de largo como si yo no existiera.

Rosie tenía una amiga llamada Sheena. Era una de las pocas estudiantes afroamericanas de la escuela. También me pareció muy llamativa; era hija de padre puertorriqueño y madre afroamericana.

Desde el primer día que vi a Rosie me encapriché de su belleza y de su estilo. La abordé en muchas ocasiones, tratando de entablar conversación, pero ella me ignoraba o soltaba comentarios como «yo no hablo con don nadies». Sheena, en cambio, se mostraba más amigable. Me decía que no me lo tomara a mal, y que de todos modos Rosie tenía novio. Cuando Rosie la veía hablar conmigo, le decía que eso iba a dañar su reputación porque yo no pertenecía a su círculo de amistades. Me daba igual. Cuanto más me rechazaba Rosie, más la buscaba. Empecé a sospechar que Sheena me iba detrás. Eso debería haberme enorgullecido, pero estaba demasiado ocupado persiguiendo a Rosie para pensar siquiera en ella.

Mientras tanto, China se puso en contacto con su padre y decidió irse a vivir con él. Me hizo un par de visitas, pero cuando comprobó que cada vez estaba más metido en actividades pandilleras, dejó de venir. Así, de buenas a primeras, China desapareció. Sus últimas palabras fueron: «En la vida hay algo más que matar el tiempo en una esquina fumando hierba, deja de hacer el idiota». Nunca las olvidaré. Sin embargo, no sé si por mi edad o porque China ya no me importaba tanto como creía, no moví un dedo para evitar que me dejara. De hecho, en cierto modo, su marcha me alivió porque me dejaba libre para intentar ligar con Rosie. Quizá si China hubiera accedido a acostarse conmigo, habría reaccionado de otra manera. Quién sabe.

23. Solución de compromiso

Me puse a estudiar duro (en parte para impresionar a Rosie), y pronto obtuve unas calificaciones respetables. Sin embargo, seguía juntándome con los Spanish Lords y los Latin Kings. La marihuana y el alcohol eran una parte cada vez más importante de mi vida.

Los Unknowns se presentaron un día en el apartamento de María para hablar conmigo sobre el incidente con Speedy. Accedí a pasarme por su barrio para zanjar el asunto. Cuando se fueron, me dirigí a Kedzie y Armitage para buscar a Lalo. Quería que les contara a los Unknowns que yo pertenecía a los Latin Kings, tal como me había prometido. Lo encontré en una esquina, con Morena y otros Kings y Queens. Le comenté a Lalo lo de los Unknowns y se ofreció a acompañarme. Subimos a su auto y nos alejamos de Kedzie y Armitage. Morena venía con nosotros. Hicimos escala en Maplewood Park para fumar algo de hierba y beber algo antes de proseguir nuestro camino. Me asustaba un poco enfrentarme a Speedy. Bueno, más que enfrentarme a él, me daba miedo que me pegara una soberana paliza. Era mayor y algo más corpulento que yo, y eso me me ponía nervioso. Pero después de un par de cigarrillos de marihuana y de varias cervezas estaba preparado para plantarle cara.

Cuando llegamos al territorio de los Unknowns, en las calles Leavitt y Schiller, estaban allí, esperándonos. En cuanto me vieron empezaron a tomarme el pelo diciendo que pensaban que no acudiría y que tendrían que venir a buscarme.

—Este hermano de los Kings no es ningún maricón —me defendió Lalo.

Speedy salió de alguna parte y empezó a despotricar contra mí y a desmentir que yo perteneciera a los Kings, pero su líder le ordenó que cerrara el pico. El jefe de los Unknowns se llamaba J. J. Era un tipo grandote y fornido, rubio y de ojos azules. Quienes no lo conocían lo tomaban por un anglo, pero en realidad era puertorriqueño. J. J. le explicó a Speedy que Lalo era un miembro muy conocido de los Kings, por lo que era digno de todo crédito. Lalo y J. J. pasaron un buen rato echándose flores mutuamente y elogiando la relación entre sus respectivas pandillas. (Al parecer, los propios Kings habían organizado la pandilla de los Unknowns para desviar parte de la presión policial que estaban sufriendo. Esta jugada les permitió continuar con el tráfico de drogas. Las letras UK eran las siglas de *Undercover Kings*, es decir, Kings clandestinos o, como se hacían llamar, los Unknowns, los desconocidos). Después de que se lamieran el culo durante lo que me pareció una eternidad, todos entramos en la sede de los Unknowns y nos preparamos para resolver el conflicto entre Speedy y yo.

Speedy expuso su versión de la pelea que había tenido conmigo. Tal como lo contó, parecía que yo le había pegado porque me había quitado a Jenny. No mencionó el hecho de que él me había estado pinchando hasta que estallé. Paseé la mirada por toda la sala y me di cuenta de que todos los presentes, menos J. J. y yo, sonreían con sarcasmo. Supongo que les hacía gracia que nos hubiéramos peleado por una chica. Entretanto, yo no podía estarme quieto. Me sentaba, me levantaba, caminaba de un lado a otro de la habitación, sin despegar la vista de Speedy ni por un momento. Él seguía insistiendo en su argumento de que yo estaba enojado porque Jenny me había dejado por él.

Por fin me llegó el turno de hablar. Para empezar, reconocí que estaba enfadado porque Speedy se había acostado con Jenny, pero señalé que lo que me había hecho perder la paciencia fue que él no paraba de meterse conmigo. Cuando dije esto, oí varias risitas a mi alrededor. Sólo J. J. miró a los otros con expresión seria para impedir que los Unknowns prorrumpieran en carcajadas. Di un paso hacia Speedy y le solté:

—¡Cabrón, no uses mi nombre para cogerte a una chica!

J. J. se interpuso entre nosotros. Él y Lalo nos advirtieron de que no nos pegáramos antes de que tomaran una decisión, y luego salieron de la sala para deliberar. Mientras estaban fuera, los demás permanecimos callados. Yo encendí un cigarrillo de marihuana y me senté en el suelo, solo, en un lado de la habitación, mientras Speedy y el resto de los Unknowns me contemplaban desde el otro extremo. Era como si fuese a ocurrir algo importante. Me sentía como un condenado a muerte a quien dejaban relajarse durante unos minutos antes de la ejecución. Cifraba todas mis esperanzas en Lalo.

J. J. y Lalo regresaron y nos indicaron a Speedy y a mí que nos pusiéramos de pie y nos colocáramos en el centro de la sala. J. J. nos sermoneó sobre el error que habíamos cometido al dejar que una mujer interfiriera en nuestra amistad, y sobre las relaciones siempre cordiales entre los Unknowns y los Kings. Por tanto, habían llegado a la determinación de que el asunto debía quedar únicamente entre Speedy y yo.

—Si uno de ustedes quiere lastimar al otro por una puta, allá él —declaró J. J. Si eso era lo que queríamos, se podía organizar una pelea mano a mano entre los dos. Ganara quien ganase, la discusión debía terminar ahí. Yo me mostré enseguida de acuerdo con su decisión. Speedy también. Acordamos enfrentarnos cara a cara.

Salimos por la puerta trasera de la sede, que daba al callejón. Fuera, los demás formaron un círculo a nuestro alrededor, y Speedy y yo nos pusimos en guardia. Él tenía fama de ser bueno peleando, así que yo estaba bastante asustado. Sin embargo, el miedo a volver a ganarme fama de cobarde se apoderó de mí y me impulsó a atacarlo. Resultó que Speedy no era tan temible, después de todo. Mi primer puñetazo lo alcanzó justo en la nariz. Se la tocó con la mano y vio que le sangraba mucho. Mientras él intentaba frenar la hemorragia, le pegué varias veces más en la cara. Se enfureció. Las lágrimas le manaban a chorros mientras me gritaba «¡te voy a matar! ¡te voy a matar!». Uno de los Unknowns que estaba cerca de él llevaba un bate de béisbol. Speedy se lo arrebató y se abalanzó hacia mí. Pegó con toda su rabia y me golpeó encima del ojo izquierdo. J. J. le ordenó que tirara el bate. Como no obedeció, los demás Unknowns lo obligaron. Lo rodearon, lo sujetaron y le quitaron el bate por la fuerza. A continuación, J. J. les dijo a sus muchachos que Speedy se había portado «como un maricón». Lo agarró por el cuello, le comunicó que ya no era un Unknown y luego les ordenó a sus chicos que le pegaran una buena paliza. Speedy me había hecho un buen corte encima del ojo, y la sangre salía a borbotones. Tenía todo el lado izquierdo de la cara y el cuello llenos de sangre. Sin embargo, aunque se trataba de una herida muy aparatosa, era una minucia en comparación con la lluvia de golpes que recibió Speedy. Había al menos diez tipos golpeándolo sin piedad. Curiosamente, eran los mismos tipos que hacía sólo unos pocos minutos le animaban a que me hiciera daño. Me acerqué a ellos para pedirles que lo dejaran, pero antes de que pudiera hacer nada, Lalo me agarró del brazo y me apartó de allí.

La lealtad de una pandilla hacia sus componentes es muy frágil. Si un miembro se comporta de manera poco digna a ojos de los líderes, se le da el mismo trato que a un enemigo. Ésta debe de ser la razón por la que coexisten tantas pandillas en un territorio tan pequeño. La hostilidad entre Speedy y yo surgió de forma repentina e inesperada. Quizá Jenny fuera el detonante, pero creo que la causa más profunda fue que nos teníamos poco respeto y no había una amistad auténtica entre nosotros. En cualquier caso, el incidente aumentó mi popularidad y mi reputación como luchador.

Lalo me dejó a dos cuadras de ahí, en la sala de urgencias del hospital Saint Elizabeth, y dijo que más tarde enviaría a Morena a recogerme. Se despidió con un «*amor, brother*» y se marchó en su auto. Hicieron falta quince puntos para cerrarme la herida que tenía encima del ojo: tres por dentro y doce por fuera.

En el hospital, yo no dejaba de pensar en la paliza que le habían pegado a Speedy sus supuestos amigos. Llegué a la conclusión de que quizá ya les había hecho algo malo con anterioridad. De lo contrario, no me cabía en la cabeza que los miembros de una pandilla pudieran volverse contra uno de los suyos en cuestión de segundos.

Una vez cosido, me reuní con Morena en el vestíbulo del hospital. Me llevó en auto a casa de María y luego fue a la farmacia con la receta de unas píldoras para el dolor que me había dado el médico. Cuando regresó, yo ya me había lavado y cambiado de ropa. Morena me dijo que subiera al auto con ella. Los Latin Kings querían verme.

Fuimos hasta Maplewood Park, donde Lalo y otros miembros de los Kings me esperaban. Me dijeron que el valor que yo había demostrado en la pelea con Speedy y en el ataque contra los Gaylords los había dejado impresionados. Mientras hablaban, yo me perdí en mis pensamientos. Lo cierto es que mi supuesto valor frente a Speedy había sido más fruto del miedo que de cualquier otra cosa; además, de no ser por el alcohol y la marihuana que me nublaban la mente, el ataque contra los Gaylords jamás se hubiera producido. Los Kings me explicaron que ahora estaba obligado a unirme a su pandilla. De lo contrario, tendrían que afrontar el hecho de que Lalo había mentido a los Unknowns con respecto a mi pertenencia al grupo.

Lalo me llevó a dar un paseo y me contó con todo detalle lo que le ocurriría si yo no accedía a los deseos de los otros Kings. Según él, lo castigarían con una «violación» de la cabeza a los pies, lo que significaba que elegirían a tres hermanos para que le golpearan todo el cuerpo durante tres minutos. Luego Lalo me contó cómo era la prueba que yo tendría que pasar para convertirme en uno de los Kings. De hecho, me dijo, los aspirantes debían demostrar su valía de entrada, sólo para que los Kings los tengan en cuenta como candidatos. Como yo me había unido a ellos en su represalia contra los Gaylords, quedaba exento de la fase de prueba. Lalo puntualizó que, de todas maneras, tendría que someterme a un rito de iniciación que consistía en dejarme pegar durante tres minutos por dos

Kings elegidos para ello. A diferencia de lo que sucedía en el caso de la «violación» de pies a cabeza, no podían golpearme en la cara, la entrepierna o en ninguna otra parte del cuerpo que pudiera sufrir un daño grave. En teoría, esto servía para poner a prueba mi resistencia. Tras escuchar a Lalo, decidí convertirme en miembro de los Latin Kings de Kedzie y Armitage, no porque me ilusionara la idea, sino porque no me atreví a negarme.

Regresamos caminando a Maplewood Park y anunciamos mi decisión a los demás. Todos parecieron alegrarse de la noticia, sobre todo Morena. Dijo que había que celebrarlo.

Morena, Lalo y yo dejamos Maplewood Park y nos dirigimos a Kedzie y Armitage. Cuando llegamos allí, Lalo les comunicó a los demás mi propósito. Aunque Lalo no era el líder de aquella sección, era uno de los mandamases. Tras una breve conversación con el jefe, se fijó una fecha para mi iniciación oficial. El líder de los Kings de Kedzie y Armitage tenía el sobrenombre de Loco, un mote que definía bastante bien su personalidad. No era alto ni fuerte, pero sí un maníaco homicida. Me senté en el capó de un auto con otros Kings y observé como Lalo y Loco hablaban de mi futuro. Loco me lanzaba ojeadas continuamente y me miraba de arriba abajo mientras discutía con Lalo. Un par de minutos después, le pidieron a Morena que se acercara a ellos. Al cabo de un rato, ella volvió a mi lado y me informó que ya habían acordado la fecha de mi iniciación.

24. Mi dama

Morena y yo fuimos en auto hasta una licorería donde ella compró unas cervezas. Luego nos dirigimos a su apartamento, que estaba en un sótano, frente a Maplewood Park, al otro lado de la calle. El sitio estaba prácticamente vacío (no había más que una gran cama de agua, una estufa y un refrigerador), pero al menos estaba limpio. Morena sacó de debajo de la almohada una bolsa con unos treinta gramos de marihuana, me la pasó junto con un librillo de papel de fumar con sabor a fresa y me dijo que liara unos cigarrillos. Nos pasamos un par de horas sentados, bebiendo, fumando y hablando de tonterías. Luego la conversación derivó hacia lo que significaba ser un Latin King.

Morena se excusó y, antes de irse de la sala, me invitó a ponerme cómodo. Volvió una media hora después. Se había duchado y llevaba unos pantalones cortos y una camiseta. Estaba bastante atractiva. Se disculpó por haber tardado tanto y me explicó que se sentía un poco sucia y sofocada por el calor, así que había decidido refrescarse. Tenía entre las manos un cuaderno, en cuya portada se leían las palabras «Literatura de la nación». En el cuaderno constaban las leyes, las oraciones y los objetivos de los Latin Kings. Yo siempre los había considerado una pandilla importante, pero era obvio que en su historia había algo más que eso. Morena me contó que los Latin Kings se habían fundado hacía mucho tiempo, cuando las primeras oleadas de inmigrantes puertorriqueños llegaron a Chicago. En aquella época, me explicó, los discriminaban tanto blancos como negros, así que formaron los Latin Kings para defenderse y plantar cara a quienes los agredían. Con el tiempo llegaron a ser conocidos y temidos en toda la ciudad. La comunidad puertorriqueña los apoyaba tanto que les permitía participar con su propia carroza en el desfile anual de Puerto Rico. Pero todo eso había quedado atrás. Ahora los puertorriqueños tenían fama de gente violenta con tendencias criminales por culpa de los Latin Kings. Me parecía comprensible que en un grupo étnico surgiese una pandilla de este estilo para proteger a sus miembros, pero no entendía por qué ahora luchaban contra otras pandillas de la misma raza. Se lo pregunté a Morena. Me contestó que esas otras pandillas eran *crusaos* (traidores). Los líderes eran ex integrantes de los Latin Kings, que aspiraban a mandar sin trabajárselo antes.

Morena pasó a hablar del contenido del cuaderno. Me dijo que el objetivo de las normas era mantener la disciplina entre Kings y Queens. En el cuaderno figuraban varias leyes que nunca vi que se cumplieran o respetara, como la obligación de honrar a los padres o la prohibición de abusar de las drogas. No me parecía que pertenecer a una pandilla callejera, pasarse la noche fuera de casa o exponerse a acabar en la cárcel fueran precisamente formas de honrar a los padres. Aunque sí noté que los pandilleros que se comportaban de este modo solían provenir de situaciones familiares similares a la mía. Había otros, sin embargo, que vivían con sus padres y tampoco los respetaban en absoluto. Por otro lado, me hizo gracia leer normas sobre el consumo de drogas ahí sentado, con un cigarrillo de marihuana en la boca y una bolsa llena de hierba por fumar. Morena me explicó que las reglas sobre las drogas en realidad venían a decir que uno tenía que saber controlar el colocón, y que no se toleraría que un miembro se convirtiese en un yonqui. En otras palabras, estas normas hacían referencia sobre todo a drogas muy adictivas como la heroína, la cocaína y el PCP. ¡Era lo más hipócrita que había oído en mi vida! Morena leyó en voz alta las plegarias que todos los Kings debían memorizar. Había una en particular que debía haberse memorizado una semana después de la iniciación. Si el aspirante no se la sabía para entonces, recibiría un castigo disciplinario.

Creo que la intención de Morena era prepararme para todo lo que me esperaba. No obstante, lo que consiguió fue dejarme más confundido de lo que ya estaba. Al final dejó a un lado el cuaderno y me obligó a prometerle que no le diría a nadie que me lo había enseñado antes de que me aceptaran como miembro. Le aseguré que eso quedaría entre ella y yo.

Seguimos fumando y bebiendo, y pronto la conversación tomó un cariz sexual. Bromeábamos y nos reíamos de las experiencias del otro. En un principio, Morena me había atraído, pero siempre me había tratado como a un hermano pequeño. La respetaba más que a ninguna otra chica. A pesar de todo, estábamos fumados, en su cama, hablando de sexo. Decidí dar el primer paso. De pronto, las fantasías que había tenido con Morena estaban haciéndose realidad. Estábamos pasando de ser buenos amigos a convertirnos en amantes. Le estaba haciendo el amor a mi mejor amiga; qué afortunado me sentía. Morena yacía allí, con los ojos cerrados, y dejaba que le hiciera lo que quisiese. Saqué el máximo partido de su buena disposición.

A la mañana siguiente despertamos abrazados. Lo primero que pensé fue en la envidia que me tendrían los demás muchachos cuando les contara que Morena era mi dama. Ella abrió los párpados y me miró como diciendo «¿qué demonios haces aquí?». Luego se dio cuenta de que estábamos desnudos. Se levantó furiosa por lo que había ocurrido la noche anterior. Se puso a soltar palabrotas y me acusó de aprovecharme de su estado de intoxicación. La brusquedad de su reacción me sorprendió. Intenté tranquilizarla, pero no me escuchaba. Cuando al final se calmó un poco, traté de explicarle que lo sucedido había sido por consentimiento mutuo y que yo no había abusado de ella. Más valdría que me hubiera quedado callado. Mis palabras la hicieron saltar de nuevo.

—¡No eres más que un mocoso hijo de puta! —gritó. Levantó una esquina de la cama de agua y sacó una pistola. Me la puso contra la cabeza y añadió–: Maldito violador, debería matarte. Si le hablas a alguien de esto, te mato.

Me tiró del pelo y me apretó el cañón contra el pómulo. Me tiró encima de la cama de un empujón. Se puso una camiseta y salió del cuarto mascullando obscenidades. Me vestí y salí hacia el apartamento de María.

Tal vez Morena estaba demasiado fumada para darse cuenta de lo que ocurría. Tal vez se había arrepentido. Tal vez yo no era un amante tan extraordinario. Sea como fuere, el caso es que estaba realmente enojada. Las drogas y el alcohol nos habían nublado el entendimiento hasta el punto de interpretar nuestros actos de formas distintas. Según Morena, yo me había aprovechado de ella mientras dormía. Desde mi punto de vista, ella había participado por voluntad propia. En lo único que estábamos de acuerdo era en que nuestra relación peligraba. Ya nunca tuve ganas de presumir por haberme acostado con Morena, ni de mencionar siquiera lo ocurrido. Lo que pasó aquella noche fue uno de esos acontecimientos que la mente bloquea, como si nunca hubieran sucedido. Esa mañana aprendí que el sexo puede comprometer la amistad. Y hoy día, el episodio sigue bloqueado como si nunca hubiera ocurrido.

Llegué a casa de María, me di una ducha y me senté a ver la televisión. El incidente con Morena seguía fresco en mi memoria. Ya estaba bastante desorientado respecto a la vida como miembro de una pandilla, pero ahora me sentía perdido del todo. No sabía qué esperar. María no estaba en casa. Cuando llegó, se puso a regañarme en cuanto vio mi ojo hinchado.

–Estúpido –dijo–. ¿Cómo puedes ser tan *pendejo*?

Después de limpiar y vendar la herida que me había hecho Speedy, me dijo que tenía un novio nuevo. Según ella, era un tipo considerado, cosa que me extrañó porque por lo general María no hablaba muy bien de los tipos considerados. Quería presentarme como su hijo. A María le brillaban los ojos y sonreía de oreja a oreja. De entrada pensé que el tipo no sería más que otro amante, pero algo me decía que tal vez fuera una persona especial. María me contó que su hija Lucy estaba embarazada y que se había ido a vivir a casa de los padres de su novio, y que tenía la esperanza de que, con el niño, Lucy pusiera por fin orden en su vida familiar. Esa tarde, Morena vino a hablar conmigo. No supe cómo reaccionar a su visita, de modo que me abandoné a su merced, esperando que no hubiera traído la pistola consigo. Por suerte se había tranquilizado del todo. Hablamos de lo ocurrido la noche anterior y ella se disculpó por haberse enfadado tanto. Me explicó que le había dado tanta rabia porque sabía que nuestra hermosa amistad nunca volvería a ser igual. Le aseguré que nada había cambiado entre nosotros y que podíamos seguir siendo amigos como hasta entonces. En el fondo, sin embargo, sabía que ella estaba en lo cierto. Incluso mientras le estaba diciendo estas cosas que ella deseaba oír, no pensaba más que en su cuerpo, en lo atractiva que era y en lo delicioso que había sido hacerle el amor. Antes, Morena y yo pasábamos horas charlando sin preocuparnos de ofendernos el uno al otro. Ahora, tenía que elegir con cuidado mis palabras, mientras la desnudaba con la mirada, ansioso por besarla, abrazarla y acostarme otra vez con ella. Morena me leyó los pensamientos en la cara y rompió a reír. Luego se levantó y me dio un beso apasionado. Entonces di por sentado que ella sería mía. Sin embargo me agarró la cara, me miró a los ojos y dijo:

—Espero que hayas disfrutado ese beso, porque es el último —y añadió que ya no podríamos ir juntos por ahí—. Debería abrirte la otra ceja —señaló mientras empezaba a bajar las escaleras.

La llamé a gritos, pero no me hizo caso. Ni siquiera se volvió para despedirse. Y así, de golpe, parecía que nuestra amistad se había terminado. Reflexioné sobre ello durante un rato y acabé arrepintiéndome de haber hecho el amor con Morena. No podía creerlo, pero realmente me sentía mal por haberme acostado con una chica bonita. La semana tocó a su fin y llegó el momento de volver a clase.

25. Demostrar mi valía

Aquel lunes supuse que Speedy me buscaría en la escuela para encararse conmigo, pero no apareció. De nuevo fui detrás de Rosie, pero seguía sin hacerme caso y, además, se burló de mi ojo hinchado. Sheena, en cambio, me prestó atención y unas amables palabras de consuelo. La semana pasó volando. Cada día se repetía la misma rutina: iba a la escuela, me acercaba después a Kedzie y Armitage y luego me marchaba a casa. Seguía sin noticias de Héctor, pero me daba igual.

Llegó el viernes, y los Kings me invitaron a una fiesta en una casa que se estaba en la esquina de las calles Cortland y Whipple. Era el territorio de otra sección de los Latin Kings. Al salir de clase me fui a casa, me cambié de ropa y me encaminé hacia la fiesta. Cuando entré en el apartamento donde se celebraba la fiesta desde temprano, vi que la mayoría de los Kings de Kedzie y Armitage ya había llegado. Casi todos estaban apiñados en algún rincón, fumando y bebiendo. Me acerqué a donde estaba la mayoría de los chicos de mi edad, pero Loco me hizo señas de que me incorporara a otro grupo, de muchachos mayores, y me pasó un cigarrillo de marihuana. Lo encendí y se lo devolví. Me dijo que me lo fumara todo y luego me preguntó si estaba preparado para mi iniciación, prevista para el domingo siguiente. Le respondí que sí, que lo estaba. Me estrechó la mano y me dijo que quería que participara en una misión que iba a llevar a cabo esa noche junto con otros Kings. Como un idiota ansioso por morir, accedí en seguida. Me alejé de Loco y volví con los chicos de mi edad. Aunque procuraba que no se notara, estaba muerto de miedo por la misión. Decidí emborracharme hasta tal punto que Loco decidiera no llevarme con él. Me puse a beber cerveza, luego vino, luego más cerveza, todo acompañado con marihuana. Conseguí mi objetivo de emborracharme, pero me entraron muchas ganas de ir a esa misión.

En la fiesta había un ambiente fantástico. Vino tanta gente que uno apenas podía moverse. El *disc-jockey* no dejaba de pinchar *One Nation Under a Groove*, de Funkadelic, que los Kings habían adoptado como himno. Corrían la marihuana y la cocaína, y daba la impresión de que todos los chicos ya habían conquistado a alguna muchacha para esa noche. Yo conocí a una llamada Blanca, una Queen de Cortland y Whipple. Era bajita, tenía el cabello rubio ceniciento, ojos azules y piel muy clara.

Después de bailar un poco, Blanca y yo decidimos salir del abarrotado apartamento donde continuaba la fiesta. Desde el rellano bajamos por las escaleras hasta la planta baja. Estuvimos charlando y fumando hierba durante un rato y luego nos besamos y nos manoseamos como perros en celo. Estábamos perdiendo el control por completo. De no ser porque había personas entrando y saliendo continuamente, con toda seguridad habríamos hecho el amor allí mismo, en el vestíbulo, que pronto se llenó de gente, sobre todo de parejas que se besuqueaban.

Oí a Loco bajar la escalera y comprendí que había llegado el momento de embarcarnos en la esperada misión. Blanca me prometió que estaría allí cuando regresara, aunque temí que si se quedaba acabaría haciéndoselo con otro tipo. En ese caso, tampoco me costaría encontrar a otra Queen. Después de todo, las chicas estaban bien dispuestas y esperando. Eso me encantaba. Loco pasó frente a mí con otros dos tipos y me hizo señas de que los siguiera. Me jacté ante Blanca de lo que iba a hacer y le di un beso apasionado. Mi pose de macho pareció impresionarla y me pidió que le pegara un tiro a un pandillero rival en su honor. «*Amor de Rey*», dijo mientras yo bajaba los escalones.

Loco, dos Kings más y yo subimos a un auto y dejamos atrás el barrio. Los otros dos llevaban los sobrenombres de Cat y Pito. Cat era uno de los Kings de Cortland y Whipple. Era delgado y tenía, en la cara y el cuello, una fea cicatriz, resultado de un enfrentamiento con miembros de una pandilla enemiga. Pito era de Kedzie y Armitage, y me recordaba mucho a mi viejo amigo Julio, por su piel morena, el cabello peinado hacia atrás y su acento hispano muy marcado. Pito me pasó un spray de pintura dorada y Loco me explicó el objetivo de la misión. Íbamos al barrio de otro grupo rival conocido como Imperial Gangsters. Su zona se extendía en torno al cruce del bulevar Palmer con la calle Drake, a unos dos kilómetros y medio de Kedzie y Armitage. Habían planeado que yo bajara del auto a una cuadra de allí y me internara en su territorio a pie. Los muchachos pretendían conseguir, mientras tanto, que los Gangsters los persiguieran. Cuando lo lograran, yo debía pintar las letras ALKN (Almighty Latin King Nation, es decir, nación todopoderosa de los Latin Kings) encima de un mural con el lema de los Gangsters.

Salí del auto a media cuadra de Armitage con Drake. En cuanto llegué a esa esquina vi el emblema. Constaba de una corona de color rosa sobre fondo negro con las letras I y G a lado y lado. Junto al emblema habían escrito las palabras «KINGS MUERTOS» en letras grandes y pintura rosa. Al ver a todos los Gangsters concentrados en la esquina quedé paralizado de terror. Mi primer impulso fue dar media vuelta, pero todo el alcohol que me corría por las venas me infundió el valor suficiente para seguir adelante con la misión. Loco y los otros dos chicos pasaron despacio en el auto junto a los Gangsters y se identificaron como Kings. Los Gangsters reaccionaron de inmediato echando a correr tras ellos. Yo aproveché la ocasión para acercarme a toda prisa al muro y rociarlo de pintura. Los Gangsters estaban tan ocupados con los Kings que ni se dieron cuenta. Yo, mientras, me recreé con los graffiti: tapé por completo las palabras «KINGS MUERTOS» y escribí el nombre Lil Loco en la pared con una corona de cinco puntas encima. A partir de ese día me haría llamar Lil Loco.

Cuando los Gangsters comenzaron a gritar insultos, supe que había llegado el momento de arrancar a correr hacia Armitage. Habíamos quedado con Loco y los muchachos en que me recogerían a dos cuadras de Drake, en la avenida Kimball. Cuando llegué allí, me esperaban. Envalentonado, les dije que se marcharan sin mí; yo volvería caminando. Me sentía indestructible. Los Kings me seguían de cerca en el auto mientras yo iba pintando las siglas LK y las palabras Lil Loco en todos los edificios a lo largo Armitage. En una de las paradas decidí tomarme todo el tiempo del mundo para pintar una corona, cuando dos tipos me plantaron cara. Los reconocí a ambos; los había visto en la escuela, con Rosie. Uno de ellos hizo con la mano la señal de los Gangsters, y el otro, la de los Disciples. Les rocié pintura en la cara para que me persiguieran hasta el auto, donde Loco y los demás me esperaban. Cuando me encontraba cerca del auto, me detuve, me volví y le arrojé el bote de pintura al tipo que había hecho la señal de los Disciples. La esquivó, se me echó encima y me derribó. El otro tipo acudió en su ayuda. Les habría gustado reducirme a pulpa, pero en lugar de eso se ganaron una paliza.

Loco, Pito y Cat salieron del auto armados con bates de béisbol y empezaron a conectar golpes dignos de *home runs* a la cabeza de mis atacantes. El tipo que había hecho la seña de los Gangsters salió corriendo a la calzada, chillando con las manos en la cabeza ensangrentada, sin tiempo de ver la camioneta que se acercaba. Lo golpeó tan fuerte que lo mandó volando hasta la acera. Inmediatamente dejamos de pegarle al Disciple, subimos al auto a toda prisa y nos marchamos, mientras la gente empezaba a aglomerarse en torno al atropellado. Loco y yo nos apeamos en Kedzie y Armitage mientras Cat y Pito se alejaban en el auto para deshacerse de él. Entramos en la sede de los Kings y nos pusimos a celebrar el éxito de la misión. A Loco le pareció divertido que yo hubiera decidido llamarme Lil Loco. Creyó que había elegido ese apodo en su honor, cuando en realidad era el que China me había puesto tiempo atrás y el primero que se me había ocurrido cuando pintaba la pared. Unos quince minutos más tarde oímos unas sirenas de la policía que pasaban a toda velocidad, y luego la de una ambulancia. Nos asomamos a la ventana y vimos que los agentes obligaban a parar a todos los que tenían aspecto de pandilleros. Les preguntaban por un tal «Lil Loco». Loco y yo nos miramos y rompimos a reír. Luego nos concentramos de nuevo en fumar marihuana y beber vino. No me preocupaba que la policía me buscara o que tal vez un ser humano hubiese muerto como consecuencia de mis actos. Lo único que me importaba era colocarme y acostarme con chicas.

26. Violación

Cerca de una hora después, alguien llamó a la puerta. Eran Morena y Blanca. Blanca y yo reanudamos enseguida nuestros escarceos, y Loco y Morena se fueron a otra habitación.

No podía creer lo fácil que resultaba acostarse con las chicas que pertenecían a una pandilla o que se juntaban con sus miembros. Parecía que cuanto más violento y criminal fuera un tipo, menos le costaba ligarse a la muchacha que quisiera.

Blanca se quitó la blusa pero se negó a quitarse el pantalón. Eso no me desalentó en absoluto y seguí intentando desnudarla del todo, aunque fue inútil. Después de forcejear con ella un rato me enojé, la llamé puta calientabraguetas y le dije que se levantara y se largara. Blanca empezó a buscar su sostén mientras yo le soltaba todos los insultos que conocía. Morena salió de la otra habitación y me gritó que dejara de meterme con Blanca. Le contesté que si la muy puta no pensaba llegar hasta el final, no debería haberme provocado. Morena, al ver que Blanca estaba semidesnuda, le dijo que si era lo bastante mujer para provocar, también debería serlo para complacer. De lo contrario, tendría que atenerse a las consecuencias de haberse mostrado irrespetuosa conmigo. Tentarme con promesas de sexo y luego no cumplirlas era una falta de respeto que no podía tolerarse. Morena regresó al cuarto con Loco mientras Blanca se quedaba sentada, mirándome con la cara bañada en lágrimas. Me dio lástima, pero no tenía la menor intención de dejar que se saliera con la suya. Empecé a desvestirla.

–Por favor, no –gimió–. Todavía soy virgen.

De haber estado sobrio, lo más probable es que me hubiera dado pena y la dejara en paz. Pero el hecho es que estaba colocado, y muy excitado, lo que me llevó a aprovecharme de la situación. Le arrebaté a Blanca su virginidad mientras ella seguía llorando y suplicándome que no lo hiciera. Cuando todo terminó, se levantó, sollozando, y se fue al baño. Regresó y comenzó a recoger su ropa. La agarré, la tumbé y la forcé de nuevo. Estaba convirtiéndome en un animal sin la menor consideración hacia los sentimientos de los demás. Lo ocurrido entre Blanca y yo fue un caso claro de violación.

Al despertarnos a la mañana siguiente, Blanca ni siquiera me miraba. Le di un beso en la mejilla y le acaricié el pecho. Ella no se apartó ni se quejó; simplemente permaneció acostada sin mostrar emoción alguna. Ahora que estaba sobrio, sus sentimientos parecían importarme. Y aunque comprendí que era demasiado tarde, traté de hablarle de todos modos. Ella se resistió durante un rato, pero al final se decidió a decirme lo que pensaba. Creí que ahora que había pasado todo, Blanca lo aceptaría, pero me equivocaba. Me denigró todo lo que pudo:

–No eres hombre –murmuró en voz baja y severa–. Los hombres no hacen canalladas como ésa.

Cuando terminó me sentí como un idiota integral. Le pedí perdón e incluso derramé algunas lágrimas, pero fue en vano. Le propuse que fuera mi novia para que se sintiera mejor. Contestó que no, pero luego cambió de idea. Supongo que decidió que, como yo había sido su primer amante, no perdía nada con ponerme a prueba. Yo me culpaba de todo lo sucedido, pero Blanca admitió al final que ella también tenía algo de responsabilidad. Me confesó que la hierba y el alcohol le habían alterado el juicio. Reconoció que en realidad no era virgen, pero que en ningún momento había pretendido que las cosas llegaran tan lejos. Juró que nunca volvería a beber o a consumir drogas. Sabía que si no hubiera estado intoxicada, el incidente no se habría producido. En todo caso, Blanca no me gustaba, no me parecía atractiva, ni siquiera la quería como amiga, pero le pedí que fuera mi novia por compasión. El sexo que habíamos practicado había sido un acto carente de toda emoción, impulsado por el deseo de conquista.

Al mediodía empezaron a llegar miembros de los Kings a la sede. Pito se presentó con un par de Queens. Una de ellas me llamó la atención y, a juzgar por el modo en que nos mirábamos, parecía evidente que la atracción era mutua. Intenté no hacerle caso como muestra de respeto hacia Blanca; después de todo, yo era su novio. La chica se hacía llamar Cubana. Tenía la piel de color caramelo, el cabello negro y largo, y los ojos castaños más grandes que yo había visto en mi vida. Su cuerpo era precioso, pero para mí lo más llamativo eran sus ojos. La hierba que estaba fumando comenzó a hacer efecto. Era muy consciente de la presencia de Blanca, pero no podía evitar que la vista se me fuera hacia Cubana, y ella, aunque me vio besar a Blanca varias veces, no hacía nada por evitar que nuestras miradas se encontraran. En cuanto Blanca se apartó de mi lado, Cubana se acercó y me dio conversación. Me preguntó por qué la miraba, y si me gustaba lo que veía.

–Sí –le respondí. Para entonces ya estaba bastante fumado.

Blanca volvió y se sentó a nuestro lado, pero yo no le prestaba la menor atención. Al final, enfadada, se puso entre los dos, me llamó pendejo y se largó. Cubana se rió de ella.

–Supongo que ahora estás soltero –comentó.

Pasé casi todo el resto del día charlando con Cubana, conociéndola mejor. Me dijo que se había escapado de casa a los trece años. Cuando le pregunté por qué, no quiso hablar de ello, y cuando yo insistí en el tema se molestó mucho. Durante toda la conversación, Cubana insistió en recalcar que el hecho de que se hubiera fugado de casa no quería decir que fuera una chica fácil. Me aseguró que era virgen y que pensaba seguir así. «Sí, claro –pensé–. Lo mismo que dijo Blanca.» Me contó que una vez había apuñalado a un tipo, su supuesto novio, porque había perdido el control y había intentado abusar de ella.

–Juraba que me haría suya –dijo Cubana con toda naturalidad–, hasta que sintió el cuchillo en su cuerpo.

Sabía que lo que pretendía era lanzarme una indirecta, pero me dio igual; las palabras no significaban nada para mí. La atraje hacia mí y la besé. Ella respondió favorablemente, pero luego me advirtió que me anduviera con cuidado y la respetara o viviría para lamentarlo.

Fueron llegando más Kings a la sede. Me repitieron una y otra vez que la policía me buscaba y que el Gangster atropellado había muerto. Me estaban buscando por lo que podía considerarse un asesinato, pero yo no acababa de darme cuenta. Es más, me divertía. Estaba bastante colocado y demasiado ocupado intentando impresionar a Cubana con mi actitud de tipo duro para tomar conciencia de la gravedad de mi situación. Al parecer me estaba volviendo insensible. Incluso propuse organizar una fiesta para celebrar la muerte de un rival de otra pandilla.

–Fue todo un placer –exclamé–. Me muero de ganas de repetir.

Esto, tal como esperaba, impresionó mucho a Cubana.

Cayó la noche, y yo seguía en la sede. Estaba muy fumado, jugando al amor adolescente con aquella chica. El lugar estaba abarrotado de Kings y Queens. Había más de los que nunca había visto antes. A muchos de ellos los conocí aquella noche. Hacia la una de la madrugada, Cubana y yo estábamos sentados junto a la ventana, fumándonos un cigarrillo de marihuana, cuando oímos un gran alboroto fuera. Nos asomamos y vimos a un par de Kings que cruzaban Armitage corriendo en dirección norte por Kedzie. Alguien gritó «Gangster», y retumbaron unos cuatro disparos. En ese momento, Loco estaba en otra habitación. Cuando oyó los tiros, salió a toda prisa empuñando una pistola. Le quité el arma y salí a la calle. Una vez fuera, vi a los dos Kings, parapetados tras un auto, en Kedzie. También vi a tres Gangsters. Dos de ellos apuntaban con sus pistolas hacia los Kings. Atravesé Armitage para acercarme a los Gangsters, procurando pasar desapercibido. Me asomé para comprobar la situación de los tres Gangsters. Los dos autores del tiroteo estaban en mitad de la acera, mientras que el otro se escondía entre dos autos estacionados. Salí rápidamente de detrás del edificio y abrí fuego. No apunté a nada en particular. Ni siquiera sé cuántas balas había en la recámara. Apreté el gatillo, sin más. Los dos Kings aprovecharon la distracción que yo había provocado para ponerse a salvo. Apareció Pito, armado con una escopeta, me aparté de su camino, y disparó. Oí que uno de los Gangsters soltaba un alarido de dolor y luego dos tiros de respuesta. Me sentía parte de una película, aunque aquello era la vida real. Nadie huyó. Continuamos disparando unos contra otros sin piedad. De repente, alguien gritó «la hada, la hada» («la policía, la policía»). Y entonces, ni un segundo antes, cesó el tiroteo y todo el mundo se retiró. Pito y yo corrimos de regreso a la sede antes de que nos descubrieran.

Por una ventana vimos a los policías que registraban cada rincón en el que pudiera esconderse un ser humano. También vimos que subían a uno de los Gangsters heridos a una ambulancia y que atendían a un transeúnte que había sido alcanzado por una bala perdida. Unos detectives de homicidios expertos en pandillas se acercaron a un par de Kings que andaban por Armitage y Kedzie. Después de cachearlos y golpearlos un poco, los esposaron, los metieron en su auto patrulla y se fueron. Después, todo quedó en silencio. No había nadie a la vista excepto unos agentes que patrullaban la zona y un par de borrachos. Dentro de la sede, todo el mundo se acurrucó en su rincón y decidió pasar la noche allí. Cubana y yo nos acostamos en el sofá. Cuando me di cuenta, ya era domingo por la mañana.

Apretar el gatillo se había convertido en un acto reflejo. No sabía cargar ni descargar pistolas, y no tenía ni idea de los diferentes calibres. Sólo sabía apuntar y apretar el gatillo. Y no era sólo una manera de mejorar mi imagen, también aumentaba mis posibilidades de ligar: las chicas me adoraban, me ofrecían atención, afecto y sus favores sexuales porque era capaz de apretar el gatillo sin vacilar.

27. La coronación

Desperté hacia las diez y vi que la mayoría de la gente que se había quedado a dormir ya se había ido. Cubana tampoco andaba por allí. Ahora que estaba sobrio, los recuerdos de lo que había hecho las dos noches anteriores me golpearon como una pedrada. De pronto, empecé a preocuparme de que me encarcelaran por asesinato. Me preguntaba si alguien me habría visto disparar contra los Gangsters. Tenía los nervios a flor de piel, y miedo hasta de asomarme a la ventana. Sólo deseaba estar en Puerto Rico con mi madre. Cualquier cosa me parecía mejor que el futuro que me esperaba como miembro de los Latin Kings. ¿Cómo podía ser tan idiota? Por nada del mundo me uniría a la pandilla. Ahora que el efecto de la marihuana y el alcohol había pasado, no me gustaba nada aquel estilo de vida. Alguien llamó a la puerta, pero estaba demasiado asustado para levantarme. Me quedé sentado, esperando a que abriera otro y temiendo que fuera la policía. Imaginé a los agentes echando la puerta abajo, tirándome al suelo y esposándome. Respiré aliviado cuando alguien abrió y entró Cubana.

Se había lavado y cambiado de ropa. Me traía algo de comer que había comprado por el camino y se puso a bromear y juguetear conmigo mientras yo comía. Su actitud despreocupada y alegre era fantástica, pero yo no estaba de humor. Ella notó mi seriedad y me preguntó qué me pasaba. No sabía cómo explicarlo. Me bullían demasiadas ideas confusas en la cabeza como para hablar. Ella se esforzó por animarme, pero estaba demasiado deprimido. Me asaltaba una y otra vez la imagen de la policía que me encontraba, me pegaba una paliza y me llevaba a la cárcel. Me enfadé conmigo mismo por no haberme quedado en Puerto Rico con mi familia. Tenía ganas de arrancar a correr sin parar, pero el miedo ni siquiera me dejaba moverme de donde estaba. Cubana continuó preguntando hasta que al final le conté lo que me rondaba por la cabeza. Hundí la cara en su cuello.

—*La hada* me va a agarrar —se me escapó.

Cubana se echó a reír y ya se disponía a burlarse de mis temores, pero yo la estreché con fuerza para impedírselo.

—No, por favor, no digas nada —le susurré al oído.

Me miró directamente a los ojos mientras yo derramaba una lágrima y me besó con suavidad en los labios.

—*Perdóname, Loquito* —me dijo.

Pronto el lugar empezó a llenarse de Kings. Había llegado el día de la reunión en la que me iban a nombrar miembro oficial de la pandilla. De nuevo, los cigarrillos de marihuana pasaron de mano en mano. Al principio los rechacé, pero acabé fumando. Esperaba que el humo expulsara de mi mente los pensamientos que me estaban volviendo loco, y dio resultado. Me relajé, aunque no dejaba de pensar en cómo podía escabullirme de mi iniciación.

Antes de que se me ocurriera nada, empezó la reunión. Todas las Queens se excusaron y se marcharon. Iban a celebrar una reunión por su cuenta y más tarde se incorporarían a la nuestra. Todos los Kings se levantaron e inclinaron la cabeza. Pito rezó una oración, conocida como la plegaria universal de los Latin Kings, que todos los miembros estaban obligados a memorizar. «*Amor*», dijo Pito al final. Acto seguido, se golpeó el lado izquierdo del pecho con el puño derecho, alzó la mano, la besó e hizo la seña de los Kings. (Esta seña se hace con los dedos pulgar, índice y meñique y extendidos hacia arriba y los otros dos doblados. Es el mismo gesto que significa «te quiero» en el lenguaje de signos). Todos los chicos imitaron a Pito, menos yo; no me estaba permitido por no ser un King todavía. De hecho, en teoría, ni siquiera debería haber estado allí mientras rezaban. Sin embargo, mis hazañas de la noche anterior me habían hecho ganar el derecho a presenciar el rito. Por otra parte, Loco estaba convencido de que me harían miembro ese mismo día. Por eso consintió mi presencia desde el principio de la reunión. Después de los rezos, se anunció mi admisión en la pandilla. Si alguien tenía algo en contra de que me convirtiera en un King debía exponer sus objeciones en ese momento. Lalo habló en mi favor, al igual que Pito y Loco. Yo esperaba que alguien protestara para que la iniciación se pospusiera hasta el día siguiente, pero no ocurrió. Me aceptaron por unanimidad. Me quedé ahí parado como un idiota, sin ningunas ganas de ser un King, pero me faltó valor para reconocerlo. Así dejé pasar mi única oportunidad de negarme a seguir adelante con aquello y demostrar que no era un cobarde. Por culpa de esa cobardía estaba a punto de integrarme en la pandilla de hispanos más numerosa y violenta de Chicago.

Pito me condujo a otro cuarto. El lugar estaba vacío, salvo por un par de colchones tirados en el piso. Los levantamos y los dejamos apoyados en la pared. Pito salió de la habitación y regresó con tres chicos más; llevaba un cronómetro en la mano. Los tres muchachos habían recibido la honrosa misión de pegarme una paliza de tres minutos para convertirme en un King. Eran Latin Kings principiantes, o sea, de la rama Peewee, y de edades muy cercanas a la mía. Me dijeron que me pusiera contra la pared. Los tres chicos me rodearon: tenía uno a cada lado y uno enfrente. Estaba muerto de miedo. Quería echarme para atrás en el último momento, pero las posibles consecuencias me asustaban tanto que me quedé petrificado. Al final, me preparé mentalmente para lo que me esperaba y le dije a Pito que estaba listo. Él les dio luz verde a los tres muchachos, que de inmediato se pusieron a propinarme puñetazos. Me pegaban en las piernas, los brazos, el pecho y el vientre. Al principio vi las estrellas, pero al cabo de un rato se cansaron y sus golpes perdieron fuerza. A juzgar por su cara, disfrutaban con aquello. Transcurridos los tres minutos, Pito ordenó que se detuvieran. Ya era, oficialmente, un Latin King.

Los chicos que habían tenido el honor de iniciarme me abrazaron, uno a uno, diciéndome «amor, hermano». Me alegré de que aquello hubiera terminado por fin. Ahora tenía que portarme como un macho y disimular el dolor, aunque apenas podía levantar los brazos porque se me habían hinchado los hombros. Tenía tan dolorido un músculo de la pierna que cojeaba al andar. Regresamos a la sala donde se celebraba la reunión y me recibieron con aplausos y apretones de manos. Loco me abrazó y declaró que, a partir de ese día, todos debían llamarme King Lil Loco. Me dieron un cuaderno en el que constaban las leyes y oraciones de los Latin Kings. Era idéntico al que Morena me había enseñado. Luego me señalaron cuál era la plegaria que debía aprenderme de memoria para la siguiente reunión. Si no lo hacía, tomarían medidas disciplinarias contra mí. Lalo me felicitó y me pasó un cigarrillo de marihuana. Aunque por lo general no se consumían alcohol ni drogas durante una reunión, en aquella ocasión hicieron una excepción por mí. Me senté en una ventana, encendí el cigarrillo de marihuana y me quedé observando mientras ellos seguían adelante con la reunión.

Aquel día me convertí en parte de algo, entré en el círculo de los iniciados. Había demostrado mi valía en el campo de batalla y también al resistir el rito de iniciación. Me había ganado el derecho a lucir los colores, a hacer la seña con las manos y a actuar como embajador de los Latin Kings. Ese honor llevaba aparejadas varias etiquetas. De cara a la opinión pública, ahora yo había pasado a ser un vago, un yonqui, un drogadicto, un traficante, un delincuente, un ladrón, un idiota, un violento, un inútil y una serpiente vil y traicionera. Los Latin Kings se convirtieron en mi nueva familia. La que me halagaba por cosas por las que mi familia genética me pegaba. Un Latin King todopoderoso, en eso me había convertido. Llevaba una corona imaginaria, codiciada por muchos, y gobernaba un reino de fantasía. No tenía la menor idea de dónde me había metido. Y lo más seguro es que tampoco quería saberlo.

En la reunión se pasó a cobrar las cuotas semanales. Cada miembro debía hacer un donativo de cinco dólares a la semana. Servía para comprar pistolas, grandes cantidades de droga, y para el pago de fianzas para los Kings que cayesen en manos de la policía. Parte del dinero se enviaba, también, a miembros que cumplían condena en la cárcel por crímenes cometidos en beneficio de la pandilla. De hecho, varios de esos tipos se habían inculpado de los delitos de otros. Una vez que terminó la colecta, el tesorero, un tipo conocido como Chico, contó el dinero y anunció que los fondos ascendían a un total de quince mil dólares. Lalo, el principal encargado de hacer cumplir las reglas de la pandilla, pidió dinero para comprar armas que un miembro de los Latin Kings del South Side les ofrecía. Según Lalo, las armas venían de fuera del Estado y eran totalmente nuevas. Entre ellas había pistolas Magnum 357, automáticas de nueve milímetros, rifles automáticos con mira telescópica, escopetas antidisturbios o de corredera. La munición estaba incluida. Lalo pedía la aprobación de los demás para gastar cinco mil dólares en esa compra.

Pito, el vicepresidente y segundo al mando después de Loco, pidió el consentimiento para adquirir unos nueve kilos de marihuana, que costaban cinco mil dólares. Explicó que luego podrían vender la hierba por paquetes de una onza, de media onza y *nickel bags*. En su opinión, el dinero invertido podía duplicarse con facilidad.

A continuación, Loco tomó la palabra. Para empezar, anunció que al total de los fondos que había expuesto Chico había que añadir los beneficios derivados de la venta de cocaína y heroína que aún no se habían cobrado. Calculaba que serían entre quince mil y veinte mil dólares. Al escucharlo, comencé a comprender que pertenecer a los Kings implicaba mucho más que pasar el rato en una esquina haciendo la seña distintiva de la pandilla.

Loco explicó que los miembros interesados en ganar algo de dinero podían vender droga. Los que se prestaran a ello debían hacerse responsables del material que se les pasara y del dinero que cobraran. La única justificación admisible para la pérdida de dinero era que te pescara la policía, pero tenías que aportar pruebas. Loco señaló que varios de los Kings de más edad se estaban enganchando a la heroína. Nos recordó que una norma de la pandilla prohibía el consumo de esa droga. Añadió que cualquiera que se inyectara heroína y se hiciese llamar King debía ser apaleado sin contemplaciones. También nos advirtió que, en su mayoría, esos tipos estaban bastante locos y no dudarían en matar a quien fuera para conseguir su dosis. «Fantástico –pensé–, ahora no sólo corro peligro de que me asesinen los pandilleros enemigos, sino que tendré que ir con ojo también con algunos de los nuestros.»

Se retomó el tema del dinero necesario para comprar armas y drogas. Todos debíamos votar alzando la mano izquierda por encima de la cabeza, haciendo la seña de los Kings. El resultado de la votación fue unánime: se adquirirían las armas y las drogas, además de medio kilo de marihuana para uso personal de los Latin Kings. Una vez solucionadas estas cuestiones, llegó el momento de pasar a otros asuntos.

Yo lo escuchaba todo con mucha atención. No tenía ni idea de lo organizadas que estaban las pandillas ni de que se administraran como si fueran empresas legales. Hasta ese momento creía que la vida de un pandillero se reducía a ir de parranda, estar borracho o fumado, y pelearse con los grupos rivales. Lo que acababa de descubrir sobre los Latin Kings me intrigaba, me producía una sensación extraña.

El siguiente punto en el orden del día era escuchar los cargos presentados contra cuatro miembros. Tres de ellos estaban acusados de violación y el cuarto de robar dinero perteneciente a la pandilla. Debían salir de la sala todos los presentes, excepto Loco, Pito, Lalo, Diego, Paco y Gordo, que formaban parte de la comisión que iba a decidir si los inculpados eran culpables o inocentes. Loco me pidió que me quedara en calidad de ujier, o algo por el estilo, para que viese por mí mismo las graves consecuencias que se derivaban de quebrantar las normas de los Kings.

La comisión decidió escuchar primero al sospechoso de robo. Me indicaron que acompañara a la puerta a los acusados de violación para que esperaran fuera hasta que les llegara el turno de ser juzgados.

Slim, el presunto ladrón, era un chico delgaducho de no más de trece años. Estaba pálido y nervioso, y parecía a punto de echarse a llorar. Le habían entregado quince papelinas de cocaína para que las vendiera a veinticinco dólares cada una. A él le correspondían setenta y cinco de los trescientos setenta y cinco dólares de la venta, pero nunca pagó un solo centavo. Lalo le preguntó a Slim dónde había metido el dinero. Slim respondió que un yonqui lo había atracado. Ante la pregunta de si sería capaz de reconocer al yonqui, Slim contestó que no. Lalo quiso saber si consumía cocaína. Slim dijo que no. Luego le recordaron que era responsable de ese dinero. Slim contestó que era consciente de ello, pero que él no tenía la culpa de que lo hubieran atracado. Diego le preguntó si estaba seguro de no ser un adicto a la cocaína y Slim afirmó que estaba seguro. Diego lo acusó de esnifar cocaína con una prostituta local que vendía su cuerpo para costearse el vicio. Luego explicó que, por diez dólares de cocaína, esa prostituta le había contado lo ocurrido con la droga que se le había confiado a Slim. Según Diego, ella le había «lavado el cerebro» con la promesa de pagarle con sexo las ofrendas de coca. Habían acabado en el apartamento de la prostituta, donde esnifaron la cocaína y mantuvieron relaciones sexuales. Al final Slim se vino abajo y reconoció que era culpable de los cargos presentados contra él. Se imponía la necesidad de aplicarle un castigo. Me ordenaron que me lo llevara al cuarto donde se había llevado a cabo mi iniciación mientras ellos decidían el castigo.

Dentro de aquel cuarto no pude evitar ver la expresión de terror de Slim. Parecía intuir lo que iban a hacerle. Le pregunté qué había pasado aquella noche con la prostituta. Me dijo que era una chica muy atractiva, que le había manoseado la entrepierna y le prometió chupársela si le procuraba una papelina de coca. Él aceptó, con la idea de pagar esa droga con su parte de los beneficios. Fueron al apartamento de ella. Una vez allí, la prostituta se desvistió rápidamente y le dijo a Slim que hiciera lo mismo. Esnifaron un poco de cocaína y se acostaron juntos. Ella le hizo mucho más de lo que le había ofrecido en un principio, pero él no tenía la menor intención de darle más coca. Se quedó dormido y, al rato, despertó en la cama de la prostituta, que había desaparecido con toda la cocaína. Según Slim, luego la prostituta le aseguró que él se la había regalado, pero él no recordaba haberlo hecho. Le regañé por ser tan estúpido de meterse en ese lío. «Me van a matar, me van a matar», gimió Slim y rompió a llorar. De pronto, la puerta se abrió y nos mandaron llamar. Había llegado el momento de que Slim conociera su sentencia.

Salimos juntos del cuarto y Slim se quedó de pie frente a los miembros de la comisión. Yo me senté en la ventana a esperar el veredicto. Le preguntaron a Slim si quería seguir siendo un King. Respondió que sí. Entonces le dijeron que tenía dos opciones. Una era someterse a una «violación» y ser expulsado de los Kings; la otra era una «violación» de la cabeza a los pies. Slim pidió un poco de tiempo para decidirse. Su petición fue denegada. A continuación, le recomendaron que si pensaba seguir consumiendo cocaína, más le valía dejar la pandilla. «Esnifas y no eres capaz de controlar tu hábito. Eso no vamos a tolerarlo», le advirtió Pito. Slim decidió someterse a una «violación» y a dejarse expulsar de la pandilla. Supongo que debía de estar muy enganchado a la cocaína para tomar semejante decisión. Claro que la otra opción no era mucho mejor. Loco nombró a los tres tipos que tendrían el honor de echar a Slim a golpes y me mandó a buscarlos. Los tres pertenecían a los Peewee Latin Kings. Crazy Tony, Cisco y Spade eran más o menos de la misma edad y estatura que Slim, pero mucho más corpulentos y fuertes. Parecían entusiasmados y ansiosos por cumplir las órdenes que habían recibido. Paco se levantó, agarró el cronómetro y condujo a los demás a la sala de castigo. Entonces me pidieron que fuera a buscar a los acusados de violación.

Entre los Latin Kings, frases como «moriría por ti» se oían con frecuencia. Formaban parte de la jerga y se utilizaban para que los pandilleros se sintieran integrados. Hermanos: eso éramos, hermanos. Sin embargo, a Slim no lo trataron precisamente como a un hermano. No le dieron ni un solo consejo, ni le ofrecieron ayuda. No se dio ninguna importancia a su adicción. La respuesta a su problema fue una soberana paliza. No había la más mínima posibilidad de que ese día Slim saliera ileso de la sede.

Ace, Jimbo y Lucky pertenecían a la rama Júnior de los Latin Kings. Se habían incorporado a la pandilla hacía ya bastante tiempo y ahora se les imputaba la violación de una Queen. Era una de las peores acusaciones que se podían hacen contra un miembro de los Kings, pero los tres muchachos llegaron bromeando y riendo, evidenciando estar seguros de su inocencia. Se presentaron ante la comisión y se les ordenó esperar a que Paco hubiera terminado con Slim. Desde la sala de castigo nos llegaban sus alaridos y súplicas, y también las burlas y provocaciones de los que lo estaban castigando. Me pregunté si Blanca se atrevería a acusarme de violación y me puse nervioso. Empecé a pensar que me habían pedido que hiciera de ujier para encargarse también de mí.

Al fin cesaron los gritos. Paco salió del cuarto y comentó que Slim era un debilucho y se había portado como un marica mientras le pegaban. Crazy Tony, Cisco y Spade aparecieron por la puerta, muy sonrientes, como si acabaran de ganar un concurso. Tacharon a Slim de cobarde, mocoso y afeminado, entre otros calificativos. A causa de la paliza, Slim se había desplomado, y Loco mandó en seguida a los que lo habían golpeado que lo recogieran y lo sacaran de allí. Mientras se lo llevaban, me fijé en la expresión horrorizada del chico. Saltaba a la vista que le habían hecho mucho daño. Le costaba respirar y no se tenía en pie. Me dio lástima, pero procuré que no se me notara. No quería que pensaran que era un blando. Los acompañé hasta la puerta, la cerré tras ellos y volví a mi puesto, en la ventana.

No había pasado un minuto cuando se oyeron unos gritos procedentes de la calle. Me asomé a la ventana y vi a Slim tirado en el suelo, rodeado por la parte de los Peewee Kings, que lo estaban apaleando. Avisé a

Loco, pero contestó que Slim ya no pertenecía a la pandilla y que ahora tenía que apañarse solo. Luego me preguntó si me parecía mal. La verdad era que sí, pero contesté que no. Con el rabillo del ojo vi que le pegaban patadas, batazos y botellazos a Slim, mientras él yacía allí en la calle, indefenso. Cada vez me arrepentía más de haberme unido a los Kings, pero sabía que si ahora me echaba para atrás, recibiría el mismo trato que aquel chico. Me arrepentí de no haberme esforzado más por adaptarme a la vida en Puerto Rico. También me pregunté cómo estaría mi familia y deseé poder volver atrás en el tiempo para reunirme con ellos.

Estos pensamientos se vieron interrumpidos por la voz de Lalo, que me estaba llamando. Me dijo que me apartara de la ventana y me quedara junto a la puerta. Estaban a punto de escuchar los cargos presentados contra los tres Júnior Kings. Su aparente seguridad no había disminuido para nada. Permanecían ante la comisión sonriendo abiertamente. Loco les preguntó si eran conscientes de la gravedad de los cargos. «No hizo falta violar a la muy puta –repuso Ace–. Se acuesta con todo el mundo.» Los tres rompieron a reír a la vez, pero pronto se callaron cuando les dijeron que la muchacha que los había acusado contaba con numerosos testigos. Loco les ordenó que se sentaran y guardaran silencio hasta que les tocara hablar. Luego me dijo que hiciera pasar a Dimples y a sus testigos. Dimples era una Queen de la zona de Cortland y Whipple. Tenía fama de desenfrenada y de chica fácil. Sus testigos eran Morena, Cubana y otras dos Queens de Cortland y Whipple que yo no conocía. Un par de Kings de aquella zona estaban también presentes para hablar en su defensa. Loco le preguntó a Dimples si era consciente de la gravedad de los cargos que presentaba contra Ace, Jimbo y Lucky. A continuación, le preguntó si sabía cuáles serían las consecuencias si se descubría que mentía. Dimples aseguró que sabía dónde se estaba metiendo y no tenía ninguna duda de qué le habían hecho.

Entonces contó su versión de lo ocurrido. Había ido a Kedzie y Armitage, en busca de Morena. Allí tropezó con Ace, que le dijo que Morena acababa de salir y la invitó a fumar hierba. Los dos caminaron de regreso a Cortland y Whipple, juntos. Se detuvieron en el camino en el cruce de las calles Homer y Albany, a unas tres cuadras de Cortland y Whipple, y se sentaron en las escaleras de un edificio abandonado. Dimples reconoció que siempre había estado colada por Ace, así que no le importó que él le hiciera insinuaciones. Empezaron a besarse y a toquetearse, y decidieron entrar en el edificio, donde había colchones en casi cada habitación. Era un edificio destinado a toda clase de actividades: sala de fiestas, escondrijo, hotel. Iban a entrar cuando Jimbo, Lucky y los dos Kings de Cortland y Whipple pasaron por allí. Después de charlar un rato con ellos, Ace y Dimples se metieron en el edificio.

Dimples y Ace comenzaron a practicar el sexo en seguida mientras los otros chicos fumaban y bebían fuera. Al cabo de unos minutos, Lucky irrumpió en el cuarto donde Ace y Dimples mantenían relaciones sexuales. Mientras tanto, Morena, Cubana y las otras dos Queens habían llegado y estaban fuera hablando con los chicos. A estas alturas del relato, a Dimples le resbalaban lágrimas por las mejillas. Empezó a sollozar y a tartamudear mientras hablaba. Explicó que Ace, al ver que Lucky los miraba, le preguntó si quería ser el siguiente. Dimples protestó e intentó quitarse a Ace de encima con un empujón, pero él la inmovilizó contra el colchón. Lucky se arrodilló a su lado y le tapó la boca con la mano para que no gritara. Ella empezó a retorcerse y a forcejear. Ace se enfadó, le dio un puñetazo en el vientre y continuó fornicando. Una vez que se le pasó el dolor en el abdomen, ella intentó resistirse de nuevo. Entonces entró Jimbo. Preguntó qué estaba pasando. Lucky le pidió que lo ayudara a sujetar a Dimples. En un principio, Jimbo titubeó, pero cuando Ace se lo pidió por segunda vez, obedeció. Dimples le mordió a Lucky la mano con que le tapaba la boca. Él enloqueció y la golpeó salvajemente. Le apretó el cuello y la amenazó con matarla si gritaba. Ace se quitó de encima y ayudó a reducirla mientras Lucky la penetraba. Dimples le suplicó a Ace que la ayudara, pero él le soltó: «Cállate, perra. Esto es tu sueño hecho realidad». Cuando Lucky terminó, le tocó el turno a Jimbo. Mientras éste se le subía encima, Ace le comentó a Lucky que le gustaría tirársela por el culo. Dimples hizo un último intento de escapar. De alguna manera consiguió destaparse la boca, y rompió a chillar con todas sus fuerzas. Los que estaban fuera la oyeron y entraron a toda prisa. Al ver lo que estaba sucediendo, acudieron en su ayuda. Ace, Lucky y Jimbo se limitaron a ponerse bien la ropa, sonriendo de oreja a oreja, como si nada hubiera pasado. Afirmaron que Dimples los había provocado y luego no había sabido aguantar. Morena perdió los estribos y tuvieron que sujetarla para que no los atacara. Cubana y las otras Queens consolaron a Dimples y la ayudaron a vestirse.

Dimples se echó a llorar desconsoladamente mientras seguía contando su historia. Costaba entenderla y era evidente que estaba traumatizada por lo ocurrido. Mientras hablaba, los miembros de la comisión permanecieron sentados e inexpresivos. Ace, Jimbo y Lucky, por su parte, ponían cara de incredulidad al oír las acusaciones.

Se le dijo a Dimples que se sentara, y a Morena que se pusiera de pie para dirigirse a la comisión. La cara de Morena mostraba su ira. Para empezar, dijo que no sabía qué había sucedido en el edificio antes de que ella llegara, pero que si Dimples se hubiera entregado por voluntad propia, los muchachos no habrían tenido motivo para golpearla. Lanzó a los acusados una mirada asesina.

—¡Ésos no son Kings, son unos putos maricones! —gritó y se abalanzó hacia ellos.

Loco salió a toda prisa de detrás de la mesa y la agarró antes de que pudiera pegar a Ace.

—Estoy tranquila, no pasa nada —dijo Morena cuando vio que Loco la llevaba hacia la puerta—. Cuando entramos, Ace y Lucky sujetaban a Dimples; Jimbo estaba levantándose de encima de ella.

Sin soltar a la chica, Loco se volvió hacia los otros testigos y les pidió que corroborasen el testimonio de Morena. Interrogó a las Queens, una por una, y todas ratificaron la versión de Morena. Loco la soltó por fin, y ella se sentó en una ventana, cubriéndose la cara con las manos y mascullando algo.

Los dos Kings que habían acudido en calidad de testigos de Dimples fueron llamados ante la comisión. Se dejó claro que pertenecían a la misma sección que la chica. Se les preguntó si conocían a Dimples en persona o sólo como a una hermana de pandilla. El primero en contestar fue Mario, un tipo bajito y robusto que hablaba en tono malhumorado. Declaró que conocía a Dimples desde hacía mucho tiempo y que la consideraba una puta porque se acostaba con muchos chicos, pero aclaró que estaba allí porque era una hermana Queen y, por tanto, no se podía consentir que sufriera abusos. Confirmó lo dicho por Morena, luego se volvió hacia los acusados.

–La cagaron, chicos, la cagaron a fondo.

El otro King era un cubano llamado Dice, que parecía afroamericano.

–Esos hermanos debían de andar fumados –opinó Dice–. Ella es una Queen. No deberían haberlo hecho –y se sentó.

Le preguntaron a Dimples si tenía algo que añadir, y ella respondió que no.

–Yo tengo algo que decir –saltó Morena. Y al ver que Loco se le acercaba para evitar de nuevo que agrediera a alguien, añadió–: No hace falta que me agarres, estoy bien. Esos supuestos hermanos violaron a una Queen. Puede que sea una puta, pero no deja de ser una Queen –exclamó Morena–. Ha peleado muchas veces por la nación, se ha ganado su corona –estaba recordándoles a los presentes los actos violentos cometidos por Dimples en nombre de los Latin Kings y Queens–. Si estos cabrones no reciben el castigo que merecen, será como decir que no tiene nada de malo faltarle el respeto a una Queen –alegó Morena–. Si uno de estos hijos de puta me falta al respeto, lo mato. ¡Somos Queens y Kings, líderes, no vasallos! –vociferó Morena. Regresó a la ventana y se sentó. En la sala entera se impuso el silencio, como si nadie se atreviera a respirar siquiera. Morena tenía fama de violenta cuando la llevaban al límite. Consciente de ello, Loco se quedó sentado a su lado mientras proseguía la reunión.

Ordenaron a Ace, Lucky y Jimbo que se pusieran de pie ante la comisión. Sólo obedeció Ace, que dijo que hablaría en nombre de los tres.

Explicó que mientras mantenía relaciones sexuales con Dimples, ella no cesaba de repetir que pensaba que él sería mejor amante y que no iba a quedar satisfecha cuando terminaran. Dimples se levantó de un salto, llamándolo mentiroso, pero Mario y Dice la sujetaron enseguida. Ace continuó. Afirmó que cuando Dimples se dio cuenta de que Lucky estaba en el mismo cuarto que ellos le dijo: «Si te gusta lo que ves, ven y cógelo». Ace supuestamente creyó que ella bromeaba e incluso trató de cubrir su desnudez. Ella lo apartó de un empujón y animó a Lucky a acercarse.

–Lucky aceptó la invitación sin pensárselo dos veces –aseguró Ace–. Se bajó los pantalones, me dijo que me hiciera a un lado y puso manos a la obra.

Ace se enfadó por esa actitud y le dio un puñetazo a Dimples en la barriga y otro en el ojo. Después de pegarle, la muchacha no dejó de meterse con él por no ser lo bastante hombre para ella, y le decía que aprendiera de Lucky. En ese momento, Jimbo entró y decidió pedir turno también. Dimples se negó, pero Lucky la convenció.

–Carajo, Ace –exclamó después de que Jimbo se la hubiera tirado–. Hasta Jimbo es mejor que tú.

Ace dijo que esto lo sacó de quicio y que la emprendió a bofetadas con ella. Por eso Dimples se había puesto a gritar.

–Nadie la violó –afirmó Ace para acabar–. Sólo estaba decepcionada porque no éramos más que tres.

Les preguntaron a Lucky y a Jimbo si deseaban añadir algo más. Lucky contestó que no. Jimbo dijo que si ella no se lo hubiera propuesto, él no la habría tocado, y que sólo lo hizo porque estaba fumado.

La comisión dio por terminada la sesión de acusaciones y pidió a los presentes que abandonaran la sala hasta que se tomara una decisión. Les acompañé a la puerta y aproveché la ocasión para hablar con Cubana. Quedamos en vernos después de la reunión. En cuanto cerré la puerta, los chicos de la comisión prorrumpieron en carcajadas. Los miré, preguntándome qué les hacía tanta gracia, pero me pareció que lo más prudente era callar. Lalo le preguntó a Loco qué iban a hacer, pero Loco no pudo responder a causa de la risa. Paco comentó que todo el mundo sabía que Dimples era una «perra calentorra» y que probablemente era cierto que se había entregado a los tres hermanos.

Loco se puso en pie y pegó, muy serio, un puñetazo en la mesa. Costaba creer que fuera el mismo tipo que hacía un momento se llevaba la mano a un costado, dolorido de tanto reír. Les dijo a los demás que aunque Dimples fuera una puta, no por ello dejaba de ser una Queen. Por otra parte, le parecía bastante obvio que decía la verdad.

—¿Habían escuchado bien la cantidad de pendejadas que habían soltado esos hermanos? Merecerían una «violación» sólo por no haber sido capaces de inventar una mentira mejor —señaló Loco. Dijo que si no se hacía justicia dejando de lado el hecho de que los hermanos acusados luchaban por la nación, los otros hermanos pensarían que tenían carta blanca para faltarles el respeto a las Queens siempre que les diera la gana.

Gordo insistió en el hecho de que Dimples era más conocida por su vida sexual que por cualquier otra cosa. Y que declarar culpables a los hermanos significaría arrebatarles el respeto que se habían ganado para dárselo a Dimples. Al final se tomó la decisión de declararlos culpables sólo para contentar a la sección de Cortland y Whipple y para garantizar que se respetara a las demás Latin Queens. Se convocaría una reunión secreta con las ramas Júnior y Sénior para dar a conocer esta resolución. Los hermanos no serían sancionados.

Era evidente que los líderes de los Latin Kings de Kedzie y Armitage actuaban con cierto favoritismo. Me pregunté si yo sería uno de los hijos predilectos de la pandilla. Después de todo, era el único que no pertenecía a las ramas Júnior y Sénior que estaba al tanto de la decisión secreta. Mandaron llamar a los acusados y acusadores para oír el veredicto. Cuando Dimples lo oyó, desapareció su tristeza. Ace, Lucky y Jimbo protestaron enseguida. Sólo se les pidió que se quedaran allí una vez levantada la sesión para recibir su castigo.

Me acerqué a la puerta y les dije a los demás miembros que vinieran. Se repasaron los temas que ya se habían tratado. Me dieron de nuevo la bienvenida a la nación de los Latin Kings, Lalo rezó una oración y se levantó oficialmente la sesión. «Amor de Rey», dijeron todos a coro mientras se llevaban el puño cerrado al corazón y luego hacían en alto la seña de los Latin Kings. Esta vez, me uní a ellos. Me habían admitido. Ya era un King.

Iba a salir en seguida para encontrarme con Cubana, pero tuve que quedarme porque Loco me llamó. Me llevó a la sala de castigo y me advirtió que no divulgase la decisión secreta. Me avisó que la paliza que le habían pegado a Slim no sería más que una palmadita en la muñeca comparado con lo que me harían si me iba de la lengua. Le aseguré que podía confiar en mí. A continuación me entregó una bolsa de plástico que contenía unos quince gramos de hierba y me dejó marchar. El sonido de los golpes que los Kings se daban en el pecho resonaba en mis oídos mientras salía de allí. Ahora pertenecía a una familia, una familia dispuesta a matar o morir por mí.

28. El imperio de la violencia

Morena y Cubana me esperaban fuera con Lil Chino, de los Spanish Lords. Nos subimos a su camioneta y nos dirigimos a la zona de Western y Potomac, territorio de los Lords. Llegamos justo a tiempo para ver un pequeño tumulto que se había armado en Potomac. Habíamos ido bebiendo durante el trayecto y yo empezaba a notar los efectos. Me bajé de la camioneta y vi que el alboroto era un choque entre los Lords y los Cobras. Al vernos, Papo se acercó y nos contó qué ocurría. Al parecer, los Cobras habían irrumpido en el barrio haciendo las señas de su pandilla y pintarrajeando las paredes. Mi reacción fue pedir una pistola. «Tenemos que matar a uno de esos maricones por lo que han hecho», exclamé. Papo consiguió un arma, y los dos echamos a andar hacia los Cobras, que no se dieron cuenta de que nos aproximábamos. Papo se escondió en una callejuela entre las calles Artesian y Campbell. Yo seguí caminando, directo hacia ellos. Los Cobras me vieron pero no se atrevían a atacarme, así que seguí provocándolos hasta que creyeron que me encontraba solo. Al final, se abalanzaron hacia mí. Cuando Papo me vio pasar huyendo, salió repentinamente de la callejuela y abrió fuego contra los Cobras. Dos de ellos resultaron heridos. Oí sus alaridos de dolor mientras corría a ponerme a salvo en territorio de los Lords. «¡Vamos a ir a buscarte, hijo de puta!», me gritaron.

Me metí en la camioneta y Papo se marchó en otra dirección. Lil Chino nos llevó a Morena, a Cubana y a mí al apartamento de María. Me dejaron allí y ellos siguieron hacia Kedzie y Armitage. A Lil Chino le preocupaba que los Cobras me hubieran visto subir a su camioneta y quería estacionarla en un garaje por si la policía decidía registrarla. Subí las escaleras, pero no había nadie en casa. Tuve que entrar por la ventana de la terraza trasera, que María nunca cerraba con pestillo para que yo pudiera entrar.

Un par de horas después, llegaron Papo, Lil Chino y Morena. Respiré aliviado al verlos, sobre todo porque traían cerveza y hierba consigo. Estaba nervioso y sabía que un poco de alcohol y marihuana me tranquilizarían. Nos pusimos a beber y a fumar, riéndonos de los aullidos de dolor que pegaban los Cobras. Lil Chino, Papo y Morena me felicitaron por mi acto de locura. Dijeron que era un hermano como Dios manda. «No podía ser menos –comentó Morena–. Es nada menos que Lil Loco, de los todopoderosos Latin Kings.» Me sentía indestructible, seguro de mí mismo, un auténtico tipo duro. Al fin y al cabo, era efectivamente Lil Loco, un Latin King orgulloso de servir a mi nación.

Me dijeron que uno de los heridos era un Latin Disciple, y que cabía esperar represalias. Los Latin Disciples eran una pandilla bastante numerosa, que imponía más respeto que los Cobras. La guerra sin cuartel era inevitable, pero entonces no lo sabíamos. Aquella noche retumbaron unos disparos en el territorio de los Unknowns. Acudimos allí y nos enteramos de que los Cobras habían matado a uno llamado Scarface, un líder de los Unknowns.

Acababa de declararse la guerra entre Cobras y Unknowns. Poco sospechaba yo que los Kings acabarían también participando debido a su alianza con los Unknowns. Se estaba caldeando la atmósfera para uno de los meses más sangrientos que viví jamás en la ciudad de Chicago.

La zona estaba infestada de policías, pero nos dirigimos de vuelta a casa de María. Cuando estábamos como a cuadra y media de allí, un auto patrulla nos enfocó con su reflector. Morena, Papo y yo nos detuvimos de inmediato. Como Lil Chino llevaba un arma, arrancó a correr. Los agentes no lograron alcanzarlo, así que desfogaron su rabia con Papo y conmigo. Uno de ellos agarró a Papo por el pelo y el cuello y le preguntó adónde se dirigía Lil Chino. Papo intentó responder, pero el policía le oprimía la garganta con tanta fuerza que empezó a ahogarse. El agente continuó interrogándolo a gritos, exigiéndole que contestara y a la vez impidiendo que lo hiciera.

—Suéltelo, él no ha hecho nada –le chilló Morena.

El policía se volvió hacia ella.

—Cierra el pico, putita, antes de que te demos de patadas en el culo.

Entonces me llegó el turno de intervenir, y salí en defensa de Morena.

—Ella no es ninguna puta, cabrón. Déjanos en paz. No tenemos nada que ver con esto –le grité al agente.

Se me acercó y me dio un puñetazo en el estómago. Me doblé en dos, agarrándome el abdomen. Entonces me golpeó en la espalda, me caí al suelo y comenzó a propinarme patadas mientras decía:

—¿Así que quieres ser un héroe, maldito hispano maricón? Los puertorriqueños de mierda no se conforman con infestar nuestra ciudad; también quieren hacerse los duros.

Me pateó varias veces más. Luego se llevó a Papo detenido y me dejó tirado en el suelo. A Morena, esposada, la mantenían sujeta de cara al auto.

—¡Déjelo en paz! ¡Déjelo en paz! –la oí gritar.

—¡Cállate, puta! –rugió un agente.

Yo estaba demasiado dolorido para hacer otra cosa que no fuera cubrirme el rostro por si al policía se le ocurría pateármelo también.

—Llévense a ése… Es un Spanish Lord, se juntan con los Unknowns –dijo un agente, refiriéndose a Papo. Luego me asió del pelo, me levantó la cara y me echó un buen vistazo–. Éste es nuevo. Nunca lo había visto antes. Y creo que ésa es una Queen.

—Llévense sólo a ése –señaló a Papo–, dejen a estos dos.

El agente me soltó el pelo y se alejó. El que había estado dándome patadas me dio otra más.

–Te estaré vigilando –me advirtió.

Las voces, el sonido de la radio de la policía, las luces brillantes y los malos tratos cesaron por fin. Yo yacía en la acera, retorciéndome de dolor y con miedo a levantarme.

–¿Estás bien? –me preguntó Morena mientras me ayudaba a ponerme en pie–. Cuando te detiene la policía, más vale mantener la boca cerrada –me aconsejó.

–Que se jodan esos cerdos, no me asustan –repliqué.

Los policías que había conocido en la escuela, los que se presentaban como «nuestros amigos», aquellos agentes que yo había llegado a considerar héroes, eran ahora mis enemigos más temido. La posibilidad de toparme con algún miembro de una pandilla rival no me asustaba, pero sentía escalofríos cuando veía a un agente. Podía defenderme de los pandilleros, pero estaba indefenso contra la policía. Siempre había sido consciente de los peligros que entrañaba su trabajo. Lo que no sabía es que maltrataran a ciudadanos desarmados cuando daban por sentado, sin la menor prueba, que habían hecho algo indebido. Ahora comprendía por qué la comunidad se sentía tan marginada. ¿Cómo confiar en alguien que te da miedo? Lo que más me marcó no fueron las palizas, sino los insultos racistas que nos dedicaban.

Tras el asesinato de Scarface, los Unknowns esperaron un par de días a que pasara la tormenta para vengarse. Finalmente, tres de ellos fueron en auto al barrio de los Cobras y abrieron fuego contra un grupo de personas. Las balas hirieron a una de ellas y acabaron con la vida de otra. Al final resultó que ninguno de los dos damnificados era miembro de los Cobras: los dos eran Disciples. La guerra se iba a salir de madre. Un par de noches después, los Disciples entraron en territorio de los Spanish Lords y dispararon contra dos muchachos que tomaron por Lords. En realidad eran Latin Kings de la zona de las avenidas California y North. De este modo, la violencia se extendió. Aunque ninguno de los Kings sufrió daños, lo ocurrido bastó para que se produjeran represalias por parte de la pandilla.

Yo estaba en casa de María cuando Loco se presentó y me habló del tiroteo contra los Kings. Como estaba sobrio, mi reacción fue muy mesurada y poco impulsiva. Temeroso y confundido, lo acompañé a Kedzie y Armitage, donde se celebraba una reunión de urgencia. Estaba muerto de miedo. Sabía que me obligarían a participar en una misión de castigo contra los Disciples. Aunque no quería ir, estaba demasiado asustado para reconocerlo. En el camino hacia Kedzie y Armitage, compramos algo de vino y empezamos a beber. Para cuando llegamos a la sede, me había tomado media botella. Me senté a esperar que comenzara la reunión, y empecé a notar los efectos del alcohol. De pronto, me convertí otra vez en Lil Loco, en el señor Latin King Macho.

–Matemos a uno de esos mocosos –dije, sin dirigirme a nadie en particular–. Somos Latin Kings, somos todopoderosos. No podemos dejar que esa cabronada les salga gratis –fanfarroneé mientras buscaba más vino.

–¿Quieres matar a un Disciple, Lil Loco? –me preguntó Loco, como quien no quiere la cosa.

–Carajo, claro que sí. Tú dame una pistola y eliminaré a un Disciple.

Loco me señaló, llamó a Paco y se fue. Paco se acercó a la puerta y me miró.

–Vámonos –dijo.

Salimos de la sede, subimos a un auto y pusimos rumbo a la zona de North y California. Cerca de California, Paco estacionó el auto.

–Pásate al asiento de atrás –me indicó mientras echaba un vistazo alrededor.

Al cabo de un minuto, aproximadamente, un tipo se acercó al auto y se subió.

–Éste es King Indio, de North y California –dijo Paco mientras lo saludaba con el apretón de manos tradicional de los Kings–. King Lil Loco es uno de nuestros nuevos fichajes –le aclaró Paco a Indio mientras arrancaba el vehículo.

Indio, de veintitantos años, era un puertorriqueño negro que lucía un peinado afro no muy voluminoso y una barbita de chivo. Era alto y esbel-

188

to, muy serio, y hablaba un inglés muy bueno. Indio se volvió hacia mí y me estrechó la mano.

–¿Así que tú eres el que va a apretar el gatillo? –inquirió.

–Claro, carajo –respondí.

Indio soltó una risita y luego le dirigió a Paco una mirada algo rara.

–Es un hermanito muy valiente –le aseguró Paco mientras avanzábamos hacia el territorio de los Disciples.

Durante el trayecto les expliqué que conocía el barrio de los Disciples como la palma de mi mano, y que podría tenderles una emboscada. De hecho, me preocupaba la posibilidad de no acertar a nadie cuando disparara contra los Disciples. La propuesta de la emboscada era mi intento de evitar la responsabilidad de apretar el gatillo. Me seguía entusiasmando la idea de que le pegaran un tiro a un Disciple, pero no quería hacerlo yo. Paco e Indio aprobaron mi sugerencia.

Enfilamos la calle Hirsch y llegamos a Rockwell. En el patio de la escuela Von Humboldt había unos veinte Disciples. Los muchachos me dejaron allí y se llevaron el auto a un callejón que desembocaba en Hirsch, entre las calles Rockwell y Maplewood. El plan consistía en hacer que los Disciples me persiguieran hasta el callejón, donde Loco y Paco los estarían esperando. Cuando llegué al patio, vi a mi viejo amigo Speedy entre los Disciples. Eché una ojeada en redondo y decidí cuál sería exactamente mi vía de escape. Rompí a gritar: «¡Amor de Rey, Disciples muertos, Kings todopoderosos!». Los Disciples se lanzaron de inmediato a perseguirme. Crucé la calle a toda velocidad, giré hacia el sur por Rockwell, y luego al este por Hirsch. No paraba de vociferar «¡amor de Rey!» para que los hermanos supieran que me acercaba. Pasé de largo el callejón y seguí corriendo en dirección este, hacia Western. Cuando llegué a Maplewood, oí disparos y luego el chirrido de unos neumáticos, señal de que los hermanos se alejaban en el auto. No aminoré el paso hasta llegar a casa de María, en territorio de los Lords. Cuando todo terminó, un Disciple había muerto y otros tres estaban heridos. Nuestra misión había sido un éxito.

En el apartamento de María me puse nervioso. Estaba ansioso por conseguir algo de hierba o de cerveza, para alienarme y olvidar los horrores en los que me estaba metiendo. No dejaba de preguntarme qué hacía Speedy juntándose con los Disciples y por qué no había reaccionado al verme. El pánico y la paranoia me estaban trastornando. Necesitaba alcohol o marihuana. Consciente de que cometía una tontería, salí de la casa para buscar algo con que colocarme.

29. Demente

Me pasé por Tuley y estaba desierto. Los Lords sufrían ataques constantes de los Cobras, y los Disciples trataban de no llamar demasiado la atención. Ahora ya no se reunían en Tuley, sino cerca del cruce de las calles LeMoyne y Claremont. Me acerqué a casa de Papo, pero había salido. Sus hermanos estaban allí, viendo el partido de los Cubs. Hacía mucho tiempo que no veía un partido de béisbol, por no hablar de uno de los Cubs. Me senté y empecé a sentirme muy incómodo por el contraste entre mi estilo de vida y el de los que estaban allí conmigo. Para librarme de esa inquietud pensé en fumar o beber algo. Le pedí prestada su bicicleta a Heraldo, el hermano de Papo. Tras una larga discusión, accedió y me marché en dirección a Kedzie y Armitage. Pero cuando llegué a la avenida North, había cambiado de idea: mi destino era la casa de Jenny. Hacía mucho tiempo que no la veía y me preguntaba si me recibiría tan afectuosa como antes. No se me ocurría una sola razón para que me rechazara, y acudí a ella con la seguridad de que estaría preparada y bien dispuesta a brindarme sus favores. Pedaleé por Western y dejé atrás la calle Bloomingdale. Pasé entonces por el lugar donde los Gaylords me habían apaleado hasta dejarme en coma; ahora los Gaylords ya no representaban una amenaza, prácticamente habían desaparecido a causa del crecimiento de la comunidad puertorriqueña y la proliferación de pandillas latinas. Con todo, seguía alerta por si aparecía algún pandillero puertorriqueño. Uno nunca sabía si el tipo que estaba a su lado y se parecía a él era de fiar o pertenecía a una pandilla rival, mucho más peligrosas de lo que los Gaylords habían sido nunca.

Los pensamientos sobre la violencia dieron paso a las fantasías sexuales a medida que me aproximaba a casa de Jenny. Cuando llegué, subí hasta su ventana, como había hecho tantas veces, y eché una ojeada con cuidado para asegurarme que no me viera nadie. La ventana estaba abierta, y Jenny sentada en su cama viendo la tele.

—Oye, *mi amor*, ¿cómo te va? —susurré.

Jenny pegó un brinco, sobresaltada, y me reprochó que la hubiese asustado.

—¿Qué demonios haces aquí? —me preguntó.

—Quería verte —respondí mientras metía medio cuerpo en su habitación.

—Eh, no puedes entrar. Largo de aquí —me soltó Jenny.

—Vengo a visitarte, ¿y así es como me tratas? —dije, sentado en el antepecho, dentro del cuarto—. Creía que siempre sería tu único amor.

—Qué caradura la tuya —dijo Jenny, enfadada—. Me pegaste de bofetadas, ¿ya no te acuerdas?

Yo quería sexo y decidí cambiar de tema antes de perder el control.

—Oye, ¿dónde están Lisa y Lil Man? —le pregunté.

—Lisa está con un tipo, ya no vive aquí —me contestó mientras se sentaba en el borde de la cama, frente a mí—. Lil Man está en la cárcel por haberle pegado un tiro a un Gaylord.

—Caray, qué mala pata —comenté, acercándome a ella. Lil Man y Lisa me importaban un pito; mi intención era conseguir que Jenny se pusiera cariñosa, como antes. Quería que olvidara lo ocurrido en nuestro último encuentro y se transformara en la chica apasionada y sedienta de sexo que había venido a ver.

—Aléjate de mí, por favor, vete —me pidió cuando me senté junto a ella.

—Te he extrañado, nena, de veras que sí —le aseguré e intenté besarla.

Ella apartó la cara.

—Ya que insistes, te lo diré: estoy embarazada. Más vale que te vayas.

—Sí, claro —me burlé, soltando una carcajada y traté de besarla.

Jenny me puso la mano en la cara y me empujó.

—No me voy a acostar contigo, así que por favor, márchate.

Su rechazo me irritó. La sujeté y la tiré sobre la cama. Me coloqué encima, le agarré la entrepierna y se la apreté.

—Sé que me deseas, así que vamos, ¿por qué no nos damos un revolcón como los de antes? —musité mientras manoseaba su cuerpo con impetuosidad.

—¡Quítate de encima, hijo de puta! —gritó Jenny—. ¡Aléjate de mí!

Sonaron unos pasos que se aproximaban a la habitación. Me levanté a toda prisa y corrí hacia la ventana. Salté al exterior y me subí a la bici tan deprisa como pude. Oí que Jenny sollozaba y la voz de su padre que le preguntaba: «¿Qué pasó? ¿Qué pasó?». Mientras enfilaba la calle y me alejaba a toda prisa en la bicicleta, lo oí gritar: «¡Hijo de la gran puta, te voy a matar!». Pedaleé con todas mis fuerzas sin parar hasta que llegué a Kedzie y Armitage. Ni siquiera me fijé en que estaba cruzando barrios peligrosos. Una vez llegado a mi destino, todos se sorprendieron de verme. Enseguida me puse a buscar algo para colocarme. Me hablaban muchos a la vez, pero yo no escuchaba. No hice caso a nadie hasta que me bebí dos cervezas y me fumé tres cigarrillos de marihuana. Jenny, su padre, la violencia en la que me había visto implicado, todo eso se borró de mi mente temporalmente, y aquel día pasó a ser como cualquier otro.

El rechazo de Jenny me descolocó. Sin duda se había quedado embarazada en su propio cuarto, mientras sus padres estaban ocupados haciendo Dios sabe qué. Nunca se me ocurrió que tal vez el bebé fuera mío. Y jamás la volví a ver.

Lalo me avisó de que la policía me andaba buscando. Al parecer, los Disciples habían dado mi nombre y mi descripción. Imaginé que había sido Speedy el que me había delatado y le conté a Lalo que lo había visto con los Disciples. Lalo respondió que no le extrañaba, porque dos de los primos de Speedy eran Disciples. Entonces se ofreció a llevarme en auto a casa de María para que no anduviera por la calle. Acepté, pero de camino al auto vi a Cubana y cambié de idea. Ella cruzó la calle y me dio un abrazo y un beso.

—Oye, Cubana, déjame hablar un momento con este hermano —le pidió Lalo.

Cubana me dijo que no me marchara sin despedirme, me besó en la mejilla y se alejó.

—Sube al auto —me dijo Lalo.

—Pero si no quiero irme todavía —protesté—. Estaré bien, soy un King, ¿recuerdas?

—Métete en el puto auto —me ordenó Lalo, enfadado—. No te voy a llevar a ningún sitio, sólo quiero que te subas.

Nos acomodamos en los asientos delanteros, y Lalo arrancó. Me pasó una bolsa de plástico transparente llena hasta la mitad de hierba y me dijo que liara un cigarrillo. Lié uno, luego otro, y luego otro. Ninguno de los dos abrió la boca. Al final, Lalo estacionó en un callejón y me pidió que encendiera otro cigarrillo de marihuana. Parecía que hubiéramos recorrido un largo trayecto, pero estábamos a sólo un kilómetro de Kedzie y Armitage. Encendí el cigarrillo, se lo alargué a Lalo, y me puse a liar otro.

—Déjalo ya —me dijo Lalo.

—Quiero llevarme algunos —le expliqué, y continué con lo que estaba haciendo.

—Mírate: no sirves para nada sin esa mierda —me quitó la bolsa, me dio los seis o siete cigarrillos de marihuana que había liado y empezó a sermonearme—: Escucha, hermanito. Si necesitas esta mierda para sentirte bien, deberías dejarla.

—No la necesito —repuse—. Me gusta.

—Deja que te lleve a casa, hombre. Cubana siempre estará allí, esperándote —me aseguró Lalo.

—No es por Cubana —solté—. Es sólo que ahora no tengo ganas de irme a casa.

—Mira, cabrón —prosiguió Lalo—. *La hada* te está buscando, y tú quieres arriesgarte sólo por una hembra.

—Te equivocas, hermano —repliqué—. Quiero arriesgarme por un pedazo de hembra.

Lalo se rió.

—Te crees muy malo y que lo sabes todo —dijo—. Piensa en cuántos pedazos de hembra vas a conseguir si te meten en la cárcel —arrancó el auto y condujo de regreso a Kedzie y Armitage.

Bajé del auto y me fui directo hacia Cubana.

—*Amor*, mi hermano, yo también te quiero —le grité a Lalo, que se disponía a entrar en la sede.

Cubana y yo dimos un paseo hasta Humboldt Park y le conté lo ocurrido con los Disciples. Se mostró impresionada por mi «valentía» y esa reacción me hizo sentir bien. Nos sentamos en el césped y fumamos un poco de marihuana. También le hablé de mis otros encuentros violentos e incluso me inventé cosas que nunca sucedieron. Parecía que cuantos más detalles daba sobre mi brutalidad, más se excitaba. Había oscurecido, y nos revolcábamos sobre la hierba como dos perros en celo, ajenos del todo a lo que nos rodeaba. Al final, acabamos fornicando allí mismo, en el parque.

Hasta ese día, yo pensaba que Cubana era diferente de las otras chicas que iban con los Latin Kings. Pero resultó ser igual. No era virgen, como me había asegurado, y aunque no estaba demasiado enganchada a las drogas o al alcohol, los tipos violentos eran su debilidad. Este encuentro reforzó mi opinión de que todas las mujeres eran unas putas. Empecé a pensar que lo único que hacía falta para llevarse a una mujer a la cama era mentirle. En cuanto a mí, las mujeres tenían que admirarme y complacerme. Yo, por mi parte, ni siquiera estaba obligado a respetarlas. A mis ojos, Cubana se convirtió en lo que fue para mí aquella noche: un trozo de carne salvaje sobre el césped. Nuestras conversaciones se acabaron y pasé a pensar en ella únicamente como un objeto sexual. Utilizábamos Humboldt Park como una especie de hotel. Todas y cada una de las veces que nos encontrábamos ahí de noche, acabábamos manteniendo relaciones sexuales. Sin embargo, Cubana conseguía algo de lo que nadie más era capaz: me hacía sonreír.

Contra todo pronóstico, la guerra entre pandillas se enfrió durante el verano debido a la labor de la policía. Sin embargo, no lo hizo tan deprisa como era de desear: catorce personas murieron, la mitad de ellas transeúntes inocentes, según los informes. La alcadesa de Chicago en aquella época, Jane Byrne, salía casi cada día en la televisión para expresar su indignación ante la violencia ejercida por las pandillas de la ciudad y amenazando con ordenar el arresto de cualquier grupo de personas con aspecto de pandilleros que estuvieran reunidos en una esquina. (Aunque estoy seguro de que los jóvenes blancos podían reunirse donde quisieran sin que los detuvieran.) La alcaldesa también obligó a algunos pandilleros, bajo la vigilancia de agentes de policía, a repintar las paredes para tapar sus propios graffiti. Uno de los Insane Unknowns fue deportado a Puerto Rico acusado de representar una amenaza para la ciudad de Chicago. Esto ocurrió después de que el jefe de los Spanish Cobras fuera abatido con su bebé en brazos. Al cabo de pocas semanas, sin embargo, la actividad delictiva volvió a la normalidad y se intensificó. Peor aún, entre las pandillas nació un odio que sembraría el caos en los barrios de puertorriqueños durante años.

30. La pérdida de Maplewood Park

Las vacaciones de verano terminaron y llegó el momento de volver a la escuela. Yo estaba ahora en segundo grado. No sabía hasta qué punto me había dado a conocer como Latin King durante el verano. Rosie (la chica de mis sueños) y yo volvíamos a estar en la misma clase. Por algún motivo, eso le molestó mucho. Era una tradición que los Kings que asistían a Clemente se presentaran el primer día luciendo los colores de la pandilla. Yo me puse unas Converse All Stars negras con cordones dorados, pantalones anchos negros, y una camiseta de los Pirates de Pittsburgh: iba de negro y dorado de la cabeza a los pies. A mí me parecía un atuendo imponente y llamativo, pero Rosie no opinaba lo mismo.

–Hola, Rosie –la saludé.

–No te me acerques –dijo, y se marchó.

Los otros Kings y todos los demás muchachos que la oyeron estallaron en carcajadas y se burlaron de mí. En otras circunstancias, habría buscado un agujero donde esconderme, pero como me había fumado un cigarrillo de marihuana camino de la escuela, me reí también, quitándole importancia al asunto.

–Antes de que termine el curso serás mía –le grité a Rosie.

–Que te jodan –me respondió.

Empecé a fumar marihuana hasta en la escuela. Eso me infundía la suficiente confianza como para acosar incansablemente a Rosie, sin que me afectara lo que hiciera o dijera. Cuando no estaba colocado, me cohibía tanto que ni siquiera me atrevía a mirarla, y mucho menos a hablarle. Como eso no me gustaba, tomé la costumbre de fumarme un cigarrillo de marihuana cada mañana mientras iba hacia la escuela. Me interesaba más ser un chico popular que sacar buenas calificaciones. Después de clase me iba a Kedzie y Armitage a pasar el rato con los Kings, me acostaba con Cubana, pintaba la insignia de los Kings en las paredes o me metía en alguna pelea. También participé en algunos de los principales enfrentamientos entre Disciples y Latin Kings de Maplewood Park. Muchos chicos que vivían cerca de este parque estudiaban en Von Humboldt y los Disciples lo aprovecharon para reclutar miembros entre ellos. Pronto hubo en los alrededores de Maplewood Park tantos Disciples como Kings, aunque estos últimos no eran conscientes de esa evolución. Ni les importaba. De repente, su número en Maplewood también se vio reducido debido a los encarcelamientos. La policía averiguaba de alguna manera dónde estaban escondidas las armas y las drogas, y quién las había escondido. Las redadas en las casas donde vivían los líderes de los Latin Kings del parque se hicieron frecuentes, y la sección de Maplewood Park perdió su fuerza. Los Disciples aprovecharon la ocasión para ampliar su presencia.

En la segunda redada contra los líderes de los Kings, tres jefes de la sección acabaron en la cárcel por posesión de drogas y armas de fuego. Todas las secciones de los Latin Kings intentaban evitar que otras pandillas se adueñaran del territorio. Mientras, los Latin Disciples empezaron a trasladar a algunos de sus muchachos al barrio, y los pocos Latin Kings y Queens que aún residían allí tuvieron que mudarse. Los que se quedaron se convirtieron en Latin Disciples. Aun así, los Kings de otras secciones, entre ellos los de Kedzie y Armitage, luchaban sin demasiado éxito para que Maplewood Park continuara formando parte de sus dominios. Cuando tres de los líderes de los Latin Kings de Maplewood Park que estaban encarcelados fueron puestos en libertad y regresaron al único hogar que conocían, descubrieron que ahora se hallaban en territorio hostil. Dos de ellos eran hermanos y su familia seguía viviendo enfrente del parque. El padre, uno de los fundadores de los Latin Kings, estaba cumpliendo condena por asesinato, y a los hermanos se les conocía como Jawbreaker, «partemandíbulas», y Maddog, «perro rabioso». Los dos tenían poco más de veinte años y habían sido Kings toda su vida. Jawbreaker era el mayor de los dos, un alcohólico de carácter muy violento. Tenía todo el cuerpo tatuado, sobre todo con símbolos y lemas de la pandilla. Había estado varias veces en prisión y ahora estaba en libertad condicional por agresión con agravantes. Maddog era un poco más tranquilo. No bebía mucho, pero le encantaba fumar hierba. También había pasado varias veces por la cárcel. Lo habían absuelto de dos cargos de asesinato porque los testigos de la acusación nunca comparecieron ante los tribunales. Los hermanos tomaron la determinación de recuperar Maplewood Park para los Latin Kings.

Desde el día que regresaron a casa, hicieron sentir su presencia en el parque, y algunos Kings de otras zonas se sumaron a ellos. Sin embargo, los Disciples no se dejaron intimidar. Iban siempre en grupos numerosos para demostrar su fuerza y adquirieron la costumbre de dejarse ver por allí a todas horas. Era sólo cuestión de tiempo el que hubiera un choque mortal. Así, un viernes por la noche la situación estalló.

Me pasé por Kedzie y Armitage buscando a Cubana. Los hermanos me dijeron que se había ido con Morena y Loco a Maplewood Park. Como moverse a pie por esa zona era peligroso, le pedí a Lalo que me llevara en auto y éste le dio las llaves del auto a otro para que me acompañara. El otro King se llamaba Dino. Era alto y fornido, con una melena negra y ojos castaño oscuro. Muy apuesto y con fama de donjuán. Se tomaba las cosas con calma y hablaba con voz suave, como un niño de mamá. En realidad era un estafador y un atracador consumado. Me entregó una pistola y me aconsejó que apretara el gatillo a la menor señal de peligro. El arma era igual que la que me había dado Loco la noche que abrí fuego contra los Gangsters: de metal negro, cuadrada, plana y algo pesada.

–Está lista para disparar, sólo tienes que quitar el seguro –dijo.

Miré la pistola, preguntándome dónde demonios estaba el seguro y qué se suponía que debía hacer con él.

–¿No tendrás un cigarrillo de marihuana? –le pregunté a Dino.

–Dame la pistola –dijo, quitándomela de las manos. Movió una palanquita que había en el arma y me la devolvió–. No es momento de pensar en fumar ahora, ya estamos cerca.

Cuando llegamos a Maplewood Park, las hostilidades ya habían empezado. Jawbreaker, Maddog, Loco, Morena y Cubana, entre otros muchos Kings y Queens, estaban allí intercambiando insultos con una multitud de Disciples. Dino pasó con el auto junto a los grupos enfrentados y entró en el callejón situado detrás de la casa de Maddog y Jawbreaker.

Estacionamos en el callejón y caminamos hasta la parte delantera. Nos saludamos con el apretón de manos ritual. Besé a Cubana y me puse a buscar algo con lo que colocarme. Estaba cagado de miedo y sentía un impulso desesperado de irme de allí. Había ido para llevarme a Cubana, pero ella no quería marcharse, porque quería presenciar lo que iba a ocurrir y participar en ello. Al final, entré en la casa, y encontré cerveza sobre una mesa. La madre, la hermana menor de Maddog y Jawbreaker y los dos hijos de éste estaban en una habitación, viendo la tele como si nada estuviera pasando. Me senté por ahí, me bebí dos cervezas como si fueran agua y salí de la casa. El ambiente se caldeaba a medida que atardecía. Loco divisó a dos Disciples que sacaban armas de un escondrijo.

–Llegó la hora de ponerse las pilas –dijo.

Uno a uno, fuimos entrando en la casa.

–*Quédate en el cuarto y cierra la puerta* –le indicó Maddog a su madre–. *No dejes que los niños salgan del cuarto.*

Mientras tanto, Jawbreaker trajo armas de un cuarto trasero y las distribuyó entre los Kings y las Queens. Yo todavía llevaba la pistola de Dino. La saqué, listo para usarla. Iba ya por mi cuarta cerveza y me sentía muy valiente y muy macho. Me senté en el suelo, contra la pared, justo al lado de la ventana. Loco se colocó junto a mí y me advirtió que no hiciera demasiadas locuras.

—Agáchate y procura no ponerte a tiro –me dijo–. Cuida de Cubanita.

Ella se sentó a mi lado, me besó y me apretó la mano. Era obvio que estaba asustada. Yo tenía que ser valiente y fuerte por los dos. Entonces se desató el caos.

—Esos cabrones se están desplegando. Traman algo –comentó Dino tras echar un vistazo por la ventana.

Del exterior llegaban los cánticos de «Di-sci-ple» y «Kings muer-tos».

—*Llama a la policía, llama a la policía* –chilló la madre de Jawbreaker, asomando apenas la cabeza por la puerta del dormitorio.

—*Cierra la puerta y acuéstate con los niños en el piso* –le gritó Jaw-breaker.

Se oyó el estrépito de cristales al romperse y un ladrillo atravesó la ventana delantera.

—Hijo de puta, amor de King –bramó Maddog y comenzó a disparar a los Disciples con una escopeta.

Desde el otro lado respondieron con más tiros. Una Queen fue alcanzada en un brazo; soltó un alarido de dolor y se tiró al piso, junto a Cubana y a mí. Yo aún no había disparado una sola vez, ni lo había intentado. Tenía miedo. Aunque estaba algo borracho, me moría de miedo. El tiroteo sólo duró uno o dos minutos, pero a mí me parecieron horas. Los chillidos de la madre de Jawbreaker y de sus nietos nos llegaban desde el dormitorio.

—Amor de King todopoderoso –rugió Maddog mientras abría fuego repetidas veces contra los Disciples.

—Mierda, me dieron –gritó uno de los Kings, y cayó al suelo, tapándose la cara–. Aaah, ayúdenme, ayúdenme –se quedó tirado, aullando de dolor, mientras las balas zumbaban alrededor. Había recibido un tiro en el ojo y sangraba profusamente. El tiroteo cesó. Se oían sirenas a lo lejos.

—Larguémonos de aquí –apremió Dino a Loco–. Vamos, Lil Loco, vá-monos, vámonos –me gritó.

Agarré a Cubana de la mano y la arrastré mientras me abría paso por la casa, agachado, hasta la puerta trasera. En el camino pasé por encima del King herido y resbalé con su sangre. La madre de Jawbreaker lloraba, histérica, y Maddog intentaba consolarla. Casi todo el mundo trató de huir en desbandada antes de que llegara la policía. Todos consiguieron salir de la casa excepto Jawbreaker, Maddog y los heridos. Tanto el King como la Queen sobrevivieron a los balazos. Sin embargo, el King perdió el ojo. Y los dos acabaron en la cárcel cuando les dieron el alta en el hospital. Tres Disciples fueron alcanzados por disparos y uno de ellos murió. Jawbreaker y Maddog tuvieron que comparecer ante el juez como presuntos autores de los disparos y fueron condenados a pasar un tiempo en la penitenciaría. Cubana, Morena, Dino y yo salimos indemnes. Loco se hizo un corte en la mejilla izquierda y varios en el brazo derecho con los trozos de cristal que salieron despedidos en todas direcciones.

Los Disciples siguieron frecuentando el parque. El aumento de la vigilancia policial que se produjo a raíz de esta batalla impidió que los Latin Kings tomaran represalias. Como resultado, los Latin Disciples se hicieron con el control absoluto de Maplewood Park. Ir caminando a Kedzie y Armitage, subir por North, o incluso tomar el autobús en esa dirección, se volvió peligroso. Así que no podía ir a Kedzie y Armitage tan a menudo como hubiera deseado, a menos que alguien me llevaran en auto o que estuviera lo bastante colocado como para que no me importara. Esto redujo hasta cierto punto mi actividad como pandillero, pero no del todo.

Jawbreaker, Maddog y sus parientes fueron los primeros que conocí que consideraban la pertenencia a la pandilla como un asunto familiar. Su padre era un King y todos sus hijos eran Kings o Queens. Había familias de este tipo en todos los barrios por los que yo me movía. Sus miembros solían ser violentos, promiscuos, consumidores de drogas y con tendencia a implicar a todo el mundo en sus actos. Por desgracia, este tipo de familias aún existen en muchas zonas.

Como ya no podía ir a Kedzie y Armitage con la frecuencia con que me habría gustado, empecé a juntarme con los Spanish Lords. Por aquel entonces, los Spanish Cobras estaban acosando a los Lords, haciendo notar su presencia a diario. Los Spanish Lords, a su vez, empezaron a salir únicamente por los alrededores de LeMoyne y Claremont. En esencia, estaban cediéndoles Tuley a los Cobras. Clemente seguía bajo el dominio de los Latin Kings y sus aliados. De hecho, lo único que impedía que los Cobras se adueñaran de toda la zona de Tuley era la presencia de los Kings en Clemente.

La violencia de las pandillas se intensificó en esta institución debido a las guerras continuas. Los Kings, incluido yo mismo, estábamos más preocupados por saber a qué pandilla perenecían los otros chicos que por nuestros estudios. Deambulábamos por la escuela buscando cualquier indicio que delatase a alguien como miembro de una pandilla rival. Todo, desde el color de su ropa hasta las marcas en sus cuadernos, se convertía de inmediato en motivo de sospecha. Los que no contestaban de manera satisfactoria a nuestras preguntas, solían ganarse una paliza. La consecuencia real de nuestros actos fue un estancamiento en la educación de la comunidad puertorriqueña.

31. Mi Rosie

Mi popularidad en Clemente creció, no porque yo destacara como estudiante o como deportista, sino porque era un Latin King. Me gustaba que en los pasillos la gente se apartara para dejarme pasar. Por muy larga que fuera la cola del comedor, podía ponerme delante si quería. Cuando estaba sentado en las escaleras fumándome un cigarrillo de marihuana, me avisaban si se acercaba alguna autoridad escolar. Nunca se me pasó por la cabeza que lo que me hacía popular podía ser el miedo de los demás. Tampoco me molesté en reflexionar sobre las consecuencias. Rara vez asistía a clase. Iba a la escuela con el solo propósito de gozar de mis privilegios como pandillero.

La única obligación escolar con la que cumplía sistemáticamente era presentarme en la sala de estudio cada mañana. Era allí donde podía acorralar a Rosie, pero a ella no la impresionaba mi popularidad y continuaba evitándome. Sheena, por otro lado, se mostraba más amistosa. Me regalaba invitaciones a fiestas y se ofreció a darme clases particulares. Era una de las mejores alumnas de Clemente y participaba en muchas actividades. Pero yo seguía invitando a Rosie a salir una y otra vez, y ella seguía rechazándome.

Un día, sin embargo, todo cambió. Rosie entró en el aula y, en lugar de rehuirme como de costumbre, se sentó a mi lado. Era lunes, y el fin de semana había habido una gran actividad de la pandilla contra los Disciples. Yo no había traído conmigo papel de fumar para liarme el cigarrillo de marihuana habitual antes de clase, así que estaba sereno cuando Rosie se me acercó. Me preguntó qué tal me había ido el fin de semana. Me quedé mirándola, tragando saliva, sorprendido de que se dignara dirigirme la palabra. No supe qué contestar. Sólo la miraba, como un idiota. Ella tomó la iniciativa y llevó las riendas de la conversación. Me dijo que su amiga Sheena no dejaba de hablar de mí y que, gracias a eso, se había dado cuenta de lo mono que era. Me quedé sin habla. Primero creí que iba a intentar emparejarme con Sheena. Rosie aseguró que le gustaría verme más y que sentía haber sido tan brusca conmigo. Me prometió que no volvería a suceder. Nos reencontramos después de clase, y me pidió que la acompañara a casa. Me dijo que vivía cerca del cruce de las calles Rockwell y Potomac. Le dije que no podía ir allí porque era territorio de los Disciples. Ella insistió. «Si yo te gustara de veras, me acompañarías», se quejó. Yo contesté que si yo le gustara de veras, ella no me pediría que me jugara la vida. Aunque molesta y decepcionada, dijo que me entendía. Nos besamos y se marchó. Fue un beso más frío que apasionado, pero supuse que era mejor que nada.

La relación entre Rosie y yo floreció. Nos volvimos inseparables en la escuela, y después de clase la lujuria se adueñaba de nosotros. Al cabo de dos semanas ya manteníamos relaciones sexuales. Rosie decía que acostarse conmigo era su forma de demostrarme que moriría por mí. Quería que yo supiera que era la persona más importante en su vida. Hacer el amor conmigo era su manera de expresarlo. Lo hacíamos a diario. Hablábamos de formar una familia y de nuestro futuro juntos. Aun así, Rosie se disgustaba siempre cuando llegaba la hora de irse a casa y yo no la acompañaba. Sabía que me iba a negar, pero siempre volvía a la carga.

Mi existencia empezó a girar en torno a esa chica. Dejé de frecuentar Kedzie y Armitage los días laborables. Sólo iba allí los fines de semana, cuando no podía quedar con Rosie y tenía que asistir a alguna reunión obligatoria. Justificaba mis ausencias con la excusa de que tenía tarea. No quería hacer nada que pusiera en peligro mi relación con Rosie. Me hacía sentir especial, como un rey auténtico. Empecé a pensar en alguna manera para acompañarla hasta su casa sin que los Cobras o los Disciples reparasen en mi presencia. Sabía que correría peligro, pero consideraba que valía la pena hacerlo por Rosie. Ella me aseguraba que no me pasaría nada porque su hermano era un Disciple y ella le había hablado de mí. Él le había prometido encubrirme mientras estuviera dentro de casa. Rosie también me dijo que cumplía años el próximo martes y que organizaba una fiesta el sábado anterior en su casa. Le parecía la ocasión ideal para presentarme a su familia. Yo no podía estar más de acuerdo. Ese viernes, la víspera de la fiesta, fuimos al cine y luego al apartamento de María. Era la primera vez que estábamos juntos por la noche. María había salido, de modo que teníamos todo el apartamento para nosotros. Después de fumarse un cigarrillo de marihuana, Rosie se puso muy seductora. Me repitió una y otra vez que me amaba y que tenía muchas ganas de que sus padres me conocieran. Dijo que quería tener un hijo mío y estar conmigo para siempre. Me hacía sentir tan bien, tan querido… Hicimos el amor con más pasión que nunca. Estaba enamorado. Cuando llegó el momento de que Rosie volviera a casa, me ofrecí por primera vez a acompañarla caminando hasta allí, pero ella prefirió que esperara al día siguiente para que su hermano estuviera al tanto de mi llegada.

Como de costumbre, la acompañé hasta Western y Potomac. En el camino hablamos de nuestro porvenir: dónde viviríamos, cuántos hijos tendríamos y qué nombres les íbamos a poner. Antes de irse me obligó a prometerle que iría a su fiesta de cumpleaños. Dejó bien claro que si no iba, eso sería el fin de nuestra relación. Dicho esto, nos besamos apasionadamente y cada uno se fue por su lado.

De inmediato me puse a hacer planes para ir a Kedzie y Armitage el domingo y dejar a los Kings. Podía poner la escuela como pretexto. Sabía que no me permitirían abandonar la pandilla sin antes patearme el culo, pero yo estaba dispuesto a todo por Rosie. Nuestro futuro juntos era mucho más importante para mí que ser un Latin King. Los viernes solía acercarme a la sede para colocarme y armar barullo con mis hermanos de la pandilla, pero aquel viernes no lo hice. Regresé al apartamento de María y me quedé dormido pensando en Rosie, en nuestra boda, en la familia que íbamos a fundar y en lo mucho que nos divertiríamos en su fiesta. Sería una noche para recordar. Conocería a sus padres y me ganaría un lugar en su familia. Tendría que comportarme de modo ejemplar, así que me puse a ensayar mentalmente lo que diría y con qué palabras. Rosie era la chica de mis sueños y me estaba brindando la oportunidad de hacerlos realidad. Tenía que aprovechar esta oportunidad al máximo.

El sábado por la mañana, desde el mismo momento que me levanté, comencé a prepararme para la fiesta. Planché mi mejor camisa, mis mejores pantalones y lustré mis zapatos hasta sacarles brillo. También le pedí a María unos dólares para ir a cortarme el pelo. Estaba decidido a causarle una buena impresión a la familia de Rosie. Al salir de la peluquería, volví al apartamento de María y me quedé sentado, esperando impaciente a que llegara la noche. Tenía previsto encaminarme a la fiesta hacia las ocho. Empecé a vestirme a las cinco. Mientras estaba en el baño, peinándome y repeinándome, tratando de quedar perfecto, María llamó a la puerta y dijo que alguien quería verme. Salí al rellano y me encontré con Sheena, que estaba leyendo todas las pintadas de las paredes. Tenía los ojos enrojecidos y el rostro congestionado, como si hubiera estado llorando. Me sorprendió verla. La invité a pasar. Ella dijo que no podía quedarse mucho rato porque su madre estaba fuera, esperándola.

Una vez dentro, Sheena me miró a los ojos y rompió a llorar de forma desconsolada. Intentaba decirme algo, pero yo no entendía sus palabras a causa de los sollozos. María le pasó unos pañuelos de papel y me lanzó una mirada como preguntándome qué le había hecho, pero guardó silencio. De repente, Sheena extendió los brazos, me agarró de las muñecas y dijo:

—Por favor, no vayas a la fiesta. Es una trampa.

La aparté de un empujón.

–¿De qué demonios estás hablando? –grité.

–Rosie no te quiere. Ni siquiera le caes bien. Está contigo porque eres un King. Te está tendiendo una trampa para que te maten.

No daba crédito a lo que oía y perdí el control. Le solté a Sheena que Rosie y yo estábamos enamorados y que ella sólo estaba celosa. Sheena me contó que el verdadero novio de Rosie era un Disciple y que ella me tendía esa trampa para demostrarle su lealtad. Según ella, originalmente no entraba en los planes de Rosie el acostarse conmigo, pero que lo hacía para convencerme de que me quería, y para que yo aceptara ir a Rock-well y Potomac. Todo lo que Sheena me decía parecía lógico, pero aun así no me lo creía. O tal vez no quería creerlo. Sus acusaciones contra Rosie me indignaron tanto que exploté, lleno de rabia. Tenía que defender el honor de Rosie; después de todo, era la chica más dulce, hermosa y apasionada que había conocido nunca.

Le dije a Sheena que se callara y que se largara de casa de María. María salió en su defensa.

–Escúchala, tontito, que a lo mejor dice la verdad.

–Le gusto y quiere que Rosie y yo rompamos. Por eso lo hace.

Sheena me agarró de nuevo y me aseguró que yo no le importaba a Rosie, y que ella quería verme muerto.

–Por favor, no vayas a la fiesta –me rogaba una y otra vez–, por favor no vayas.

La empujé a un lado, la tiré del brazo y la arrastré hasta el rellano. Cerré la puerta en su cara llorosa. Me quedé junto a la puerta, oyendo a Sheena que bajaba las escaleras, deshecha en llanto. María me llamó estúpido y me avisó que no fuera a esa fiesta.

–Eres un Latin King, *pendejo*. ¿Qué se te ha perdido en Rockwell y Potomac?

No la escuché. Me metí en el baño y continué arreglándome.

–Voy a llamar a Morena y a Cubana. Tal vez ellas consigan hacer que un *pendejo* como tú entre en razón.

Abrí bruscamente la puerta del baño.

—Más te vale que no las llames —bramé, y di un portazo.

Me daba igual lo que dijeran los demás. Nadie conocía a Rosie como yo. Todo iba a salir bien. Rosie y yo sólo éramos víctimas de las circunstancias. Las estúpidas guerras entre pandillas nos daban la sensación de vivir en mundos diferentes, cuando en realidad vivíamos a sólo unas cuadras de distancia. Habíamos decidido no permitir que los problemas de otras personas interfiriesen en nuestro amor. Ahora la pelota estaba en mi tejado. Yo tenía que dar el siguiente paso. No podía perderme esa fiesta.

Seguí arreglándome. Estaba decidido a presentarme en casa de Rosie como un chico apuesto y bien educado. Unos cinco minutos después, se oyeron golpes en la puerta. Lo primero que me pasó por la cabeza fue que Sheena le había hablado a alguien de la fiesta y que habían venido a disuadirme de que asistiera. Abrí la puerta, resuelto a decirle a quien fuera que Sheena mentía; pero eran Sheena y su madre. La chica, que seguía llorando, se agarraba al brazo de la madre, una mujer corpulenta de piel oscura y labios grandes y carnosos. Llevaba un peinado afro. El único rasgo que Sheena había heredado de ella eran sus grandes ojos castaños. La mujer quería hablar con mi madre. Le repliqué que no tenía. Con profunda compasión, me explicó que su hija no mentía. Me suplicó que le hiciera caso, porque quería salvarme la vida. La actitud de la mujer me hipnotizó. Aunque hablaba en voz baja, sus palabras destilaban una autoridad que llamó mi atención.

Con todo, no quería escucharla. Era una sarta de bobadas. No quise prestar atención a sus palabras porque se me estaba haciendo tarde por su culpa y le repliqué que su hija sólo actuaba de ese modo porque yo le gustaba y estaba celosa de mi relación con Rosie. Su actitud sosegada desapareció en un instante.

—Oye, no te des tanta importancia como para creer que mi hija está loquita por tus huesos —me soltó, airada—. ¡Está tratando de salvarte la vida! ¿Quieres que te maten? Por mí, bien. ¡Te veré en tu entierro! —dio media vuelta, pasó un brazo por los hombros de su hija y le dijo que se olvidara de mí. Sus palabras fueron:

—Vámonos a casa. Has hecho lo que has podido por salvarlo. Ahora, preparémonos para su funeral.

«Por fin se largan —me dije—. Ya verás cuando se lo cuente a Rosie.» Sin embargo, Sheena no se daba por vencida. No quería irse. Entre sollozos, me rogó que la creyera. Su madre intentaba llevársela de allí. Ella se soltó, corrió hacia mí y se abrazó a mi cuello con fuerza. «Maldita sea, va a arrugarme la camisa», pensé. No me soltaba por nada del mundo.

—Podemos llevarte en auto a Rockwell y Potomac para que lo veas por ti mismo —ofreció Sheena—. Rosie está en la calle. ¿Verdad que podemos llevarlo, ma? Podemos llevarlo —seguía aferrándose a mí.

Al principio, su madre vaciló, pero luego accedió, más que nada para satisfacer a su hija, y me advirtió claramente de que mantuviera la cabeza agachada y que procurara que nadie me viera.

—No quiero convertirme en víctima de vuestra estupidez —comentó—, así que quédate agachado en el asiento.

Acepté el ofrecimiento.

—De todas formas, necesito que alguien me lleve para no toparme con los Cobras, así que gracias —dije. Creía que el hermano de Rosie me protegería de los Disciples, pero hasta allí debía atravesar territorio enemigo.

Subimos al auto de la madre de Sheena y nos dirigimos hacia el oeste por Potomac. Yo iba en el asiento trasero, acurrucado, no sólo para que no me vieran los Cobras y los Disciples, sino para que tampoco me vieran los Lords. Sheena me iba hablando sin mirarme. Decía que no podía creer que yo la considerara una mentirosa. Le respondí que me parecía una chica preciosa, pero que mi corazón pertenecía a Rosie. Entonces, su madre me cantó las cuarenta: no le gustaba nada que creyera que su hija sólo intentaba interponerse entre Rosie y yo. Repuse que, por mucho que se enojara, eso no cambiaba la realidad. Murmuró algo sobre el machismo absurdo de los puertorriqueños, y yo le dije que su hija era estupenda gracias a su padre puertorriqueño. Y luego, queriendo pasarme de listo:

—Apuesto a que no se quejaba usted tanto del machismo de los puertorriqueños cuando estaban haciendo a su hija.

El comentario le sentó como un tiro, perdió los estribos y empezó a insultarme. Sheena la interrumpió para decirme que alzara la vista para poder ver a Rosie.

—Ahí está, ahí está. ¿Me crees ahora? —preguntó Sheena.

Levanté un poco la cabeza para echar un vistazo por la ventanilla. La esquina de Rockwell y Potomac no había cambiado mucho desde que yo había dejado de pasarme por ahí camino de la escuela. La tienda de dulces Gloria's seguía allí y seguía siendo el punto de reunión de los chicos. A la derecha había una puerta por la que se accedía a los apartamentos de arriba: allí estaba Rosie, abrazando y besando a un tipo que llevaba un suéter de los Disciples. Se la veía tan ardiente como cuando hacía el amor conmigo. Llevaba unos vaqueros recortados y estaba mojada por haber jugado con la bomba de agua de la esquina. Él le estaba manoseando el culo y ella parecía disfrutar. Me sentí como un imbécil. Empecé a comprender que yo era la fiesta que Rosie estaba organizando.

Las palabras de Sheena resonaron en mi cabeza: «No te quiere. Ni siquiera le caes bien. Te está tendiendo una trampa para que te maten». Me vinieron ganas de salir del auto y agarrar a Rosie del pescuezo. Lo único que me contuvo fue que la rodeaban unos cuarenta o cincuenta Disciples. Tardamos unos cinco segundos en dejar atrás Rockwell y Potomac, pero se me hizo una eternidad. Me agaché de nuevo y me quedé sentado, encerrado en mi pequeño y rabioso mundo. Sheena y su madre me hablaban, pero yo no las escuchaba. Le pedí a la madre de Sheena que me dejara en el cruce de las avenidas California y North. Ella quería llevarme adonde tuviera que ir exactamente, pero insistí en que me dejara allí. Les pedí disculpas a las dos por haber dudado de su palabra, por mi sarcasmo —por todo—, y bajé del auto. Sheena se apeó también. Me expresó su pesar y me abrazó. Le pedí perdón de nuevo y le dije que debía irme a pensar. Me dio su número de teléfono y me animó a llamarla si necesitaba hablar con alguien. Subió al auto y se alejó con su madre. Me quedé parado como una estatua hasta que perdí de vista el auto. Entonces eché a andar hacia Kedzie y Armitage.

Rosie me abrió los ojos de los peligros que acarreaba la pertenencia a una pandilla. Hasta ese día, a pesar de los tiroteos en los que había participado, ser pandillero no había sido más que un juego para mí. A partir de entonces, sin embargo, las cosas cambiaron. Rosie se convirtió en el principal motivo para volverme más cruel, más despreocupado. No me importaba nada ni nadie, sólo yo mismo. Creo que Rosie fue la última persona en quien confié.

Al menos había conseguido sexo, pensé, aunque enseguida me deprimí al darme cuenta de que eso también se había acabado. Había sufrido un golpe emocional muy duro y no sabía cómo enfrentarme a él. No podía contar con mis hermanos Kings y Queens. Seguramente se burlarían de mí o incluso puede que me impusieran un castigo, y yo no necesitaba ni una cosa ni otra. Me puse a agarrar botellas y a estrellarlas contra las paredes. Le hacía la seña de los Kings a cualquier auto cuyos pasajeros parecieran pandilleros. Iba cabizbajo, sumido en la tristeza, luchando por no llorar. Necesitaba como fuera algo de marihuana o de alcohol. Era la única manera de sacarme a Rosie de la cabeza.

32. Un hermano de ley

Cuando llegué a Kedzie y Armitage, Loco y otros cinco hermanos Kings estaban en la esquina. Me forcé a poner buena cara y los saludé a todos con el apretón de manos habitual. Luegó, me puse a pedir hierba, alcohol, cualquier cosa que me ayudara a evadirme de la realidad. Media hora después empecé a notar los efectos de la marihuana y el vino. Iba camino de acabar completamente borracho. Varios hermanos me dijeron que Cubana había estado preguntando por mí. El rostro se me iluminó al oírlo. Rosie podía irse al infierno, pensé. Cubana era tan hermosa como ella, y además era una Queen. No corría riesgos con ella. Pero no salí en su busca. Me quedé sentado, fumando y bebiendo. Era sábado y sabía que tarde o temprano pasaría por Kedzie y Armitage.

Transcurrió una hora, y yo estaba ya en otro mundo. En mi imaginación ya había matado a Rosie una y otra vez. Estaba furioso y perdí el control. Insultaba a todo el que me mirara. Los Kings me observaban y cuchicheaban entre sí. No estaban acostumbrados a verme tan trastornado.

–¿Qué carajo están mirando? –vociferaba yo.

Clavaban la vista en mí y hacían lo posible por ignorarme. Le arrojé una botella de vino a un auto sólo porque el que iba dentro me había mirado. Me moría de ganas de meterme en una pelea. Quería lastimar a alguien, hacerle sentir el mismo dolor que sentía yo. Un pequeño Toyota azul en el que viajaban tres tipos con aspecto de pandilleros se detuvo detrás de otros dos vehículos que esperaban a que el semáforo de Kedzie y Armitage se pusiera verde.

—¡Eh, fíjense en esos maricones! —les grité a los Kings. Me acerqué al auto y les solté a sus ocupantes—: ¿Y a ustedes qué les pasa?

No me hicieron caso.

—Amor de Rey, cabrones. ¿Qué les pasa, maricas? —les chillé.

Siguieron sin hacerme caso. El semáforo se puso verde y empezaron a avanzar. Recogí una botella de cerveza vacía y se la tiré. Golpeó al que iba en el asiento del acompañante en la cara. Vi que la sangre le manaba a borbotones de un lado mientras se alejaban a toda velocidad.

De inmediato, los Kings se movilizaron para preparase contra posibles represalias. Varios de ellos se apostaron en cada una de las cuatro esquinas de Kedzie y Armitage, todos con algún arma a mano. Había al menos seis pistolas escondidas en distintos lugares estratégicos. Yo me situé de pie junto al muro en el que estaba pintado el símbolo de los Kings, cerca de la entrada de la sede. Se veían manchas de pintura rosa seca en la acera causadas pocos días antes, cuando los Gangsters habían pasado por ahí en auto y habían arrojado contra el muro tarros de papilla infantil llenas de pintura. El mural había sido restaurado, y sólo quedaban restos de aquella provocación en la acera.

El símbolo de los Kings que había en Kedzie y Armitage no era nada del otro mundo, pero llamaba mucho la atención. Estaba pintado en la esquina suroeste, sobre el muro de una tienda. Medía unos diez pies de alto por veinte de ancho [unos tres por seis metros]. Consistía en un fondo negro con una corona de cinco puntas en el centro, flanqueada por las letras L, a la izquierda, y K, a la derecha, escritas al estilo inglés antiguo con pintura dorada. Yo estaba justo en medio, desgañitándome como un loco.

—¡Soy un King, *amor de Rey*, King love, King love, King love!

Loco salió de la sede y se colocó junto a mí.

—*Hey, mi panita, cálmate. Vente, vamos arriba* —me dijo.

Yo abrí los brazos en cruz, apoyado contra la pared.

–*¡Amor de Rey, hasta la muerte!* –grité. Me golpeé con fuerza el pecho con el puño derecho e hice la seña de los Kings con la mano en alto.

–*Amor* –me respondieron varios Kings mientras yo me alejaba caminando con Loco.

Subimos a la sede. Me senté en un sofá, me recosté y cerré los ojos. Esperaba que Morena apareciera para que me llevara en auto a casa de María. No sé cuánto tiempo pasé esperando, pero al cabo de un rato me vinieron ganas de cambiarme y ponerme ropa de calle. Como nadie se presentó, decidí irme a casa a pie. Iba a ser una larga caminata, así que me levanté para pedirle a Loco una pistola, por si las moscas; pero no lo encontré por ninguna parte. La sede estaba desierta.

–Loco, Loco –iba llamando a las puertas.

–Aquí, entra aquí –me dijo una voz procedente del fondo. Me dirigí hacia la parte de atrás del apartamento y entré en la cocina. Aunque había ido muchas veces a la sede, nunca había estado en la parte del fondo. De hecho, la puerta que comunicaba con la cocina solía estar cerrada con llave.

–*Aquí*, hermano, *aquí* –insistió la voz, ahora más cerca.

Me encontré ante una puerta, en la cocina, junto al refrigerador, e intenté abrirla, pero el pestillo estaba echado. Golpeé con los nudillos y esperé una respuesta.

–*Espérate*, hermano –dijo alguien.

Pasaron varios minutos y nadie abrió, de modo que llamé de nuevo. Al fin, Paco abrió la puerta.

–¿Qué pasa, hombre? Estamos ocupados. Vuelve más tarde.

–¿Quién es? –oí que preguntaba Loco.

–Es Lil Loco –contestó Paco.

–Deja entrar al hermanito. De todos modos, tengo que hablar con él –dijo Loco.

Paco me dejó pasar. El cuarto era espacioso. Quizá fuera el dormitorio principal. Hasta ese momento ni siquiera sabía que ese cuarto existía. En él había una mesa grande con ocho sillas y un par de sofás. Me quedé junto a la entrada, mirando a los presentes y preguntándome qué se cocía allí dentro, indeciso respecto a si hubiera preferido estar en otra parte o no. Todavía estaba furioso y no dejaba de fantasear con Rosie. Seguí allí hasta que Paco me gritó que cerrara la puerta.

Loco, Lucky y Tita, la hermana de Loco, estaban sentados a un extremo de la mesa. En el otro extremo había un hombre blanco mayor contando dinero. Tita era la contable de los Kings y en aquel momento estaba ocupada con bolsitas de cocaína y marihuana que luego echaba en distintas bolsas de papel. Más tarde las repartirían entre los miembros de la pandilla para que las vendieran en la calle. Loco se dio cuenta de mi nerviosismo y me preguntó qué me ocurría.

—Ese tipo blanco es un agente antidroga —dije.

Todos rompieron a reír.

—No te preocupes por él —respondió Loco—. Es el agente James, un Latin King honorario.

El agente James era un hombre corpulento, de más de metro noventa de estatura, ciento treinta kilos de peso, cabello y ojos castaños a quien le faltaba uno de los dientes de la mandíbula inferior.

—Así que tú eres Lil Loco —dijo—. Caray, si los Cobras llegan a echarte la mano encima… No tengas miedo, hombrecito. No persigo a los Kings —entonces se puso de pie, se guardó el dinero que estaba contando en el bolsillo y se dispuso a marcharse.

Loco lo acompañó a una puerta de la cocina que daba al callejón trasero del edificio. En el camino hablaron sobre una transacción. Antes de irse, el agente James le aseguró a Loco que las armas serían entregadas.

—Tú ten el dinero preparado —le dijo.

Cuando el agente James hubo salido, Loco echó el pestillo y regresó.

—¿Por qué demonios estabas gritando ahí fuera? —me preguntó—. Por tu culpa el agente James se puso nervioso; él es nuestro *chota* [informante].

—Es un maldito *hada* —repliqué.

—Claro —dijo Tita—, pero trabaja para la nación, no para el ayuntamiento.

—Le pagamos al agente James para que nos guarde las espaldas —explicó Loco—. Nos cuenta lo que andan haciendo sus colegas para que podamos burlarlos.

—Y es muy bueno, la verdad. Tal vez deberíamos darle un aumento —comentó Paco, provocando la hilaridad de los demás. Pero sus palabras no tenían sentido para mí.

—Tengo una sorpresa para ti, hermanito —anunció Loco. Salió de la habitación y volvió con una caja de zapatos, se sentó junto a mí y me la entregó. Dentro había dos pistolas y dos cajas de munición.

—¿Son para mí? —pregunté.

Me respondió que sí.

—*Vaya, vaya, bro**—exclamé, sorprendido, mientras agarraba una de ellas y la miraba detenidamente.

Loco me aconsejó que escondiera una cerca de Kedzie y Armitage y llevara la otra conmigo. Las dos armas, una calibre veinticinco automática bañada en plata y una treinta y ocho especial cromada, relucían mucho. No me costó demasiado averiguar cómo se cargaba y descargaba la treinta y ocho especial. Ya había manejado ese tipo de arma. Era idéntica a la que le había robado a Pedro. En cambio, me quedé contemplando la veinticinco sin saber qué hacer con ella. Había visto otras como ésa antes, e incluso había disparado con alguna, pero sólo tuve que apretar el gatillo sin dominar el manejo. Lucky me preguntó si sabía utilizar una automática. Loco respondió por mí:

—Claro que sabe, ¿verdad, Lil Loco?

Sin abrir la boca, continué cargando la treinta y ocho, esperando que me enseñaran a usar la veinticinco. Noté que ésta era más pequeña, más compacta y fácil de esconder. Una vez que aprendiera a manejarla, podría llevarla a todas partes conmigo. Lucky agarró la veinticinco y me mostró cómo se quitaba el cargador. Ahora que ya sabía qué aspecto tenía

* *Bro*: apócope de *brother*, «hermano», muy utilizado por los hispanos de Estados Unidos. *(N.del T.)*

217

un cargador, advertí que había otros dos en la caja. A continuación, Lucky me enseñó a meter las balas. Saqué uno de los que había en la caja y me puse a colocar los cartuchos tal como hacía Lucky. Al principio no resultó sencillo; el resorte del cargador me pilló por sorpresa y una bala salió volando. Cuando le encontré el truco, Lucky me mostró cómo se insertaba el cargador en la pistola. Una vez cargada, me pasó la pistola y me dijo que extrajera el cargador y lo volviera a introducir. Eso era fácil. Repetí tres veces la operación y luego le devolví el arma a Lucky. Entonces tiró de la corredera hacia atrás y me dejó echar una ojeada desde arriba para ver como la bala se colocaba en posición de disparo.

Lucky sacó el cargador, retrajo la corredera de nuevo, y la bala salió volando por arriba del arma. Dejó la pistola y el cargador sobre la mesa.

–Bueno, ahora te toca a ti –señaló.

No era tan difícil y me salió a la primera. Lucky me llevó al porche trasero para que disparase la pistola al aire y viera por mí mismo cómo funcionaba. Me entusiasmó. Me moría de ganas de mostrarle mi pistola a Cubana. Incluso me pasó por la cabeza la idea de llevarla a la escuela y utilizarla contra Rosie. Lucky era un buen maestro: me enseñó a limpiar las pistolas y llevarlas de manera que no se notaran ni se cayeran. Me aconsejó que me pusiera la veinticinco en la cintura del pantalón y los cargadores de repuesto en los calcetines, sujetos a la pierna con una goma elástica. Metí la treinta y ocho en mi bolsillo, las balas en una bolsa y empecé a despedirme de Lucky y Loco. Éste me acompañó a la puerta y me entregó una bolsa de papel que contenía cincuenta *nickel bags* de marihuana. Me dijo que si las vendía, me corresponderían dos dólares por bolsita. También me recomendó que escondiera las pistolas y la hierba mientras anduviera por los alrededores de Kedzie y Armitage. Los Kings y Queens me mandarían clientes cuando se enteraran de que había comenzado a vender bolsitas. Los regalos y las muestras de confianza con que me habían obsequiado eran una muestra de reconocimiento por los actos de violencia que había cometido para los Kings. Eran la demostración de que las ramas Júnior y Sénior de los Latin Kings me aceptaban sin reservas.

Rara vez se otorgaba a un Latin King de la rama Peewee el trato especial que me dispensaban a mí. Los Kings veteranos me escogían para acompañarles en sus misiones. Como resultado, el apodo Lil Loco llegó a ser muy conocido entre las diferentes secciones de Kings de toda la ciudad. Por desgracia, también llegó a ser muy conocido entre las pandillas rivales.

–Eres un hermano de ley. Por eso te las dieron –dijo Morena cuando le hablé de las pistolas–. Seguro que ahora te nombran jefe de los Peewee.

Le pedí que estuviera alerta mientras yo escondía la mercancía. Ella pegó un silbido y gritó «pongan ojo, pongan ojo». Tiré la bolsa con los saquitos de marihuana en un cubo de basura que estaba en la esquina sureste de Kedzie y Armitage. De ese modo la mercancía quedaba en un lugar accesible para cuando quisiera venderla, pero oculta a la vista, de modo que nadie pudiera llevársela. Luego escondí la treinta y ocho en el tronco de un árbol en la esquina noroeste, un cuarto de cuadra calle Kedzie arriba. Los Gangsters solían aparecer por esa zona, de modo que se trataba de un buen punto estratégico. Por fin, envolví la veinticinco en una hoja de periódico y la puse debajo de un auto estacionado en Armitage, en la parte interior de una rueda delantera, a dos autos de distancia de la intersección.

Cubana y Morena me hicieron compañía hasta que vendí todas las *nickel bags*. No podía creerme la rapidez con que habían volado. Cuando le entregué el dinero a Loco, se ofreció a darme cincuenta bolsitas más, pero rehusé porque quería irme a casa a cambiarme de ropa. Aun así, me regaló tres *nickel bags* para mi uso personal. Recogí mis pistolas, y Morena me llevó al apartamento de María. Eran cerca de las tres de la madrugada, así que decidí quedarme en casa. Morena subió conmigo para fumar algo de hierba antes de marcharse, pero nunca llegamos a encender los cigarrillos de marihuana; en cuanto los liamos nos quedamos dormidos.

El domingo por la mañana me despertaron unos golpes a la puerta. Sheena estaba al otro lado. La invité a pasar, me excusé y fui al baño. Cuando salí, Morena ya se había presentado a Sheena y ésta le había contado todo lo sucedido con Rosie. Morena se burló de mí, me llamó mandilón y luego se despidió. Antes de irse, me recordó que había una reunión convocada y me dijo que vendría a recogerme. Salí al rellano con Morena y le supliqué que no le hablara a nadie de Rosie, y mucho menos a Cubana. Morena no respondió más que «no se lo diré a Cubana» mientras bajaba las escaleras. Eso no me tranquilizó demasiado. Si corría la voz de lo que había pasado, seguro que los Kings me impondrían algún castigo. No me quedaba otro remedio que esperar a ver qué ocurría.

Entré de nuevo en el apartamento y me senté, esforzándome por evitar la mirada de Sheena. No lo conseguí. Me quedé mirándola a los ojos, incapaz de pronunciar palabra. Estaba nervioso y muy avergonzado. Quería fumarme un cigarrillo de marihuana para convertirme en el Lil Loco que caía bien a todo el mundo, pero no podía hacerlo mientras Sheena estuviera allí. Finalmente, ella rompió el silencio preguntándome si me encontraba bien. Le contesté que sí y acto seguido le pedí disculpas por haberme portado como un idiota. Ella, con una bondad extraordinaria, me aseguró que me comprendía y me perdonaba. También me aconsejó que dejara aquella vida antes de que fuera demasiado tarde.

Dios, ojalá la hubiera escuchado. Ojalá hubiera sido tan valiente como me creía y hubiera tomado la decisión adecuada, renunciando a ser un King. Pero no fui capaz; no lo hice. No era más que un cobarde que lo disimulaba con drogas y alcohol. Me asustaba demasiado la idea de enfrentarme al mundo como la persona que era en realidad. Gracias a mi condición de pandillero tenía un papel que representar, amigos, un estilo de vida, todo cuanto deseaba. No podía dejar esa vida atrás.

La madre de Sheena, que estaba fuera, tocó la bocina para que ella bajara. Sheena me besó en la mejilla y se marchó. Tan pronto como la puerta se cerró tras ella, encendí un cigarrillo de marihuana. Me paseé por la casa y me di cuenta de que estaba solo. María había pasado toda la noche fuera. Me senté en el sofá para ver la televisión, fumar hierba y pensar en Rosie, en los Kings y en los crímenes en los que yo había participado. Me dormí y tuve la primera de una serie de pesadillas que atormentaron mi sueño durante mucho tiempo.

En ésta en particular, veía la bala entrar y salir repetidamente de la chica que estaba con los Chi-West la noche que fuimos a recuperar el suéter de uno de los Spanish Lords. Su sangre lo salpicaba todo una y otra vez. Desperté sudando, inquieto, con miedo al mundo que me rodeaba y de mí mismo. Ni siquiera me atrevía a asomarme a la ventana. Traté de dormir de nuevo, pero la pesadilla me volvió a asaltar. Luchaba por mantenerme despierto, pero también me daba miedo estar con los ojos abiertos. Era pleno día, el sol brillaba a través de las ventanas, y sin embargo todo me parecía gris y sombrío. Me restregué los ojos, intentando enfocar la visión, pero no lo conseguí. Empecé a ver formas en las sombras y a imaginar que alguien o algo estaba ahí fuera, esperándome. Oí el chirrido de la puerta al abrirse y me entró pánico. Sin duda era la policía que venía a arrestarme, o una pandilla rival que venía a matarme. Pero no era ni una cosa ni otra, sino María. Me alegré tanto de verla que la vista se me aclaró de pronto, todo se inundó de luz y mis temores se disiparon. Mi corazón, que latía a toda prisa, recuperó su ritmo normal.

—Dame algo de lo que te has tomado, muchacho —comentó María—. Me gustaría sentirme tan bien como tú.

María estaba con una amiga. Las dos entraron en la cocina.

—¿Cómo está Rosie? —preguntó María.

Me levanté del sofá y me puse a alisarme la ropa.

—Supongo que tenías razón respecto a ella —prosiguió—. No eres un pendejo, después de todo.

Yo guardé silencio. No quería que ella supiera que, en realidad, sí había sido un pendejo. Me lo recordaría el resto de mis días.

—Ven acá, papito —me llamó María—. Quiero presentarte a mi amiga.

Su amiga era una mujer bajita y robusta, de cabellera negra y larga, con dos dientes de oro. Llevaba una corona tatuada en la parte superior del brazo derecho. Su nombre era Sonia.

—Llámame Soni —me dijo.

Le pregunté si era una Queen. Fue un error, porque se puso a sermonearme sobre la época en que ser King o Queen significaba algo de verdad, sobre lo mal que estaba que los puertorriqueños se mataran entre sí y aun tuvieran la caradura de hacerse llamar Latin Kings y Queens. Cuanto más hablaba, más marcado se hacía su acento puertorriqueño. Al final, terminó por hablar en español.

–*Una raza dividida no sobrevive* –sentenció–. *¿Quién va a sembrar la semilla de nuestra cultura si estamos muertos?*

–*Cálmate, hija, no es para tanto* –le dijo María.

Soni agarró la cerveza que María le ofrecía y se sentó.

–¿Sabes una cosa? –Comenzó de nuevo Soni, en un tono más sosegado–. Antes era un honor ser un Latin King o una Queen. Ayudábamos a nuestra gente, porque luchábamos contra los que nos discriminaban. No asaltábamos a nuestra gente, no los intoxicábamos con mierda. No hacíamos nada que perjudicara sus posibilidades de salir adelante. A María debería darle vergüenza haberte hecho lo que te hizo –añadió, volviéndose hacia su amiga.

–No estuvo mal –repuse, defendiendo a María–. Me gustó y quisiera que me lo hiciera otra vez.

–*Tú no sabes nada* –me soltó Soni–. María abusó de ti. Eras un niño pequeño. Por culpa de lo que hizo, nunca llevarás una vida normal.

María estaba llorando.

–Estaba borracha, había bebido –sollozó.

Salí de la cocina, me fui a la sala y encendí un cigarrillo de marihuana. Me quedé sentado pensando en lo que había dicho Soni. En el fondo estaba de acuerdo con ella en todo, pero era demasiado cobarde para expresar mis pensamientos.

Tenía quince años. Me habían dado armas con las que matar y herir, y drogas con las que iniciarme en el rentable negocio del narcotráfico. Todo esto ocurría en un momento en que yo aborrecía todo lo que me rodeaba. Era inevitable que esto desembocara en la autodestrucción, pero a todo el mundo le daba igual. A mí también. De hecho, las palabras de Soni eran las únicas que yo había oído que tenían cierto sentido. Pero fueron las que más rápidamente deseché como chorradas.

Morena pasó a por mí para llevarme a la reunión. La acompañé de mala gana. No tenía ganas de ir, pero sabía que estaba obligado. Dejar a los Kings tendría consecuencias muy peligrosas. Le pedí que se detuviera en algún sitio para comprar cerveza. Así lo hizo. Después de beber, me sentí mejor. La reunión transcurrió de la misma manera que las anteriores. Se rezó una oración, se dio la bienvenida a los nuevos miembros y se procedió a tratar los asuntos del orden del día. Se celebraría la iniciación de tres nuevos miembros: dos Júniors y un Peewee. Se comunicó a los presentes que las armas y las drogas mencionadas en la reunión anterior ya se habían comprado. Se apartaron cinco mil dólares para pagarle un abogado a un hermano conocido como Weasel, «comadreja». Weasel estaba acusado del asesinato del Gangster atropellado por una camioneta. ¡Él ni siquiera había participado en los hechos! Sólo fue el primer King que atrapó la policía cuando llegó al lugar de los hechos. Respiré, aliviado.

En eso consistía, básicamente, la ley de la calle. Daba igual si lo habías hecho o no; si pertenecías a una pandilla eras culpable hasta que se demostrara lo contrario. Se nos advirtió a todos los que habíamos recibido armas que éramos responsables directos de ellas. Miré la cintura de mi pantalón para asegurarme de que la veinticinco siguiera allí. Tambien se anunció un ataque contra una pequeña pandilla llamada Orchestra Albany que frecuentaba la zona de la calle Albany y del bulevar Kedzie. Por lo visto, habían perseguido al hermano de uno de los Kings que se había bajado del metro en Milwaukee. A los elegidos para tomar parte en el ataque se les notificaría con tiempo.

Entonces me ofrecieron el puesto de presidente de los Peewee Latin Kings de Kedzie y Armitage. Esto levantó murmullos en la sala. Loco se puso en pie y animó a que si alguien tenía algo que objetar a ese nombramiento lo dijera en voz alta.

—No hace mucho que es King —dijo alguien.

—Ni siquiera se junta con nosotros —añadió otro.

—Lil Loco es un hermano de ley. Se ha ganado el derecho a actuar con los Júnior —declaró Loco—. Por eso lo escogimos para el puesto. La decisión está en tus manos, Lil Loco –dijo, volviéndose hacia mí–. Decidas lo que decidas, todos te respetaremos.

–Lo pensaré –respondí haciéndome el duro y recorriendo la sala con la mirada.

Pensé en las ventajas de convertirme en presidente de los Peewee Latin Kings. Sería un pez gordo y todos los Peewees tendrían que obedecerme. Podría aceptar el puesto sólo para cerrarles la boca a los que habían hablado mal de mí. Sabía que mi nombramiento impresionaría mucho a Cubana y, además, me sería aún más fácil encontrar compañeras sexuales. Por otro lado, tendría que andar más a menudo con los Peewees, y eso quería decir estar constantemente con tipos que no querrían obedecerme. Decidí rechazar la oferta para no enemistarme con mis compañeros. Esperaría a que terminara la reunión para comunicarle mi decisión a Loco, pero él me la preguntó justo antes de terminar.

–No –contesté–. Los hermanos tienen razón, no me suelo juntar con ellos.

No se dijo una palabra más sobre el tema, como si mi decisión no hubiera sorprendido a nadie. Se levantó la sesión.

Después de la reunión, fui a buscar a Morena para que me llevara en auto a casa. Estaba exhausto y quería dormir un poco. Pero las Queens no habían acabado todavía. Me senté afuera, en el bordillo, junto al símbolo de los Latin Kings. Al final, Morena apareció con Blanca. Cubana no estaba por ningún lado. Cuando le pregunté a Morena por ella, se limitó a responder: «Pronto la verás. Si quieres que te lleve, vente, vámonos». Morena, Blanca y yo subimos al auto y nos pusimos en marcha. Blanca iba muy callada. No me dijo una palabra en todo el camino, ni siquiera cuando coqueteé con ella. En cuanto llegamos al apartamento de María, le pregunté si quería quedarse conmigo. «Ahora eres el hombre de Cubana», contestó, y desvió la mirada.

Subí las escaleras y me preparé algo de comer. Una media hora después, Cubana se presentó con uno de los nuevos miembros que habían sido iniciados ese día. Se llamaba Felipe. Su sobrenombre era Daffy, como

224

el del pato Lucas en inglés. No tenía aspecto de pato, pero imitaba bastante bien al pato Lucas.

Daffy era cubano. Tenía la piel aceitunada y cabello negro, peinado hacia atrás con fijador. Entrenaba en el gimnasio de Von Humboldt Park con otros miembros del equipo de boxeo del parque. Era un Latin King de diecinueve años que, obviamente, no tenía nada mejor que hacer con su vida. Abracé a Cubana y le di un beso apasionado para que a Daffy le quedara claro que era mi chica. Le estreché la mano al muchacho y ejecuté el saludo con el puño en el pecho. Le di un cigarrillo de marihuana y lo invité a sentarse. Cubana me susurró al oído que necesitaban hablar conmigo en privado, pues María y Sonia seguían allí, esnifando coca y sin hacernos ningún caso.

Guié a Cubana y a Daffy a mi cuarto, que daba al patio trasero, y cerré la puerta. Cubana y yo nos sentamos en la cama, y Daffy en la única silla que había. Me contaron por qué estaba él ahí. Loco había designado a Daffy para llevar a cabo el ataque contra los Orchestra Albany. Yo debía acompañarlo. Daríamos el golpe el miércoles de la siguiente semana: debíamos planear los detalles de la misión y ejecutarla nosotros mismos. La idea no me seducía, pero como Cubana parecía entusiasmada por el hecho de que me hubieran elegido a mí, su novio, para realizar el ataque, me porté como un macho. Le dije a Daffy que se encontrara conmigo en la esquina de Potomac y Claremont a las cinco de la tarde del miércoles. Entonces le explicaría como llevaríamos a término la misión. Daffy se marchó y Cubana se quedó. Dijo que quería pasar la noche conmigo.

Yo había alcanzado la meta que tanto había deseado. La gente me consideraba un líder, no un vasallo. No sólo me habían propuesto que fuera presidente de los Peewee Latin Kings, sino que me habían encomendado que dirigiera a un Júnior en batalla. Nadie antes me había confiado tanta responsabilidad. Había dejado muy atrás al mocoso asustadizo que temblaba al pensar en disparar contra otro ser humano. Ya no sentía la necesidad de huir ni de esconderme debajo de la cama. En mi mente y en mi corazón, estaba convencido de que había hecho bien. Había cumplido con mi deber, y los que me rodeaban opinaban lo mismo.

Las pesadillas volvieron. La imagen de la joven Chi-West, alcanzada una y otra vez por la bala, reapareció, esta vez acompañada por el Gaylord y por el Gangster atropellado. La chica recibía un disparo, el Gaylord imploraba piedad y el Gangster salía volando y rebotaba sobre los autos. Los tres caían en un charco de sangre. Yo despertaba de golpe, pero al dormirme de nuevo todo volvía a empezar. «Por favor, no me mates, por favor, no me mates», suplicaba el Gaylord justo antes de que yo escapara por última vez de la pesadilla. Era de día: lunes por la mañana. Había llegado el momento de fumarme un cigarrillo de marihuana y de ir a la escuela.

33. La pobre Rosie

Me desperté con sensación de resaca. Permanecí acostado en la cama, contemplando a Cubana y, de pronto, caí en la cuenta de que tenía que ir a la escuela. Me levanté, me duché y me vestí lo más rápido que pude. Agarré mis libros y me fui. Cuando salí del edificio, Morena estaba allí, esperándome. Dimples, de Cortland y Whipple, estaba con ella. Subí al auto y le pedí a Morena que me dejara en la escuela. Ella insistió en esperar a Cubana. Cuando ésta bajó, pusimos rumbo a Clemente. Enfilamos Potomac en dirección a Western. En el camino, Morena me exigió que le señalara a Rosie. Ella, Dimples y Cubana querían partirle la cara y, posiblemente, matarla. Como estaba sobrio, en lugar de alegrarme, me preocupé. No quería que le ocurriera nada malo a Rosie. Todavía estaba enfadado con ella, pero no quería ser responsable de su muerte. Encendí un cigarrillo de marihuana y traté de disimular la angustia. No abrí boca. Cubana me amenazó con dejar de verme si no identificaba a Rosie. Morena añadió que, además, mencionaría el incidente en la siguiente reunión. Me acordé de la paliza que había recibido Slim por regalar coca a cambio de sexo y me puse en su lugar. O Rosie o yo íbamos a salir mal parados. Decidí que no iba a ser yo.

Rosie siempre me esperaba frente al cuartel de bomberos de Western y Potomac. Aquel día no fue una excepción, pero se hartó de esperar y se fue hacia la escuela. Sheena iba con ella. Morena vio a Sheena y me preguntó si la otra chica era Rosie.

—Sí —respondí en voz baja. Les dejé bien claro que Sheena no era una pandillera y que me había salvado la vida. Morena les ordenó a Cubana y a Dimples que no tocaran a Sheena. Dejamos el auto en el estacionamiento situado frente a la cancha Clemente, del lado de la calle por donde ellas dos venían caminando. Salí del vehículo y me senté en el capó con los ojos llorosos, pues sabía lo que le esperaba a Rosie. Ella y Sheena me vieron y echaron a andar hacia mí. Morena salió del auto, avanzó escondiéndose tras otros dos autos estacionados y apareció a la espalda de las chicas. Cubana y Dimples se bajaron del auto y se colocaron junto a mí, una a cada lado. Una expresión de terror apareció en la cara de Sheena, como si adivinara lo que iba a ocurrir. Rosie, en cambio, actuaba como si nada hubiera pasado ese fin de semana.

—Estoy enojada contigo —me reprendió—. ¿Por qué no viniste a mi fiesta?

Me bajé del capó.

—Puta estúpida —dije y agarré a Sheena.

Vi que Dimples le pegaba un golpe en la cara a Rosie con un puño americano y que Morena se abalanzaba sobre ella por detrás. No quise ver más. Sin soltar a Sheena, me la llevé de allí y le tapé la boca con la mano para que no dijera nada que la delatase como la persona que me había hablado de los planes de Rosie. Ella no dejaba de llorar. Oí que alguien tocaba una bocina y que Morena gritaba: «Vámonos, *la hada, la hada*». Luego sonaron sirenas de la policía. Le di un beso a Sheena en la mejilla, le pedí disculpas y eché a correr por la cancha Clemente. Oí que alguien rugía «detente». No sabía quién gritaba ni a quién. Seguí corriendo, aterrado. Pasé por el callejón que estaba detrás de Tuley, luego por un corredor, por Bell Street, por otro corredor, y llegué a otro callejón. Allí me escondí en un cubo de basura. Permanecí allí unas cuatro horas. Tenía demasiado miedo para salir. Al final, me encaminé sigilosamente al apartamento de María. Morena me estaba esperando. Me llevó a Kedzie y Armitage para que me relajara en la sede. Rosie sabía dónde vivía yo, de modo que era probable que la policía llamara a la puerta de María para preguntar por mí. Estaría más seguro en la sede. Jamás volvería a poner un pie en la escuela.

Las dos semanas siguientes transcurrieron sin novedad. Me alojaba en la sede de los Kings porque la policía rondaba Tuley, haciendo preguntas sobre mí. Al parecer, Rosie había declarado que yo le había tendido una trampa. Aunque no se me notaba, todo el rato estaba paranoico y con miedo a que me apresaran. La policía le dijo a uno de los Spanish Lords que si lograban echarme el guante, me dejarían en la calle Rockwell esquina Potomac, en pleno territorio de los Disciples. Llamé a Sheena un par de veces estando sobrio y ella me contó que Rosie había recibido unos ocho navajazos ese día, casi todos en la cara y en el pecho. Seguía en el hospital, recuperándose de la agresión. Había tenido que someterse a dos operaciones de cirugía reconstructiva, pero aún necesitaba más. Me sentí un cabrón, pero logré sobreponerme pensando que era la misma chica que había intentado engañarme para que me mataran.

El ataque contra los Orchestra Albany se llevó a cabo sin mí, porque yo estaba en el ojo del huracán. Mi sobrenombre empezó a aparecer en las paredes de las zonas controladas por pandillas enemigas. La frase «Lil Loco morirá» estaba escrita por todas partes. Llegué a ser muy conocido, pero sólo de nombre. Más de una vez oí que hablaban de mí ante mis narices sin sospechar que Lil Loco era yo.

Hacía tres semanas que no pasaba por el apartamento de María. Durante mi ausencia, se había llevado a vivir allí a su nuevo novio. Era un tipo negro, alto y delgado, con peinado afro. Le encantaba lucir joyas caras. Era traficante de drogas. Una noche decidí ir a casa de María y les pedí a Paco y a Tito que me llevaran en auto. Estacionaron enfrente del edificio donde ella vivía y se quedaron en el auto mientras yo subía. Me esperaban para después ir juntos a una fiesta de la nación de los Kings. Una vez en el apartamento, entró el novio de María tambaleándose. Sangraba por la cara y el cuello. Dijo que dos tipos que iban en un auto azul lo habían atracado y le habían quitado las joyas, el dinero y la droga. María me había visto bajar del auto desde la ventana. Sabía tan bien como yo que Paco y Tito eran los autores del robo, y estalló. Me dijo que recogiera mis cosas y me marchara. No quería volver a verme en su casa. Intenté razonar con ella, pero se mantuvo firme. Estaba decidida: quería que me largara.

Miré por la ventana y vi que los muchachos se habían ido sin mí. Los maldije en mi fuero interno por haberme hecho esa jugada. Mientras tanto, María metía mis cosas en una bolsa de basura. Aquello iba en serio. Agarré mis pertenencias y salí a la calle. Me senté delante del edificio de María y me fumé un cigarrillo de marihuana, esperando que ella bajara y me aceptara de nuevo, pero no ocurrió. Una media hora después, llegó Morena y me recogió en su auto. Estaba al corriente de lo sucedido, pero ignoraba las consecuencias. Cuando le expliqué que María me había echado a patadas, se quedó callada un rato y luego me dijo que mientras fuera un King, siempre tendría un lugar donde alojarme. A partir de ese día, empecé a dormir donde podía. Hermanos o hermanas de la pandilla me invitaban a quedarme en su casa, a veces sin que otros miembros de su familia se enteraran. Dormía en pasillos, azoteas y autos, pero sobre todo en la sede. Mi relación con María se rompió para siempre, gracias a los Latin Kings, mis amigos y hermanos.

34. Juni

Cuantas más drogas consumía, más violento me volvía. A pesar de ello, todavía jugaba al béisbol cuando se me presentaba la oportunidad. Seguía siendo bastante bueno. De vez en cuando me acercaba a Western y Potomac para jugar algún que otro partido con los Western Boys. Conocían mi faceta de pandillero y no les hacía mucha gracia que jugara con ellos, así que me obligaron a prometer que no haría señas de los Kings durante los partidos y que me marcharía si una pandilla rival me descubría.

Los Western Boys tenía un nuevo miembro. Se llamaba Júnior, pero todo el mundo lo llamaba Juni. Era un muchacho enclenque de ojos color avellana y cabello castaño. Se había mudado a Chicago desde Nueva York. Era divertido. Siempre bromeaba e intentaba hacer reír a la gente. Era un buen chico y sus padres también eran muy buena gente. Nunca se oponían a que yo fuera a su casa a comer o a dormir. Querían un montón a Juni y se preocupaban mucho por él. El amor se notaba en el ambiente. Me hubiera gustado que mi familia hubiera sido parecida.

Juni había oído hablar de mí a los otros Western Boys y me dijo que quería ser un King. Me solía incordiar para que le contara mis batallas de pandillero con pelos y señales. Yo no lo animaba a ser como yo, pero tampoco lo desanimaba. Su primer cigarrillo, su primera cerveza, su primer cigarrillo de marihuana... todo eso lo probó conmigo. Luego aprendió a hacer la seña y el saludo de los Kings, fijándose en mí.

Un día, los Western Boys organizaron un partido contra un equipo dirigido por algunos de los miembros del equipo de béisbol de Clemente. Juni estaba muy emocionado; no hablaba más que del partido. Tenía la intención de hacer una prueba para incorporarse al equipo de la escuela cuando entrara a estudiar el primer grado, al año siguiente. El partido se programó para el sábado por la mañana y nos reunimos el viernes anterior para entrenar.

Entrenamos hasta media tarde y luego todo el mundo se marchó a su casa... Todo el mundo menos yo, claro está. Yo no tenía casa. Acompañé a Juni a la suya, que estaba situada en la calle Claremont, enfrente de Tuley. De ahí fui a un restaurante que estaba en la esquina de las avenidas Western y North, llamado Taco Loco. Llevaba algo de dinero, así que decidí comer allí y luego llamar a Morena o a algún otro de Kedzie y Armitage para que pasara a buscarme. Estaba cruzando la calle LeMoyne, a una cuadra de North, cuando oí pasos que se me acercaban rápidamente por detrás. Me dispuse a sacar mi veinticinco, pero me di cuenta de que no la llevaba. Gracias a Dios, no la necesitaba; era Juni el que corría hacia mí. Había dicho a sus padres que se iba a Tuley a jugar, pero en lugar de eso vino en mi busca. En Taco Loco pedí comida para los dos y empecé a insertar monedas de veinticinco centavos en el flipper. Cuando me di cuenta de la hora que era, había anochecido. Le dije a Juni que lo acompañaría a su casa. Sabía que tendría problemas con sus padres, pero estaba convencido de que cuando vieran que estaba conmigo, se tranquilizarían.

Echamos a andar por North y doblamos por Claremont para dirigirnos a Tuley. Mientras caminábamos, un auto repleto de jóvenes pasó por nuestro lado. «Amor de Rey», nos gritaron. Como no reconocí el vehículo ni a sus ocupantes, no contesté. Juni, por su parte, les devolvió el saludo y luego se volvió hacia mí, como pidiéndome mi aprobación.

–Ésos son tus colegas, Lil Loco. *Amor de Rey*, chico. *Amor de Rey*.

Yo no respondí. Continué andando y me puse a hablar del partido. Empezaba a inquietarme el auto que acababa de pasar. Me di la vuelta y, en efecto, ahí venía otra vez. Para entonces estábamos muy cerca de la iglesia de Saint Aloysious, en Claremont y LeMoyne. Me estaba angustiando, pero no quería quedar como un cobarde delante de Juni. ¿Y si los ocupantes del auto eran Latin Kings de verdad? ¿Qué impresión daría si me agachaba y me escondía de mis propios compañeros? No, tenía que mostrarme tranquilo y no dejar que se me notara el miedo.

La iglesia tenía una cubierta de cemento sostenida por bloques de hormigón en la fachada que daba a Claremont. Comencé a guiar a Juni hacia allí para ponernos a salvo. «Amor de Rey», nos gritaron de nuevo. Juni se volvió y se apartó de mí. Yo traté de agarrarlo pero ya se había alejado demasiado, se acercó a la calzada y respondió a voz en cuello: «Amor de Rey».

–No, Juni, no lo hagas –fue lo único que pude decir–. Vuelve, vuelve –lo llamé, corriendo hacia él. Antes de alcanzarlo, retumbaron dos disparos, como cañones. Mientras me tiraba al suelo, oí que Juni pegaba un alarido. Luego, con un chirrido de neumáticos, el auto se alejó a toda velocidad. Cuando alcé la vista, Juni yacía en la acera desangrándose. Tenía dos heridas de bala en el pecho. Sostuve su cabeza entre mis brazos y rompí a gritar como un loco.

–¡Socorro! ¡Socorro! ¡Que alguien llame una ambulancia!

Juni boqueaba, esforzándose por hablar, murmurando que su madre se iba a enfadar con él.

–No, Juni, no te mueras –le decía yo.

–Dile a los chicos que no podré jugar mañana –fueron sus últimas palabras.

Me quedé ahí sentado, abrazándolo. Había muerto por mi culpa. Impotente, me puse a blasfemar a voz en grito contra todas las pandillas rivales.

–Jodidos *cruzaos*, van a morir, todos ellos van a morir –aullé, con la voz cargada de odio. Pero ya era demasiado tarde; Juni estaba muerto.

La policía tardó unos veinte minutos en llegar, pero la ambulancia seguía sin llegar. Se formó una multitud. La policía empezó a hacer sus habituales preguntas para averiguar qué había sucedido. Como de costumbre, todo el mundo negó haber visto u oído nada. Todos decían «acabamos de llegar», como siempre. Un agente me ordenó que soltara a Juni y me levantara.

—Está muerto, está muerto –grité.

El policía me agarró del pelo.

—Te dije que lo soltaras –gruñó y tiró de mí hacia arriba. Me arrojó con violencia contra el asfalto y me esposó. Para entonces, la policía pululaba por todas partes. Unos detectives de la unidad criminal dedicada a las pandillas me metieron en un auto y me interrogaron. Querían saber quién lo había hecho, pero antes de responder, preguntaron a qué pandilla pertenecíamos Juni y yo. Miré por la ventanilla a Juni, que seguía tendido en el suelo. Sus padres estaban ahora en el escenario de los hechos y pude oír a su madre, chillando horrorizada, con todas sus fuerzas: «Mi hijo, mi hijo, Diosito, ¿por qué me quitaste a mi hijo?». Su marido estaba ahí parado, con la cara inexpresiva y la vista clavada en mí. Le conté a la policía que unos tipos habían pasado con el auto, coreando el lema de los Kings, y que Juni les había contestado. Les aclaré que él no era miembro de ninguna pandilla, pero que yo era un Latin King.

—Conseguiste que mataran a tu amigo –comentó uno de los detectives–. Supongo que ahora te sentirás todo un hombre.

—Más vale que reflexiones sobre eso –dijo el otro–. La próxima vez te puede tocar a ti.

Como yo no era capaz de darles una descripción más completa del vehículo y sus ocupantes, me sacaron del auto y me quitaron las esposas. Me hicieron varias advertencias sobre lo que me pasaría si continuaba con mis actividades de pandillero y me dejaron marchar.

La ambulancia llegó por fin, cuando ya hacía cuarenta y cinco minutos que Juni estaba allí tendido. Desde el otro lado de la calle, vi que la policía se llevaba a la madre de Juni a rastras para que la ambulancia pudiera llevarse el cadáver. Entonces ella me miró y vio que estaba manchado de sangre. Corrió hacia mí, gritando y agitando los brazos. «¡*Hijo de la gran puta! ¿Qué le hiciste a mi hijo?*», chilló mientras me abofeteaba repetidas veces. Yo me quedé inmóvil, con la vista fija en el suelo, con un gran sentimiento de culpa. Merecía el castigo que estaba recibiendo. El padre de Juni agarró a su mujer y la apartó de mí. Regresó, me miró con una expresión muy dura y dijo:

—No debemos matarnos unos a otros. Ésa no es la razón de ser de los Latin Kings.

Aunque el padre de Juni nunca había sido un King, vio el nacimiento de la pandilla cuando era un grupo que luchaba por la causa puertorriqueña.

—Nos vengaremos —le aseguré.

Él me agarró de la camisa y me levantó del suelo.

—Ni se te ocurra matar a nadie en nombre de mi hijo —me advirtió—. Si él no te importaba lo suficiente como para salvarle la vida, no finjas que te importa ahora que está muerto —me soltó.

Caí al suelo y él se alejó, furioso.

Notaba una sensación de vacío en mi interior. Habría querido tener un cigarrillo de marihuana o una cerveza para olvidar lo sucedido. Se llevaron a Juni. Sus padres se fueron con la policía, y todos los curiosos volvieron a ocuparse de sus asuntos. La vida seguía.

Cuando llegué a la sede, los Kings se pusieron histéricos. Al ver las manchas de sangre en mi ropa creyeron que me habían pegado un tiro. Les conté lo ocurrido. Como tenía allí mis cosas, me lavé, me cambié de ropa y me puse a beber y a fumar para parar el dolor.

Pregunté por Morena. Ella tenía mis pistolas y yo quería vengar a Juni. Al final Morena apareció y me entregó la veinticinco, pero Loco ya me había convencido de que esa noche me lo tomara con calma. Me dijo que la policía contaba con que se produjeran represalias y que era mejor esperar a la noche siguiente, la del sábado. No dormí en toda la noche. Cada vez que cerraba los ojos, veía a Juni morir en mis brazos.

El sábado por la mañana, Cubana me trajo el desayuno. Me mostré enojado con ella por no haber aparecido en toda la noche. Me habría venido bien que me hubiera animado. Cubana volvía a ser mi confidente y se lo conté todo. Después de hablar con ella durante un rato, me quedé dormido y Juni se me apareció en sueños otra vez. Lo vi bañado en sangre. Después, vi la bala entrar y salir de la muchacha Chi-West. Luego me vi a mí mismo bañado en sangre. Las balas alcanzaban a Juni, que decía mi nombre. Yo permanecía inmóvil, sin hacer nada. Me desperté gritando y maldiciendo. Me bebí una botella de vino como si fuera agua. Cubana trató de tranquilizarme, pero la aparté de un empujón. Agarré mi pistola y salí a la calle. Corrí a casa de Morena. Ella se había mudado de Maplewood Park y vivía enfrente de Humboldt Park, en el bulevar Kedzie, como a kilómetro y medio de la sede. Fui a verla porque quería mi otra pistola. Quería matar a alguien. Decidí que la única manera de sacar a Juni de mis sueños era vengar su muerte. Morena me preguntó para qué quería el arma y le conté lo que le había pasado con Juni.

—Voy a matar a uno de esos putos Cobras. (Como habían matado a Juni en territorio de los Spanish Lords y los Cobras eran sus enemigos, era lógico pensar que le habían disparado ellos.) ¡Y ahora, dame la maldita pistola!

Morena me pasó el arma y me pidió que esperara a que ella se pusiera los zapatos, quería venir conmigo. En cuanto entró en su dormitorio, me largué a toda prisa.

Corrí hasta Kedzie y North y me subí al autobús. Culpaba a los Cobras de haber apretado el gatillo que había matado a Juni. Tenían que haber sido ellos. Bajé del autobús en la calle Campbell y eché a andar en dirección sur, hacia el barrio de los Cobras. Cuando llegué a la calle Hirsch, un auto en el que viajaban Lucky y Cubana se detuvo ante mí. Morena me dio alcance a pie. Entre todos lograron persuadirme de que esperara hasta la noche: entonces habría más Cobras en la calle. Fui al apartamento de Morena y me pasé allí todo el día, fumando hierba y viendo la televisión. Cubana me hizo compañía un rato, pero cuando yo rechacé bruscamente sus caricias, se marchó. No estaba de humor para mostrarle afecto a nadie. No tenía ganas de comer, ni de hablar; lo único que quería era fumar marihuana. Quería que el tiempo pasara volando y poder salir a disparar a un Cobra.

Al anochecer, estaba considerablemente intoxicado y ansioso por cometer un acto violento. Lucky trató de convencerme de que era mejor que otro ejecutara la venganza. Me negué. Cuando me dijo que tendría que ir solo, me puse a caminar hacia el territorio de los Cobras. Cuando vio que iba en serio, me dijo que me llevaba. Fuimos en auto hasta Cortland y Whipple, donde recogimos a Queen Loca. En el camino, Lucky le contó el plan. A ella le pareció bien; de hecho, parecía muy emocionada. Loca tenía unos veinticinco años. Era una joven puertorriqueña bajita, de piel morena, con acento neoyorquino. Se había ganado el apodo porque tenía el gatillo fácil y porque era capaz de pelearse con quien fuera, hombre o mujer. Había practicado las artes marciales, y se le daban bien. Nunca antes había conocido a una pandillera tan recalcitrante que además fuera madre. Tenía dos niños pequeños. El padre de los niños era un King que estaba cumpliendo una pena de ochenta años en la cárcel por asesinato.

Recorrimos el bulevar Humboldt hasta la calle Division y luego fuimos hacia el este. Tras una breve discusión, en lugar de a los Cobras, decidimos atacar a los Disciples en la esquina de Rockwell y Potomac. Llegamos por Division hasta Rockwell y torcimos en dirección norte, hacia Potomac. El plan consistía en que Loca y yo abriésemos fuego cuando Lucky girase hacia el oeste por Potomac desde Rockwell. Yo llevaba mi treinta y ocho. Lucky le pasó a Loca una cuarenta y cinco automática. (Loca manejaba muy bien las armas.) Sacó el cargador, echó un vistazo a la recámara, insertó el cargador en su sitio y sujetó la pistola en posición de disparo. Bajamos las ventanillas y nos preparamos para apretar el gatillo. Cuando nos acercamos, vimos que había un montón de Disciples matando el tiempo en las cuatro esquinas. Además, había un tráfico muy intenso debido a la venta de drogas que se hacía por allí.

–Fíjate en esos cabrones –comentó Loca mientras bajaba su ventanilla. Cuando llegamos a la esquina, empezó a disparar antes de que Lucky girara. Yo también abrí fuego. Entonces Lucky viró a toda velocidad. Los Disciples nos devolvían los disparos y la luna posterior estalló hecha añicos mientras acelerábamos por Potomac. Después de cruzar California, Lucky se metió en el parque y lo cruzó hasta el paseo. Atravesamos la avenida Sacramento y abandonamos el auto. Lucky nos dijo que nos deshiciéramos de las pistolas y luego arrancó a correr hacia Kedzie. Loca me agarró del brazo y me llevó con ella hacia la avenida Augusta. Me volví hacia el auto y vi tres agujeros de bala en el lado del conductor. No quería ni imaginar el aspecto que tendría el lado del acompañante, pues casi todos los disparos habían venido de esa dirección. Teníamos que desaparecer de las calles lo antes posible.

35. Loca

En el cruce de las avenidas Kedzie y Augusta había otra sección de los Latin Kings. Loca me guió a la otra acera de Augusta y a un callejón. Al llegar al fondo, atravesamos una valla y llegamos al patio trasero de un edificio de dos plantas. Subimos al segundo piso y llamamos a la puerta. Una señora blanca, alta y delgada, nos abrió y nos dejó pasar. Se llamaba Kaye. Los Latin Kings solían montar fiestas en su apartamento. Dentro había unos siete jóvenes drogándose. Kaye tenía tres hijos. Los tres estaban presentes en la habitación donde se estaban consumiendo drogas. Loca reprendió a Kaye por permitirlo, pero ella no contestó. La propia Loca pidió drogas a los chicos y me llevó a la cocina. Mientras nos colocábamos, intercambiamos nuestras historias personales. Le conté cómo había terminado en la calle y la serie de acontecimientos que habían desembocado en el ataque que acabábamos de efectuar. Ella me habló de su vida como Queen y me aseguró que ingresar en la pandilla había sido una buena decisión por mi parte. Alabó mi deseo de matar a un Cobra para vengar a un amigo.

—Eres un buen hermano —dijo—. Ya no quedan muchos como tú.

Sus palabras me hicieron sentir orgulloso, todo un hombre. Me alegraba de haberme convertido en un King.

Al cabo de unas horas, Loca me propuso que diéramos un paseo hasta la piscina de Augusta, unas instalaciones del Distrito de Parques de Chicago que cerraban por la noche. La piscina estaba como una cuadra y media al oeste de Kedzie, en Augusta, a la altura de Sacramento. Mientras caminábamos, me habló de una pandilla, los Dragons, que habían fundado un par de ex Kings al otro lado del bulevar. Según Loca, eran nuestros enemigos. Al parecer, los dos tipos habían ocupado una posición destacada en la sección de Augusta y Kedzie de los Kings, pero habían violado a una Queen y los habían castigado con una «violación» de la cabeza a los pies que había acabado con ellos en el hospital. Como venganza, habían atracado al jefe de los Kings de Augusta para quitarle drogas, armas y dinero. Además, para protegerse, formaron los Latin Dragons con otros jóvenes contrarios a los Kings. Loca me advirtió que tuviera cuidado en la piscina, porque los Dragons podían aparecer en cualquier momento. A media cuadra de la piscina, levanté la tapa de una alcantarilla y tiré allí las pistolas que habíamos utilizado en el ataque. Aún me quedaba la veinticinco.

Alguien había hecho un boquete grande en la valla que rodeaba la piscina para poder ir a darse un chapuzón después de la hora de cierre. Aunque era ilegal nadar allí de noche, la policía rara vez se molestaba en impedirlo. Pasamos por el agujero de la valla. No había nadie. Loca se zambulló mientras yo me quedaba vigilando el otro lado de la calle por si aparecían los Dragons. Luego, ella me tiró a la piscina de un empujón, se lanzó detrás de mí y empezó a meterme la cabeza en el agua una y otra vez. La veinticinco se me salió de los pantalones y se hundió hasta el fondo. Loca buceó tras ella para recuperarla. Al subir de vuelta a la superficie, la camiseta se le levantó hasta los hombros. No llevaba sostén y sus pechos al descubierto me impedían apartar la vista.

–¿Qué estás mirando, chico? –preguntó Loca con una carcajada–. ¿Es que son las primeras tetas que ves?

Dejó la pistola al borde de la piscina e intentó sumergirme de nuevo.

Estábamos pasando un buen rato cuando nos interrumpió la música procedente de una radio. Alzamos la vista y vimos a cuatro chicos y dos chicas que entraban por el agujero de la valla. Nadé hasta el borde donde estaba la pistola y la agarré antes de que ellos la vieran. Loca se me acercó.

—Vámonos —me susurró—. Son Dragons.

—Mejor les pegamos cuatro tiros —susurré.

—¿Y si la pistola no funciona? Como se ha mojado, puede encasquillarse —dijo Loca.

Nos marchamos a toda prisa sin siquiera mirarlos. Mientras nos alejábamos, los Dragons le gritaban a Loca que se quedara a jugar con ellos. Regresamos corriendo a la casa de Kaye, echando vistazos por encima del hombro para asegurarnos de que no nos seguían. Cuando llegamos, Loca les dijo a los Kings que los Dragons estaban en la piscina. Enseguida se movilizaron. Yo quería ir con ellos, pero Loca me lo impidió. Descolgó el teléfono de Kaye y llamó a alguien de Cortland y Whipple para que fuera a recogernos. Unos quince minutos después, oímos un bocinazo. Había llegado el auto que nos llevaría de regreso a nuestro territorio. Cuando subimos al auto sonaron unos ocho disparos en la zona de la piscina y oímos unos gritos que llegaban de la misma dirección. De pronto, vimos a dos tipos que corrían hacia nosotros. El auto arrancó y nos largamos de ahí antes de que apareciera la policía. Los cuatro chicos de la piscina recibieron impactos de bala; dos de ellos murieron. No sé si de verdad eran Dragons, pero los enfrentamientos entre Kings y Dragons se intensificaron después de aquel episodio.

Fuimos al apartamento de Loca, en la esquina de Cortland y Humboldt, en una finca conocida como *La Tumba* porque habían matado a varias personas allí o justo enfrente. Sorprendentemente, Loca no dejó que los Kings prosiguieran la fiesta en su apartamento. Su casa se veía limpia y ordenada, con muebles que parecían caros. Delia, su hermana, estaba allí cuidando de los hijos de Loca. A sus trece años, estaba embarazada. Yo quería conseguir algo de beber o de fumar y encontrar a Cubana, pero Loca no me dejaba salir. Me aconsejó que me quedara allí.

—*La hada* debe de andar por ahí, lista para llevarse al primer hermano que encuentre —me dio algo de hierba y un librillo de papel de liar.

Señaló una habitación donde podía ir a fumar–. No te preocupes por Cubana –añadió–. Vive allí, ése es su cuarto.

Entré en el dormitorio de Cubana y me tendí en su cama, contemplando la decoración de sus paredes. Había un montón de dibujos que le habían enviado algunos Kings presos. En su mayor parte eran motivos relacionados con la pandilla, pero había varios de tipo romántico. Estaba leyendo una carta cuyo autor proclamaba su amor por Cubana, cuando ella apareció. Se disgustó al encontrarme allí y me pidió que me fuera, pero Loca intervino para explicarle que ella me había dejado entrar.

–Me da igual –repuso Cubana–. No debería estar aquí.

Salí de su cuarto y ella cerró la puerta con llave. Me quedé ahí parado preguntándome qué mosca le había picado.

Alguien llegó para recoger a Delia. Loca preparó el sofá para que pudiera dormir en él, se retiró a su habitación y el apartamento se sumió en la oscuridad y el silencio. Yo estaba muerto de sueño, pero no me atrevía a cerrar los ojos por miedo a las pesadillas que me asaltaban. Sin embargo, el cansancio me venció y me quedé dormido.

Las pesadillas volvieron. Vi a Juni recibir los tiros una y otra vez, y a la Chi-West suplicando piedad mientras las balas la atravesaban de parte a parte. Desperté empapado en sudor. El corazón me latía con fuerza y temblaba. Me levanté y fui al baño. Cuando encendí la luz, vi el rostro ensangrentado de Júnior en el espejo. Me asusté tanto que me meé en el piso del baño. Limpié aquel desastre y regresé al sofá.

Cubana estaba allí sentada, esperándome. Hablamos de los dibujos de su pared. Me confesó que tenía un novio en la cárcel. Era un King conocido como Jíbaro. Llevaba diez años encarcelado y le quedaban unos cincuenta por cumplir. Se lo había presentado Loca cuando le habían hecho una visita al padre de sus hijos. Cubana tenía dieciocho años, Jíbaro treinta y tantos. Cubana era su mula. (Una mula, en argot carcelario, es una mujer que introduce droga en la cárcel para los presos de manera clandestina, normalmente escondida en la vagina.) Supuse que se acostaba con él, pero ella lo negó. Me daba igual. Fuimos a su cuarto y nos dimos un revolcón, que era lo único que me importaba. Por mí, podía ser la novia de todos los presos: mientras siguiera fornicando conmigo, me parecía bien.

Decía que nunca me había confesado su condición de mula porque me quería y temía que yo la despreciara por eso. Era una de tantas Queens utilizadas a tal efecto. Para muchas, el solo hecho de figurar entre las candidatas a realizar esa tarea ya es todo un placer y un honor. De hecho, buen número de Queens ascendían de categoría en la pandilla ejerciendo de mulas.

Cubana no se equivocaba al ocultarme esa faceta suya. Desde que lo supe, ya no confié tanto en ella. Se convirtió a mis ojos en otra Jenny, una chica con la que acostarme cuando no había nadie más disponible. También dejé de compartir con ella mis pensamientos más íntimos.

Y Loca se convirtió en otra María. Me dejaba dormir en su casa y siempre me daba algo de comer. Sus dos niños, Ángel, de ocho años, y Tony, de seis, se encariñaron mucho conmigo. Eran unos niños bien educados y cordiales, lo que me sorprendió. Loca me prohibió que hiciera la seña de los Kings o que los mencionara siquiera en su presencia. Esto me extrañó un poco, teniendo en cuenta que ella misma era una Queen. Aun así, la obedecí. No quería volver a quedarme en la calle ahora que había encontrado alojamiento.

36. Morena, R.I.P.

El domingo asistí a la reunión, que siguió la rutina como siempre: se anunció la compra de más armas y drogas, y se levantó la sesión. Antes de irme, Pito me comentó que me estaba metiendo en demasiados líos. Según él, los hermanos preferían que me calmara un poco durante un tiempo para evitar que me arrestaran. Pensé que a lo mejor se preocupaban de verdad por mí. No creo que fueran conscientes de que las drogas y el alcohol eran lo que me transformaba en la persona a la que tanto querían. Yo era demasiado débil, demasiado asustadizo, demasiado cobarde para llevar una existencia de pandillero sin embotarme la mente con aquellas sustancias. En todas las reuniones, al mirar a los ojos a los Kings, uno podía darse cuenta de que la mayoría estaban tan asustados como yo.

Obedecí las órdenes de mis superiores y prácticamente no entré en acción durante el resto del verano. Iba con frecuencia al parque y pasaba mucho tiempo con Loca, sus hijos y Cubana.

Hacia el final del verano, una gran tragedia nos conmocionó: Morena fue asesinada. Estaba en la esquina de Kedzie y Armitage, a pocos metros del símbolo de los Latin Kings, cuando pasó por allí un auto repleto de Imperial Gangsters. Le dispararon en el pecho y la cara con una escopeta recortada. Murió allí mismo, en la calle. Esa noche yo estaba a la orilla del lago, con Cubana, Loca y sus niños. Me sentí culpable porque sabía que si hubiera estado al lado de Morena, ella no habría muerto. En su velatorio me quedé arrodillado junto a su ataúd hasta que cerraron la funeraria. Me acordé de cómo nos conocimos, de que ella me salvó después del tiroteo contra los Chi-West en lugar de dejarme tirado por no haber apretado el gatillo. Era la hermana que siempre había deseado tener, y me costaba mucho imaginar que ya no volvería a verla por allí. Me sentía atontado. A pesar de todo, no asistí a su entierro: estaba ocupado preparando un ataque contra los Gangsters. Me embarqué en una espiral de violencia para vengar a Morena. El mismo día que la enterraron salí a pegar tiros contra los Gangsters. La cosa duró cuatro días seguidos. Para el primer ataque, simplemente tomé el autobús hasta el bulevar Palmer con Drake y me puse a disparar en cuanto me bajé. Ignoro si alguien resultó herido; me daba igual. Me limité a abrir fuego y arranqué a correr de regreso a Kedzie y Armitage. Llevé a cabo los dos ataques siguientes desde un auto, con la ayuda de otros hermanos. El último lo efectué solo, y esa acción supuso el principio del fin de mi carrera como Latin King de Kedzie y Armitage.

Justo cuando se cumplía un mes del asesinato de Morena, yo estaba con Cubana en el apartamento de Loca. Como siempre, estaba fumándome un cigarrillo de marihuana y ansioso por darme un revolcón. Nos besamos y luego comenzamos a hacer el amor, pero esta vez fue diferente. Me imaginé que era con Morena con quien hacía el amor. Aspiraba su dulce aroma, oía su voz y veía su cara cuando abría los ojos. Era como revivir la noche en que me acosté con ella. Perdí la cabeza. Me levanté, llorando, y me vestí. «¿Qué te pasa? ¿Qué te pasa?», gritó Cubana. Agarré la treinta y ocho que llevaba entonces (me había deshecho de la veinticinco después del segundo ataque contra los Gangsters) y salí a la calle. Eran cerca de las dos de la madrugada. Caminé hacia Kedzie y Armitage y me tropecé con un King de Cortland y Whipple a quien todo el mundo llamaba Duce. Por algún motivo no nos llevábamos muy bien, pero se mostró de acuerdo en ayudarme a robar un auto para hacer el trabajito.

Yo necesitaba que alguien me echara una mano; no tenía idea de cómo se hacía un puente en un auto. Aunque no me fiaba de Duce, decidí seguir adelante de todos modos; no podía quedarme de brazos cruzados.

Duce y yo avanzamos por la calle Albany hacia la avenida North. Yo me quedé vigilando mientras él forzaba la puerta de un auto estacionado cerca de la calle Bloomingdale y arrancaba el motor. Llegó marcha atrás hasta Bloomingdale, y allí me subí al asiento del acompañante. Fuimos hacia Central Park y Armitage. La pandilla de los Gangsters había crecido y ampliado sus dominios hacia las calles laterales paralelas a la avenida Central Park. La calle estaba prácticamente desierta. Empezamos a impacientarnos porque no había nadie a quien matar. Justo antes de llegar a Armitage, dos tipos salieron de un callejón y echaron a andar hacia el norte, hacia nosotros.

—Gangster —grité cuando pasábamos junto a ellos.

—Imperial —respondieron, haciéndonos señas para que volviéramos.

—Esos pendejos creen que somos Gangsters —dijo Duce.

—Vamos, vamos —lo apremié—. Estos maricones son míos.

—No hay tráfico —señaló Duce—. Voy a dar marcha atrás para que queden de tu lado.

—Muy bien, *bro*, muy bien. ¡Vamos!

Mientras Duce metía la marcha atrás, vi que los dos Gangsters bajaban a la calzada, preparándose para que los recogiéramos. Yo saltaba de emoción. Me moría de ganas de verlos tirados en el asfalto, desangrándose. Duce detuvo el auto a pocos centímetros de ellos. Los chicos dieron unos pasos para subirse al auto, ignorantes de quiénes éramos. Abrí mi portezuela y comencé a disparar.

—Amor de Rey, hijo de puta —chillé mientras apretaba el gatillo una y otra vez.

Los dos Gangsters cayeron al suelo, sangrando por las heridas de bala.

—¡Esto va por Morena, cabrones! *¡Amor de Rey!* —vacié el cargador sobre los dos cuerpos que yacían a mis pies y, cuando ya no me quedaban balas, le propiné una patada al más próximo.

—¡Vamos, tenemos que irnos! ¡Métete en el auto! —oí gritar a Duce.

Subí al auto y me agarré fuerte mientras Duce aceleraba a fondo. Yo estaba eufórico.

—Esto va por ti, Morena, esto va por ti —aullé mirando al cielo.

Entretanto, Duce manejaba saltándose semáforos en rojo. Nos nos estrellamos por los pelos. Me daba igual si nos matábamos. La alegría por lo que acabábamos de hacer me impedía pensar en otra cosa. Duce estacionó en Bloomingdale, entre la avenida Kimball y Kedzie. Desde ahí nos alejamos rápidamente a pie hacia nuestro territorio. Limpié mis huellas de la pistola y la arrojé al viaducto que había a lo largo de Bloomingdale. Cuando llegamos a Cortland y Whipple, Duce se fue por su lado y yo por el mío. En casa de Loca le expliqué a Cubana por qué me había marchado a toda prisa y le conté lo sucedido. Ella expresó su aprobación y se puso cariñosa conmigo. Esta vez olí a Cubana, sentí a Cubana e hice el amor con Cubana. Morena descansaba en paz.

Los miembros de las pandillas tienen la creencia de que los camaradas caídos no descansan en paz hasta que alguien venga su muerte. El honor y la reputación de una pandilla quedan en entredicho si no responde a cada agresión recibida con un acto de represalia. Casi toda la ira en el corazón de los pandilleros se alimenta del recuerdo de los compañeros muertos. Es esta ira la que mantiene unidos a los pandilleros y hace que funcionen como una familia. Esos mismos recuerdos se inculcan en el corazón de los nuevos miembros para continuar fomentando el odio. Los nuevos hermanos se lanzan a vengar los asesinatos de personas que nunca conocieron hasta que cuentan con recuerdos propios que los impulsan a seguir por ese camino. Así, la memoria de un camarada muerto aviva las llamas de la violencia entre pandillas. Es, y siempre será, lo más difícil de extinguir.

Los otros Kings fueron muy duros conmigo por aquel ataque contra los Gangsters. A Dino lo apresaron y lo acusaron del crimen. Uno de los Gangsters murió; el otro quedó lisiado. Se convocó una reunión especial para hablar sobre mis actos. Sólo estaríamos presentes los miembros de la

comisión y yo. Loco pasó a buscarme a casa de Loca y se puso a regañarme desde el momento en que subí al auto. Me callé, sin siquiera pres-
tarle atención, ajeno a todo. Me bajé del auto en Kedzie y Armitage ante
un mar de miradas. Todos parecían saber que el destino me deparaba lo
peor. Me puse nervioso e hice lo que solía hacer cuando estaba inquieto
o asustado: encendí un cigarrillo de marihuana. Subimos las escaleras hasta la sede. Nadie dijo una palabra. Dentro, los chicos que integraban la
comisión nos aguardaban.

–¿Qué hay, Lil Loco? –me saludó Paco–. *Estás caliente* –agregó, refiriéndose a que estaba muy acelerado últimamente.

–Apaga ese cigarrillo de marihuana, Lil Loco, y siéntate –me ordenó
Loco en tono de enfado.

Me arrellané en el sofá situado junto a la ventana, di una última y
larga calada y lo apagué.

–Te advertimos que te calmaras –comenzó Loco–, pero tenías que
joderlo todo, ¿verdad? ¿Qué crees que deberíamos hacer, Lil Loco? Dime,
¿qué hacemos contigo, eh?

–Morena era mi chica –dije–. Tenía que hacerlo. Imponme una «violación», si quieres. Si liquidan a cualquier otro de mis muchachos, lo volveré a hacer.

–¡El problema no es lo que hiciste, sino cómo lo hiciste! –gritó Loco–.
Tienes que informarnos antes de hacer una pendejada como ésa.

–Dino está en la cárcel ahora. Tal vez no salga nunca –dijo Paco–. Y
todo porque no nos informaste.

–No vamos a imponerte una «violación», eres un hermanito de ley
–siguió Loco–. Pero te prevengo: no actúes a menos que te lo digamos
nosotros.

–Qué carajo, soy un King, un líder –repliqué.

–Si actúas sin nuestro consentimiento, recibirás una paliza de la cabeza a los pies –me advirtió Paco.

–Piénsalo bien –dijo Loco–. Y lárgate de aquí antes de que te patee-
mos el culo.

248

Me quedé sentado unos instantes, confundido. Pensaba que era bueno quitar de en medio a un miembro de una pandilla rival. Era habitual que detuvieran y juzgaran a un hermano por un crimen cometido por otro. ¿Por qué era tan grave que hubieran apresado a Dino? Me levanté y me marché sin abrir boca.

En su casa, Loca me explicó que los hermanos se comportaban de ese modo porque el agente James los estaba presionando. Mi manera de actuar le estaba poniendo las cosas demasiado difíciles para poder seguir negociando con los Kings. Ésa era la verdadera razón tras la advertencia. No tenía nada que ver con Dino; era un asunto de negocios. Después de aquella reunión me di cuenta de que a los Kings el dinero empezaba a importarles más que la hermandad. De no ser por la presión del agente James, aquella reunión ni siquiera se habría celebrado. Todavía me pregunto por qué James no me detuvo. Tal vez le untaron la mano, tal vez él no sabía en realidad si yo era el culpable o no. Supongo que se dio por satisfecho con Dino. Yo aún era menor de edad, por lo que no podían hacerme gran cosa. Dino, en cambio, aceptó un trato con el Estado, se declaró culpable y recibió una condena de veinte años por un delito que no había cometido. Era una de esas cosas que no deberían ocurrir pero que forman parte de la rutina.

Latin Kings de todas las secciones empezaron una escalada de violencia para vengar la muerte de Morena. Aunque yo ya lo había hecho por mi cuenta, me uní a los hermanos cuando me lo pidieron. Me había convertido en un pandillero hasta la médula, sobrio o colocado. Pensaba más que antes, pero le daba menos importancia a todo. El asesinato de Morena fue un punto de inflexión en mi vida.

Los Latin Disciples eran ahora una pandilla callejera fuerte y temible. Estaban aliados con los Spanish Cobras, que frecuentaban un lugar situado a pocas cuadras de su territorio, la zona de Maplewood y Potomac. Los recién creados Latin Jivers, cuyo punto de reunión se hallaba también a pocas cuadras del de los Disciples, también se habían unido a ellos. Cuando se juntaban eran los adversarios más peligrosos de los Latin Kings. Fue idea mía atacar esa zona para dejar claro que los Latin Kings no temían a nadie. Yo conocía bien los alrededores del cruce de las calles Rockwell y Potomac, así que me haría notar para que los pandilleros enemigos me persiguieran, y los conduciría a una emboscada. Acordamos efectuar la operación un martes, después del atardecer. Confiábamos en que esa noche habría menos Disciples andando por la calle, y así fue.

Daffy había robado una camioneta la noche anterior y la había escondido para poder usarla en el ataque. Loca iba al volante, y otra Queen, conocida como Rubia, iba en el asiento del acompañante. Ace, Daffy, Lalo y yo íbamos en la parte de atrás del vehículo. No tenía ventanillas laterales, de modo que no se nos veía desde fuera. Desde Western recorrimos Potomac hasta Rockwell. De camino hacia nuestro barrio, Rubia había pasado por la intersección de Rockwell y Potomac y nos informó de que sólo había visto a seis o siete Disciples. Era un número ideal (normalmente había cerca de cien personas repartidas entre las cuatro esquinas). Nos estacionamos a media cuadra de Rockwell y me bajé. Caminé por Potomac hacia Rockwell. Cuando me hallaba a sólo seis casas de la esquina se abrió la puerta de un edificio junto al que acababa de pasar y, al volverme, vi a mi viejo amigo Speedy. Clavé la mirada en sus ojos. Sin vacilar, rompió a gritar: «¡Ése es el King Lil Loco! ¡Que no escape!». Atravesé a toda prisa el patio de la casa que tenía enfrente, hacia un callejón. «Amor de D, Kings muertos», vociferó alguien a mi espalda. Una vez en el callejón, corrí en dirección oeste hacia la avenida California. Si lograba llegar al parque situado a dos cuadras de allí, sabía que estaría a salvo. Delante de mí vi que otros Disciples entraban en el callejón y venían en mi dirección a la carrera. Salté sobre una valla de madera para burlarlos. «Va hacia la parte delantera», oí rugir a alguien. En lugar de correr hacia la fachada de aquella casa, salté de nuevo la valla, esta vez por un costado, hacia el patio de la casa de al lado. En el callejón sonaron chirridos de neumáticos y la voz de Rubia, que gritaba: «King, amor de Queen». Luego atronaron unos disparos. Sabía que los muchachos darían la vuelta y volverían por Potomac, así que me encaminé hacia la parte delantera. Crucé corriendo el patio y me encontré frente al cañón de una escopeta empuñada por mi viejo amigo Julio. Nos miramos a los ojos y dijimos el nombre del otro a la vez. Hacía mucho tiempo que no oía pronunciar mi nombre de pila.

—Así que tú eres Lil Loco —señaló Julio—. Podría matarte ahora mismo, chico —todavía hablaba inglés con un acento muy marcado. Se había desarrollado mucho, y ahora era alto y musculoso. Aunque teníamos la misma edad, yo parecía un bebé a su lado.

No aparté la mirada de sus ojos. No me atrevía a moverme ni a hablar. Oí que la camioneta se acercaba por Potomac. «Mierda, estoy muerto», fue lo único que pensé. Julio apuntó con la escopeta al cielo y me indicó que me marchara antes de que alguien nos viera juntos.

—Te debo una, *mi hermano*, te la debo —dije alejándome a toda prisa.

Cuando llegué a la parte delantera de la casa, oí el estampido de la escopeta. Seguro que Julio había disparado al aire. El tiro hizo que los Disciples que perseguían la camioneta se detuvieran el tiempo suficiente para que yo pudiera alcanzarla y subir. De este modo, Julio me había salvado el pellejo otra vez. Unas tres balas impactaron en el vehículo mientras yo entraba. Una cuarta me alcanzó en la espinilla de la pierna derecha. En realidad, la bala sólo me rozó y me arrancó un trozo de piel, pero la herida sangraba y me dolía endemoniadamente. Salimos del barrio a velocidad vertiginosa. Cuando Loca torció por California, estuvimos a punto de volcar. Una vez en nuestro territorio, Loca y Lalo me ayudaron a entrar en el apartamento de Loca, mientras Daffy se llevaba la camioneta para deshacerse de ella. Los demás se dispersaron para ponerse bajo techo antes de que la policía comenzara a recorrer las calles buscando a alguien a quien detener. El tobillo y el pie se me hincharon, y la fea inflamación me duró cerca de una semana. Todos los Kings estaban orgullosos de mí. Mi primera cicatriz de batalla era algo digno de celebrarse. Cubana se deshizo en atenciones conmigo. Me encantaba esa sensación: yo era un valiente, un macho, un tipo indestructible. Era un líder, no un vasallo.

37. ¿NRA? La muerte de Lucky

Hacia el final de verano asistí a una compra de armas. Dos anglos procedentes de algún lugar del sur de Illinois iban a venir para vendernos algunas pistolas. Unos hermanos nuestros que estaban presos habían arreglado el trato. Loco, Lalo y yo nos reunimos con los dos anglos en un bar de la avenida North, enfrente de Humboldt Park. Ambos eran tipos corpulentos y fornidos con aspecto de moteros. Loco y uno de ellos se sentaron a una mesa. Lalo se sentó con el otro en la barra. Yo me acerqué a la mesa de billar y me puse a jugar con la bola blanca. Loco se levantó y me llamó. Le susurró algo a Lalo y luego salió del local. El tipo blanco que estaba hablando con Loco lo siguió, y yo detrás. Fuera, los tres cruzamos el estacionamiento contiguo al bar hacia un Cadillac azul. Loco me pidió que vigilara por si aparecía la policía mientras él se encargaba de la transacción. El anglo abrió el maletero y Loco miró en su interior. Al cabo de unos cinco minutos, se apartó del Cadillac y se dirigió al auto en que habíamos venido. El tipo blanco me hizo señas de que me acercara.

–Eh, hombrecito, ven y échales un vistazo a éstas.

Me acerqué y vi lo que contenía el maletero: dos cajas llenas de pistolas y rifles. Había unos veinte fusiles que según el hombre eran M-1, los que utilizaba la Guardia Nacional. Cargaban los cartuchos más grandes que yo había visto en mi vida. El anglo se rió de mi reacción al ver aquellas balas. Sacó una tres cincuenta y siete Magnum de una de las cajas y me la dio. Me explicó que era un arma sólida sin mucho retroceso, por lo que pensaba que yo sería capaz de manejarla. Era un regalo. La pistola era un poco más grande que la treinta y ocho que yo había tenido, pero pesaba más o menos lo mismo. Las balas también eran más grandes. Me moría de ganas de disparar con ella.

La metí en la parte delantera de mis pantalones y me invadió una gran sensación de poderío.

–Si quieres matar a uno de esos Dis-ci-ples, bastará con una bala –me aseguró el hombre.

Loco estacionó nuestro auto junto al Cadillac y, con ayuda del anglo, trasladó las cajas de un vehículo al otro. Entonces le entregó al hombre blanco una bolsa de deporte y los dos subieron al asiento trasero del Cadillac. Yo me senté en el capó del auto. Eché una ojeada al interior y vi que estaban contando dinero. Me fijé en un adhesivo pegado en el parabrisas del Cadillac, con las iniciales NRA en el centro y las palabras «National Rifle Association» (Asociación Nacional del Rifle) formando un círculo a lo largo del borde. «Así que de ahí vienen todas estas armas», pensé. Quería formar parte de ese grupo cuando fuera mayor. Transcurrieron unos quince minutos. Loco se bajó del auto y me dijo que fuera a buscar a Lalo. Luego nos marchamos. No le di más vueltas a ese episodio hasta mucho más tarde. Me pregunto si aquellos anglos nos habrían vendido las armas si hubiéramos vivido en su ciudad o si todavía lucháramos únicamente contra pandillas de blancos.

Nos llevamos las armas a una zona de la ciudad llamada Bucktown, donde ahora vivía Lucky. Allí también había una sección de los Latin Kings. Lucky, como la mayoría de los líderes de los Kings, se había mudado a un barrio más seguro. Los jefes se desplazaban a nuestro territorio cuando había reunión o tenían que afrontar alguna situación delicada. Por lo general se mantenían alejados de las calles de nuestro barrio y dejaban la protección de la zona en manos de sus subordinados. El caso de Lucky era una excepción. Aunque se había instalado en otra parte, seguía saliendo a la calle y empezó a rondar por Bucktown con otros Kings veteranos.

Por esa misma época, Lucky empezó a cambiar. Adelgazó mucho y descuidó su higiene. Se rumoreaba que se inyectaba heroína y que los Kings lo iban a expulsar. Lucky llevaba mucho tiempo en la pandilla y perdía la cabeza con facilidad cuando lo presionaban. Loco y los otros hermanos decidieron no imponerle un castigo. Sin embargo, iban a pedirle que no volviera a hacer la seña de la corona.

Lucky se presentó en una reunión borracho y diciendo algo de que los demás ya no confiaban en él. Al parecer, los Kings se habían llevado todo lo que tenían escondido en su casa. Estaba alterado, y cuando le dijeron que no hiciera más la seña de los Kings, estalló.

—¡A la mierda, maricones hijos de puta. Ninguno de ustedes puede quitarme la corona! —chilló mientras hacía la seña con el brazo en alto.

—Déjate de pendejadas —le advirtió Loco—. ¡Déjate ya de pendejadas!

—¡Que te jodan, Loco, Gran Jefe, no vales una mierda! —gritó Lucky.

—Péguenle una buena paliza a este imbécil —ordenó Loco.

Cuatro Kings de la rama Júnior agarraron a Lucky y lo lanzaron escaleras abajo. Luego se oyeron los gritos de Lucky clamando venganza.

—¡Cuiden sus espaldas, cabrones, cuiden sus espaldas! —bramaba—. No me asustan. *Amor de Rey*. ¡King hasta la muerte!

—Si ese pendejo pone un pie en nuestro territorio, sáquenlo de inmediato —indicó Loco.

Tres días después, Lucky fue al nuevo enclave donde los Kings guardaban sus armas y atracó a los hermanos que estaban al cargo de ellas. Se lo llevó casi todo y lo vendió para comprarse droga. El sábado de la misma semana, estaba en medio de la calle, drogado, insultando a los Latin Kings de Bucktown. Nadie le respondía. Simplemente lo miraban sin hacer nada. De pronto, sonó un estampido y Lucky cayó de espaldas. Le habían pegado un tiro justo en la frente con un M-1. La bala le atravesó la cabeza y se la reventó. Los Latin Kings lo mataron y nadie asistió a su entierro: lo teníamos prohibido. Se había hecho justicia, a la manera de los Kings.

38. Locuras

Con hermanos mayores de la pandilla empecé a visitar las diferentes secciones de los Latin Kings que había por toda la ciudad. La zona que más me gustaba era Chinatown. Era una experiencia del todo nueva para mí: un territorio de los Kings en el que, sin embargo, imperaban una cultura y un estilo de vida distintos. Los Kings de Chinatown, muchos de cuyos miembros eran chinos, conocían mis andanzas como pandillero. Me recibían con los brazos abiertos y me invitaban a irme de parranda con ellos. Me encantaba la cocina oriental, así como sus costumbres y sus mujeres. A diferencia de las chicas que se juntaban con los Kings puertorriqueños, las orientales no se dejaban seducir tan rápidamente. Eran más misteriosas. Y las que se entregaban con facilidad ya estaban apalabradas cuando llegaba yo. Tenía tantas ganas de acostarme con una mujer oriental que me buscaba excusas para acudir más a menudo a Chinatown. Entonces conocí a Cindy.

Cindy era hermana de un Latin King. Yo la llamaba Chinita. Era preciosa y tenía una sonrisa tímida. Chinita era diferente de todas las mujeres que había conocido. Supo desde el principio que mis intenciones al buscar su amistad eran de naturaleza sexual, pero no me amenazaba como las demás para que la respetara. Ni siquiera mencionaba el tema. En cambio, se ganó mi respeto al demostrarnos, a mí y a los demás, que se respetaba a sí misma. Ante cualquier gesto inapropiado, como el de intentar tocarla, ella se alejaba. Chinita y yo nos hicimos muy buenos amigos. Me gustaba mucho conversar con ella. Gracias a Cindy, recuperé el interés por los estudios. Decidí intentar inscribirme de nuevo al año siguiente. Ella me prometió que me ayudaría a obtener calificaciones decentes. «Lo único que tienes que hacer –me decía– es desearlo.» Ojalá la hubiera escuchado. A medida que el frío del invierno se hacía más intenso, mis visitas a Chinatown se espaciaron. Al final, Cindy y yo sólo éramos amigos telefónicos.

Poco antes de la llegada de la primavera, la guerra entre pandillas se recrudeció. Empezó a morir gente inocente sólo por los colores de la ropa que llevaba o por hallarse en el lugar inadecuado. Cualquier posible indicio de pertenencia a una pandilla podía ocasionar la muerte de una persona. Dos estudiantes que esperaban el autobús para ir a la escuela fueron abatidos a tiros sólo porque estaban junto al símbolo de una pandilla pintado en una pared y uno de ellos iba, casualmente, vestido con los colores de esa pandilla. Ninguno de los dos era pandillero.

También mataron a un Latin King de la sección de las calles Beach y Spaulding. En las reuniones semanales se discutieron los planes de venganza, pero yo no quería participar en una operación planeada por otros. Me sentía más seguro cuando seguía mi propia iniciativa. De todos modos, casi siempre me pedían que fuera yo quien apretara el gatillo. Eso se debía sobre todo a que era un bravucón, pero ¿qué más daba si era yo quien lanzaba el ataque? Mientras los Kings de Kedzie y Armitage hablaban de aguardar a que hiciera buen tiempo, yo pensaba que un ataque invernal sería más apropiado.

Caía la última nevada del año. Una tormenta de nieve, tan fuerte y tan densa que uno apenas veía a un metro de su nariz. Todo quedó oculto bajo un manto blanco. Me parecían las condiciones perfectas para un ataque. Ese invierno había conseguido un abrigo estilo esquimal cuya capucha me tapaba casi toda la cara. Caminé por el bulevar Humboldt, atravesé el parque y bajé por Division hacia Western. No había nadie. Yo llevaba un spray de pintura, una botella de vino y mi 357 Magnum. Cuando estaba a punto de llegar a la intersección de Maplewood con Division, vi a cuatro personas en la esquina. Al acercarme, vi que eran Cobras. Cerré los dedos con fuerza en torno a la culata de la pistola, en mi bolsillo, agaché la cabeza y apreté el paso, como alguien que tiene frío y prisa por ponerse a cubierto. Mientras cruzaba Maplewood en dirección a los Cobras, traté de sacar la pistola, pero se me encalló en el bolsillo. «Bolsas, bolsas», me ofreció uno cuando me vio. Vendían bolsitas de hierba. Pasé de largo y no me prestaron mayor atención. Una vez que los dejé atrás, extraje la pistola y la lata de pintura. Me puse a escribir mi nombre en la pared. Tracé las palabras «Lil Loco LKN» en letras grandes y gruesas. Finalmente, uno de los Cobras se dio cuenta de lo que estaba haciendo y alertó a los demás. «Cobra» fue lo primero que dijeron. «Amor de Rey todopoderoso», contesté mientras los apuntaba con el arma y abría fuego. Se oyeron unos alaridos, no sé si de dolor o de miedo. No me quedé allí para averiguarlo. Sonaron unos disparos de contraataque mientras corría hacia Western.

Entonces pasé por la sede de los Lords, sólo para descubrir que ya no existía. Ahora frecuentaban el cruce de la calle Claremont con North. Los Cobras los habían desplazado hasta allí. Fui a Western y North y me subí a un autobús para regresar a Kedzie y Armitage. Fui directo a casa de Loca y allí me quedé dormido. Esa vez nadie me reprendió por hacer las cosas por mi cuenta.

Las reuniones se hicieron muy escasas ese invierno. La sede ya no existía. Estaban encarcelando a los hermanos a diestro y siniestro. Los Latin Kings empezaban a perder capacidad de organización y el respeto de los demás. Otras pandillas se volvieron muy poderosas y realizaban actos cada vez más temerarios contra nosotros.

Cuando salíamos, a menudo descubríamos que alguna pandilla rival había pintarrajeado las paredes de nuestro territorio con sus símbolos. El agente James ya no estaba a nuestro servicio y se convirtió en un policía peligroso. Le encantaba fastidiarnos. Lo único que impedía que la gente se tomara a broma la sección de los Latin Kings de Kedzie y Armitage era la labor de hermanos como yo, que no tenían nada mejor que hacer que cometer salvajadas.

En verano, la violencia se incrementó, al igual que mi grado de implicación en la pandilla. De nuevo me ofrecieron el liderato de los Peewee Kings de Kedzie y Armitage y de nuevo rechacé la oferta. Entonces me ascendieron a la rama Júnior. Empecé a ganar bastante dinero vendiendo marihuana y me inicié en otras actividades delictivas. Los robos con allanamiento se convirtieron en mi forma favorita de ganarme la vida. Daffy era mi compinche. Se le daba muy bien. Trepaba con la agilidad de Spiderman y sabía abrir puertas empujándolas con las piernas. Todos nuestros intentos de robo salían bien: el armario de Cubana se fue llenando de joyas y aparatos electrónicos. Yo me guardaba algunos de los objetos robados para regalarlos a las chicas a las que quería conseguir, pero casi todo lo vendía. Lo que ganaba me lo gastaba rápidamente en sustancias para colocarme. Mi vida era una fiesta continua. Promiscuidad sexual, drogas duras y alcohol, esquivar balas... ¿Qué más podía desear un chico de dieciséis años? Cuanto más transgredía la ley, más crecía mi popularidad entre los compañeros.

Los canales de noticias locales comenzaron a hablar de la brutalidad de los jóvenes latinos. En la televisión se mostraban los supuestos colores, señas y pintadas de las pandillas. Casi toda la información era contradictoria o inventada. Los pandilleros huían de los periodistas y sus cámaras como de la peste. A los periodistas les daba igual. Entrevistaban a cualquier chico con cordones de colores en los zapatos y ganas de salir en la tele. Así, muchachos que no sabían nada del mundo de las pandillas, repetían historias que les habían contado como si las hubieran vivido personalmete. Estos chicos acababan convirtiéndose en el objetivo de los pandilleros de su escuela y de su barrio. De ese modo, los profesionales de los noticiarios, sin darse cuenta, ponían en peligro las vidas de inocentes.

Los medios también influían directamente en la decisión de muchos chicos de unirse a una pandilla. Los pandilleros de verdad no eran tan idiotas como para exhibirse delante de todo el mundo, y los pocos que cometían ese error recibían fuertes castigos de manos de su hermandad. Por su parte, los chicos inocentes que no tenían lo bastante claro que no debían hablar con los periodistas, se convertían en víctimas de la propaganda que los propios medios hacían de las pandillas. Y, de paso, muchos jóvenes que antes habían evitado el trato con pandilleros, ahora querían ingresar en alguno de esos grupos para sentirse protegidos.

Un Imperial Gangster sospechoso de ser el autor material del asesinato de Morena fue eliminado. Su funeral tendría lugar en la funeraria Caribe, situada en Armitage, cerca de Central Park, que era territorio de los Gangsters. Los Kings estaban resueltos a no dejarlo descansar en paz. Se convocó una reunión con representantes de todas las secciones de Latin Kings del North Side y se trazó un plan para irrumpir en el funeral. Se nos ordenó que acudiéramos a Kedzie y Armitage al día siguiente de la reunión, que era cuando se celebraría el velatorio por el Gangster muerto. Nadie sabía lo que iba a ocurrir. Sólo nos dijeron que nos presentáramos.

Aquella noche soñé que caminaba con Morena por Kedzie cuando le dispararon. Ella se desplomaba sobre mí diciendo: «Es culpa tuya». Me desperté gritando «¡No, no, no!». Cubana me abrazó, pero la aparté de un empujón con brusquedad. Me temblaba todo el cuerpo, me dolía la cabeza y tenía la visión borrosa. Vi que Morena entraba por la puerta, salté de la cama y me abracé a sus piernas.

–Lo siento, lo siento, por favor, perdóname –chillé.

Noté que una mano me acariciaba el cabello y oí una voz femenina que decía:

–No pasa nada, todo está bien. Levántate –era Loca. Había venido a ver por qué gritaba. Tanto ella como Cubana me miraban con lástima.

–Deberías dejar la droga –comentó Loca–. Te está destrozando el cerebro.

—Soñé con Morena —les dije.

Nos quedamos callados por un momento. Luego Loca salió del dormitorio. Me acosté y me dormí de nuevo.

Al día siguiente me levanté temprano y fui a Kedzie y Armitage. Empecé a colocarme mientras esperaba al resto de los hermanos. Hacia el mediodía habían llegado cientos de Latin Kings; todos nos dirigimos a la funeraria Caribe. Unos iban en auto, otros en bicicleta y otros a pie. La idea era que llegáramos allí al mismo tiempo y desde todas direcciones. Agarramos a los Gangsters por sorpresa. Al aproximarnos a la funeraria, los vimos huir en desbandada. Entonces cerramos el paso tanto a los peatones como a los vehículos. Muchos de los Kings llevaban las pistolas desenfundadas y vigilaban las azoteas y las calles laterales por si aparecían más Gangsters. Varios hermanos entraron en la funeraria y salieron con el cadáver. La madre del muerto aullaba, implorando piedad, pero sus ruegos no fueron atendidos. Arrojaron el cuerpo en medio de la calle y lo acribillaron a balazos. Luego, todo el mundo se dispersó. No hubo un solo arresto. Y nosotros celebramos el éxito de nuestra venganza por la muerte de Morena.

Queríamos transmitir el mensaje de que con los Kings no se jugaba. Pero no lo conseguimos. Los ataques contra los Kings no sólo no cesaron, sino que se intensificaron. En cuanto a mí, otra escena se incorporó a mis pesadillas. Noche tras noche veía cómo tiraban mi cuerpo en medio de la calle mientras mi madre gritaba. Despertaba justo antes del momento en que me acribillaban.

39. Castigado

La filosofía de todas las pandillas es que cualquier chico inocente de otro barrio que muere alcanzado por una bala perdida es, con toda seguridad, un futuro pandillero, así que no hay por qué preocuparse. Por otro lado, si el chico inocente asesinado es de tu propio barrio, su muerte es una tragedia que clama venganza.

Un día de aquel verano, tres autos repletos de Kings dábamos vueltas por ahí buscando miembros rivales y decidimos acercarnos a la escuela Von Humboldt para ver si nos encontrábamos con algún Disciple. La escuela estaba en Hirsch y Rockwell. Sabíamos que la mayoría de ellos andarían por Rockwell y esperábamos que en el patio de la escuela hubiera sólo un pequeño grupo para poder apalearlos hasta dejarlos sin sentido. Si había muchos, puede que los tiroteáramos desde los autos. Vimos que eran unos diez, en su mayoría niños que jugaban al béisbol. Salimos rápidamente de los vehículos y corrimos hacia el patio. Un par de Disciples recibió algún que otro batazo, pero todos consiguieron escapar salvo un chico de diez años, que se quedó quieto, haciendo la seña de los Disciples con los dedos y gritando «amor de D». Un King le pegó una bofetada, pero él no se movió. ¿Qué demonios le pasaba a ese niño? No parecía ser consciente de que su vida corría peligro. Duce sacó la pistola y salió disparado hacia el chico. Yo lo seguí.

—Amor de Rey, Disciples muertos —dijo, preparándose para apretar el gatillo.

Los otros hermanos se dirigían de regreso a los autos. Cuando Duce iba a disparar, me puse delante. Eso lo sacó de quicio.

—Quítate de ahí, carajo —rugió.

—No es más que un niño —exclamé. Me volví y le indiqué al niño que huyera, pero él se negó.

—Éste es mi barrio. No tengo por qué correr —dijo—. Amor de D, maricón, mátame. No me asustas, maricón —provocaba a Duce mientras yo le pedía que pusiera tierra por medio.

Duce me rodeó con el brazo para encañonar al chico, pero yo le aparté la mano cuando apretó el gatillo. El niño seguía allí, desafiante. Finalmente le propiné un puñetazo en la nariz y lo agarré por el cuello.

—Corre, mocoso de mierda, antes de que te maten —le dije. Lo solté y entonces arrancó a correr.

En ese momento oí que los hermanos gritaban «ahí vienen, ahí vienen», y luego unos disparos. Los Disciples obstruían la salida del patio que daba a Hirsch. Agarré a Duce del brazo y lo arrastré por entre los barracones hacia la verja que delimitaba la escuela por el norte. Duce disparó dos veces antes de echar a correr. Esperaba que el agujero en la alambrada por el que entraba y salía hacía años siguiera abierto. Por suerte, así era. Pasamos a través de él al exterior y avanzamos a la carrera por el callejón. Sólo teníamos que recorrer dos cuadras hasta el parque para ponernos a salvo. Cuando llegamos al fondo del callejón, nuestros hermanos se acercaban por la calzada. Subimos al auto de un salto y nos alejamos de allí a toda velocidad.

—¿Qué carajo te pasa? —me gritó Duce—. ¡Acabas de ganarte una «violación»!

—Sólo era un niño, hombre, un niño chico —dije.

En el trayecto de regreso a nuestro territorio, Duce me llamó cabrón y hablaba sin cesar del castigo que iba a recibir. Yo iba sentado en silencio, pensativo. Al llegar a nuestro barrio, Duce se puso muy agresivo. Quería pelearse conmigo por no haberle dejado matar al niño. Nos liamos a golpes. Nos atizamos de lo lindo el uno al otro. Al final, Loco y Lalo nos separaron y convocaron una reunión urgente que se celebró en la sede de los Kings de Cortland y Whipple. Allí me vi en clara inferioridad numérica. Todo el mundo opinaba que debería haber dejado que Duce apretara el gatillo. Por más que yo recalcaba que Duce iba a matar a un niño de diez años, ellos insistían en que era un Disciple. Según su razonamiento, era preferible que muriese siendo niño a que acabara con la vida de un King cuando creciera. Me declararon culpable de la falta que se me imputaba y me sentenciaron a una «violación» de tres minutos. La petición de Duce de que me castigaran con una «violación» de pies a cabeza fue denegada.

El honor de darme una paliza recayó sobre Ace, Pito y otro King conocido como Joker. Todos ellos eran de la rama Júnior y, por tanto, más grandes que yo. Pito pesaba unos ciento diez kilos y Joker levantaba pesas. Era hombre muerto, y no podía eludir el castigo. Si lo intentaba, las consecuencias serían peores. Me acordé de Slim y de la paliza que había recibido; ahora me tocaba a mí. No había sala de castigo. Me arrimé a la pared, crucé los brazos sobre el pecho y me preparé para lo peor. Los demás Kings observaban, sentados. Estaba asustado. Cerré los ojos y comenzó la paliza. El dolor era insoportable. Lo único que impedía que me desplomara eran los puñetazos que recibía de todas direcciones. Fueron los tres minutos más largos de mi vida. Cuando terminó, caí al suelo, retorciéndome de dolor.

Se levantó la sesión. Todo el mundo se marchó, dejándome tirado en el piso. Permanecí allí una media hora hasta que conseguí reunir la fuerza suficiente para levantarme. Apenas podía caminar, y me resultaba imposible alzar los brazos. Cualquier movimiento, por pequeño que fuera, me dolía. Nadie me asistió. Todos me abandonaron. Luego llegó Cubana y me ayudó a ponerme en pie. Salimos de la sede. Loco, Lalo y Pito estaban sentados en el capó de un auto. El primero se levantó, me preguntó si me encontraba bien y me pasó un cigarrillo de marihuana tan grande como una salchicha. Pito agarró una botella de ron Bacardi 151 y me sirvió medio vaso. Lo bebí como si fuera agua. Me senté en el bordillo con Cubana y me fumé el cigarrillo de marihuana. Nadie dijo nada más.

Pasé cerca de una semana postrado en cama. Sólo Loca y Cubana me hicieron compañía durante ese tiempo. Yo bebía y fumaba mucho para paliar el dolor. Cuando volví a las calles, todo seguía como si nada hubiera ocurrido. Duce y yo continuábamos resentidos el uno con el otro. El chico al que salvé la vida llegó a ser un Latin Disciple. Murió en un tiroteo a la orilla del lago unos tres años después.

Todavía no sé qué me impulsó a protegerlo. Tal vez fuera el recuerdo de los malos tratos que sufrí de niño o tal vez fuera que me importaba de verdad. Cuando me enteré de que lo habían matado al cabo de unos años, me arrepentí de haber salido en su defensa. Me había ganado una buena paliza por ese chico, y él había conseguido que lo mataran de todos modos.

No participé en más ataques durante el resto del verano. Sólo entraba en acción cuando ocurría algo inesperado. Cada vez me resultaba menos agradable la compañía de los Latin Kings. Para mí ya no era una hermandad. Ahora me daba la impresión de que sólo te respetaban en la medida en que te consideraran útil; veía que si para alcanzar sus fines les venía bien matarte o perjudicarte, no dudarían en hacerlo. Me juntaba sobre todo con Loca y Cubana; me drogaba y bebía cada día. Empecé a experimentar con los ácidos. Mis favoritos eran los micropuntos morados, unas píldoras diminutas que te ponían a mil. Sin embargo, mi droga preferida seguía siendo la marihuana. Podía pasar sin cualquier otra sustancia, pero hacía cualquier cosa por procurarme mi ración diaria de hierba. Además, Daffy y yo seguimos dedicándonos a los robos, que eran mi principal fuente de ingresos.

La policía comenzó a jugar un papel fundamental en las incesantes guerras entre pandillas. Algunos agentes nos advertían directamente que si dejábamos nuestras actividades como pandilleros, vendrían a buscarnos.

Nosotros alimentábamos a sus hijos y pagábamos sus hipotecas. Cada vez que la tensión parecía remitir un poco, apresaban a un miembro de una pandilla y lo dejaban en territorio controlado por una pandilla rival. A mí me dejaron tirado en dos ocasiones en barrios de los Gangsters: una de las veces conseguí escapar, la otra vez me abrieron la cabeza. En ambos casos, los Kings tomaron represalias con un ataque contra los Gangsters.

Me enteré por boca de Cubana de que los líderes auténticos de las pandillas estaban cumpliendo condena en cárceles de máxima seguridad. El jefe principal de los Latin Kings estaba encarcelado desde los diecisiete años. Lo habían sentenciado a ochenta años de prisión por asesinato. En aquella época nunca se había enfrentado a los hispanos: mataba Vicelords.

Todas las grandes transacciones de armas y drogas se hacían a través de una conexión carcelaria. Conocí a varios guardias de prisiones que venían al barrio a recoger drogas para llevárselas a los hermanos presos. A algunos de ellos los mataron por apropiarse de la mercancía de los Kings o por negarse a entregarla. Cubana, por su condición de mula, trataba con todos los líderes. Constantemente hablaba con ellos por teléfono. Además, uno de ellos la dejó embarazada. Cuando me comunicó su estado, yo negué de inmediato toda responsabilidad, pero luego me ofendí cuando dijo que ya sabía que el niño no era mío. Cuando los Kings me sometieron a la «violación», Cubana y yo pasamos un mes y medio sin mantener relaciones, y fue en ese período cuando se quedó embarazada.

A Cubana siempre pasaban a recogerla Kings veteranos que la llevaban a la penitenciaría. Por lo general eran hermanos del North Side. Cuando detuvieron a uno de los que solía acompañarla, otro del South Side pasó a ser su chófer. Se llamaba Agila. Era mexicano, de más de metro ochenta de estatura, más bien rellenito, con una larga cabellera negra. Siempre hacía comentarios sarcásticos sobre lo unidos que estaban los Kings del South Side en comparación con los de la norte. Aludía a los rumores de que todos los Kings de esa zona se estaban volviendo drogadictos que robaban a sus hermanos. Agila no nos caía bien, él lo sabía pero le daba igual. Era un King de alto rango y como tal había que respetarlo, aunque se aprovechara al máximo de su posición. De algún modo se enteró de que yo era el novio de Cubana cuando se quedó embarazada y empezó a reírse de mí. Yo no le hacía el menor caso, pero él seguía insistiendo. Empezó a poner en duda mi hombría y me trataba de maricón. «*Pinche puto*, hasta un hermano encarcelado te baja la novia», me decía. Cubana y yo le pedimos repetidas veces que no siguiera por ahí. Pero Agila era un hijo de puta de lo más arrogante. «¿Y qué vas a hacer, *pinche puto*, partirme la cara?», me desafiaba. Me propuse evitarlo en la medida de lo posible. Cuando estaba por venir, Cubana me avisaba y entonces yo salía a dar un paseo hasta que los dos se marchaban.

Pero un día, la situación estalló. Yo había estado bebiendo y fumando con otros Kings. Me pasé por casa de Loca para buscar un poco de hierba que tenía guardada allí, y en la puerta de la calle me topé con Agila.

–¿Qué tal, *puto*? ¿Cuántos de tus muchachos se han tirado a tu novia últimamente? –me preguntó, riéndose.

–Te he dicho que no quiero oír más esas pendejadas, Agila –le dije–. Déjalo ya.

–Chinga a tu madre, maricón –replicó.

Las drogas y el alcohol que me corrían por las venas me hacían muy difícil reprimir la ira. Cubana nos observaba desde la ventana y, al ver que empezaba a alterarme, le pidió a Agila que me dejara en paz y que subiera a su apartamento a esperarla. Agila prefirió quedarse en la calle conmigo. Empezó a decirme que mirara a Cubana y me vería que no podía controlarla.

–Pobre pendejo –murmuró–. Un preso le robó a su chica.

Fue la gota que colmó el vaso y perdí los estribos. Sabía que no podía vencerlo en una pelea cuerpo a cuerpo, así que saqué mi tres cincuenta y siete. Creía que correría a parapetarse tras un auto o algo parecido, pero me equivoqué. Permaneció allí y me retó a disparar.

Le pegué un tiro a quemarropa en la rodilla. La bala le atravesó la pierna. Luego le pegué de culatazos hasta dejarlo casi inconsciente. Cubana y Loca salieron corriendo, me sujetaron y trataron de apartarme de él. Apoyé el cañón contra su otra rótula y apreté el gatillo.

–¿Y ahora quién es el pobre pendejo, cabrón? –le grité a Agila.

–No, Lil Loco, déjalo o irás a parar a la cárcel –oí chillar a uno de los niños de Loca.

Reaccioné, me sobrepuse a la rabia y bajé el arma.

–Llévate a los niños arriba, Loca, antes de que venga la policía –dije. Clavé la vista en Agila, que estaba en el suelo, ensangrentado, y le escupí. Agarré a Cubana del cuello–. Todo por tu culpa, puta –le solté. Acto seguido, le propiné una bofetada con la pistola y arranqué a correr.

Sabía que esto me acarrearía problemas graves con los Kings, pero no sabía exactamente cómo de graves. Me encontré con Loco y le conté lo sucedido. Me respondió que él habría hecho lo mismo y me aseguró que me respaldaría. No volví a ver a Cubana hasta varios años después. Hizo las maletas y se mudó a algún lugar del South Side. A Agila tuvieron que darle más de cien puntos en la cabeza y la cara. Le amputaron las piernas a la altura de la rodilla. Corrió la voz de que me iban a quitar de en medio por lo que había hecho. Loca telefoneó a Cubana, y ella le confirmó que el rumor era cierto: los Latin Kings habían dado la orden de dispararme.

Loca se había encariñado mucho conmigo. Me trataba como a un hermano pequeño y no quería que sufriera ningún daño, de modo que me llevó a casa de una amiga suya, en la zona más alejada del North Side. Me aconsejó que me estuviera allí mientras intentaba conseguir que revocaran la orden de matarme. Le pedí que me consiguiera algo de dinero para poder irme a Puerto Rico. Se negó. Loca estaba de mi parte, pero ante todo, seguía siendo una Latin Queen.

Su amiga vivía cerca del cruce de la avenida Lawrence con Kedzie, donde había otra sección de los Latin Kings. Ni siquiera me atrevía a asomarme a la ventana. Pensaba que todos los hermanos de la ciudad estarían buscándome. Mi anfitriona era una señora puertorriqueña gruesa con cuatro hijos. La llamaban Cuca. Era alcohólica, se drogaba y lo hacía delante de los niños. No la molestaba en absoluto que me refugiara en su casa. Aprovechaba que podía quedarme cuidando a sus hijos para salir de parranda. Durante la época que pasé allí, Cuca estuvo muy poco en casa. Y cuando estaba no hacía más que quejarse del desorden que reinaba en el apartamento, pero no movía un dedo para arreglarlo. Los hijos no eran muy disciplinados que digamos. Insultaban a su madre y lo desparramaban todo por el piso. Hablaban de las drogas que consumirían cuando fueran grandes y de que se convertirían en Kings y Queens. La mayor era una chica de doce años que entraba y salía a su antojo. Aunque no era una Queen, se juntaba con ellas. A su edad ni siquiera sabía leer ni escribir. En cambio, sí sabía abrir cerraduras cuando su madre cerraba la puerta con llave.

Tenía que irme de allí. Empecé a llamar a Cindy para no volverme loco del todo. Ella me mantenía al corriente de la situación en la calle. Me contó que Duce había aceptado encargarse de la venganza y que me estaba buscando. Había ido hasta Chinatown, pensando que estaría allí con Cindy. También me dijo que Loco visitaría al jefe de todos los Kings para hablarle de mí. Mientras, Cindy seguía adelante con su vida. Todavía salía con frecuencia, pero sólo porque luchaba desesperadamente por alejar a su hermano de la influencia de los Kings. Como tenía auto, venía a verme de vez en cuando para llevarme al barrio residencial de Evanston, que estaba hacia el norte, cerca de la universidad Northwestern. A ella le encantaba esa zona. Soñaba con obtener la licenciatura en informática por Northwestern.

Loco le hizo una visita al jefe de los Kings en la penitenciaría de Stateville. Acordaron que la semana siguiente acudiría a verlo conmigo. Mientras tanto, el ataque contra mí se aplazó. Loco me dijo que me quedara donde estaba hasta que fuéramos a Stateville. No se fiaba de Duce.

Visitamos a nuestro jefe un miércoles. Fue un largo trayecto en auto. Yo me puse nervioso, sobre todo al ver que las visitas no se hacían con un cristal por medio, como en las películas. Estábamos sentados a una mesa, cara a cara. Nuestro líder se hacía llamar Tino. Era un hombre corpulento y musculoso. Hablaba en voz baja y parecía muy inteligente. Me escuchó con atención cuando le expliqué los motivos por los que había agredido a Agila. Al igual que Loco, Tino dijo que él habría hecho lo mismo. Me habló de que le habían contado muchas cosas buenas de mí y que yo era un hermano de ley. Me dijo que no me preocupara por la orden de matarme, pero que tendría que someterme a una «violación» de tres minutos como sanción por lo que había hecho. Tenía que ir al territorio de los Kings del South Side el domingo siguiente y soportar el castigo como un hombre. Los Kings de la sección designarían a tres de sus chicos para ejecutar el castigo. Asimismo, se pondrían en contacto con Loco para comunicarle dónde se llevaría a cabo la «violación» exactamente. Me advirtió que si no me presentaba, podía darme por muerto. Al recordar mi primera «violación» contemplé la posibilidad de escaparme. Si hubiera podido reunir el dinero suficiente para el pasaje a Puerto Rico, no lo habría dudado ni un momento. Loco impidió que eso ocurriera: ordenó a los Kings de Kedzie y Lawrence que me vigilaran.

Todos los días, hasta el domingo, esos Kings venían a casa de Cuca y me llevaban de fiesta. No habría podido huir ni aunque hubiera conseguido el dinero. Me imaginaba la «violación» de una manera tan vívida que casi sentía el dolor. Pensé en Lucky y en cómo lo habían eliminado sin previo aviso. Quizás a mí me esperaba la misma suerte y yo ni siquiera lo sabía. Cuando hablé con Cindy, su único consejo fue que acudiera a la policía, que dejara a los Kings y volviera a la escuela. No la llamé más. Las drogas y el alcohol ya no me tranquilizaban tanto como antes. Al contrario, me aceleraban hasta el punto de que me entraban ganas de salir a cometer alguna locura.

Siguiendo órdenes de Loco, los Kings de Kedzie y Lawrence casi no me dejaban salir de casa. Al final, hice algo peor que una locura: empecé a mantener relaciones sexuales con la hija de doce años de Cuca. La niña se me había insinuado varias veces, pero yo la había rechazado. Cuando por fin ocurrió, fui yo quien la abordó. Entré en su cuarto, la desperté, la llevé en brazos a la sala, donde dormía yo, y me acosté con ella. Abusé de aquella criatura como María había abusado de mí. Sí, la niña estaba predispuesta y no era virgen, pero da igual: fue un abuso. Yo tenía dieciséis años, y la hija de Cuca, doce. Alguien podría argumentar que yo también era un niño y, por tanto, que no era responsable de mis actos. Además, la cría llevaba una vida sexual de lo más promiscua, pero yo habría debido pensarlo mejor. Era evidente que ella, al igual que yo, era víctima de una madre indiferente, pero entonces no la veía como víctima porque en su casa no había violencia.

El domingo, Loco y Lalo pasaron a recogerme temprano por la mañana. Fuimos a la sede de Cortland y Whipple. Los chicos me daban todo su apoyo. Querían demostrar a los Kings del South Side que los de la norte no éramos unos cobardes. Yo no estaba tan ilusionado con la idea de demostrar nada, sobre todo porque iban a utilizarme de saco de arena. Al mediodía ya me había emborrachado y me había tomado dos ácidos. Estaba totalmente ido y me portaba como un gallito, como si tuviera ganas de que me apalearan. A la una del mediodía nos pusimos en marcha hacia el sur. Dos autos llenos de hermanos, tanto de Kedzie y Armitage como de Whipple, nos seguían. Justo antes de llegar a la calle 27 nos topamos con dos Latin Queens. Se subieron al auto y nos guiaron a la escuela Faragut.

Salimos de los autos y fuimos al patio de la escuela. Todo el mundo fue recibido con el saludo de bienvenida habitual, excepto yo. Me ofendí y me puse a gruñir que no necesitaba sus putos saludos, que era un King y no me hacía falta la aprobación de nadie. Me senté, me recosté contra la pared de la escuela, y encendí un cigarrillo de marihuana. Teníamos que esperar a que llegara Agila. Él elegiría a los encargados de golpearme.

El ácido se me había subido a la cabeza. Empecé a hacer el idiota con todo el mundo, como si estuviéramos en una especie de picnic. Los Kings del sur no me hacían caso, pero me miraban con cara de pocos amigos.

–¡Carajo! –gritaba yo–, si las miradas matasen, aquí nadie se salvaría de la «violación».

Casi todas las Queens se reían de mis payasadas. En cuanto las oí me puse a coquetear con ellas. Me dispensaron un trato un poco más amistoso que los Kings, pero en su mayoría se alejaron de mí.

Aunque me encontraba entre mis supuestos hermanos, estaba marginado y en territorio hostil. Todos habían ido sólo para darse el gusto de ver cómo me daban una paliza. Pero yo estaba tan colocado que me importaba una mierda. No hice más que empeorar la situación.

—Los Latin Kings del norte son los únicos auténticos —vociferé.

—Haz que ese hermano se calme —le dijo un King del sur a Loco.

—¡Carajo, todos ustedes quieren tratarme como a un *cruzao*! ¡A la mierda, *amor de Rey* todopoderoso! —bramé.

Casi todos los hermanos del North Side se me acercaron en señal de apoyo. Ya no me sentía marginado ni solo: mis hermanos estaban a mi lado. Me impacienté a causa del ácido. No dejaba de soltar estupideces.

—Latin Kings de Kedzie y Armitage —grité, como si los presentes no conocieran mi filiación.

—Ni una palabra más —me advirtió Loco—. Éstos también son nuestros hermanos. Muéstrales respeto.

Encendí otro cigarrillo de marihuana y me quedé sentado sin decir una palabra más.

Al final, llegó Agila. Iba en una silla de ruedas. De pronto no quedaba nadie a mi lado excepto Loco y Lalo. Todos los demás me miraban mientras Agila avanzaba con su silla hacia mí.

—Mírame —dijo—. ¿Te sientes como un hombre ahora? Porque no te sentirás como un hombre por mucho tiempo.

—Jódete, hombre, tú te lo buscaste —le solté—. ¡Ya me sentía como un hombre antes! Pero tú tuviste que venir a joderme.

Más me hubiera valido mantener la boca cerrada. Agila trató de abalanzarse sobre mí y se cayó. Además del daño físico, lo había ofendido. Loco me agarró de la pechera de la camisa, me empujó contra la pared y me ordenó a gritos que me callara. Me quedé ahí, con la espalda pegada a la pared y expresión de sabelotodo, hasta que se me acercaron dos tipos enormes de unos veintitantos o treinta y tantos años. Eran los elegidos para «violarme». Protesté de inmediato.

—Estos hermanos me van a matar, hombre —dije, riéndome como quien no quiere la cosa.

Nadie más se rió. Todos se limitaban a contemplar la escena.

—Bueno —dije—. Acabemos con esto. ¡Al carajo con todo! ¡Amor de Rey todopoderoso!

Loco echó un vistazo a su reloj y les hizo una seña a los tipos para que empezaran con la paliza. No sé si fue por el ácido o la costumbre ante esa clase de castigo, pero aquella vez no me pareció tan terrible. Uno de los tipos le pegó un puñetazo a la pared y se lastimó la mano, de modo que no pudo hacerme mucho daño. El otro me machacó a golpes. Cuando terminó, me doblé en dos, dolorido, y les indiqué con gestos a los demás que se apartaran de mí. Me caí al suelo y me quedé recostado contra la pared unos cinco minutos, mientras se me pasaba un poco el dolor. Luego saqué un cigarrillo de marihuana del bolsillo y lo encendí. Le di una larga calada.

—¡Amor de Rey! —grité.

Un par de Kings del sur me ayudó a levantarme. El asunto quedó zanjado, pero no para Agila. Prometió que me mataría y se alejó en su silla de ruedas.

Igual que minutos antes me había visto marginado, ahora era el centro de atención. Los hermanos del sur me confesaron que les habría gustado ser ellos quienes dispararan contra Agila. Nos quedamos allí, de fiesta, casi hasta el anochecer. Yo me pasé casi todo ese tiempo sentado en el auto, luchando contra el dolor. Conocí a mucha gente nueva, y el sobrenombre de Lil Loco adquirió aún más fama. Y, lo que es más importante, conversé con unas Queens bonitas que parecían interesadas en mí. Nos intercambiamos nombres, direcciones y números de teléfono. Empecé a considerar el South Side como un territorio virgen donde refugiarme cuando estuviera demasiado quemado en el norte.

De regreso a nuestro barrio fue hora de celebrarlo. Prácticamente todos los Latin Kings de Kedzie y Armitage fueron a la sede de Cortland y

Whipple a felicitarme. Algunos Kings y Queens del sur vinieron también a divertirse con nosotros. Yo me senté en un sillón reclinable para lamerme las heridas, por así decirlo. Sólo me movía para estrecharle la mano a alguien o llevarme una botella de cerveza o un cigarrillo de marihuana a los labios. El dolor me estaba matando, pero yo luchaba para que no se me notara. No quería echar a perder ese momento de gloria. Una Queen del sur me hacía compañía. Su nombre era Teresa, y la llamaban Tere. Era una muchacha menuda de cabello negro con reflejos dorados. Me encantaba su cabello. Lo tenía largo y lacio, y le daba un aspecto muy atractivo. Tere era mexicana. Llevaba cinco años en Estados Unidos. Aunque hablaba casi todo el tiempo en español, me gustaba más que hablara en inglés, porque tenía un acento muy gracioso. Le pedí a Tere que fuera mi novia la misma noche que la conocí. Aceptó. En realidad no sé por qué les pedía a tantas chicas que fueran mis «novias», cuando lo único que me interesaba de verdad era acostarme con ellas. Supongo que de ese modo conseguía más fácilmente lo que quería. Mi aventura con Tere fue la primera de toda una larga serie de relaciones que me duraron menos de una semana.

La mañana después de la «violación» desperté más dolorido de lo que había estado en toda mi vida. No podía moverme, y comencé a vomitar sangre. Tere, que se encontraba allí conmigo, se puso a chillar. La miré y perdí el conocimiento. Cuando volví en mí, iba en una ambulancia camino del hospital. Padecía intoxicación etílica y tenían que practicarme un lavado de estómago. Los médicos descubrieron que tenía dos costillas rotas, además de múltiples hematomas y contusiones por todo el cuerpo. Me preguntaron qué me había pasado. Le eché la culpa a mi estado de embriaguez y les aseguré que no tenía la menor idea de lo que había ocurrido la noche anterior. Varios médicos y policías me rodearon en el hospital para interrogarme. Querían saber muchas cosas, como quién me había facilitado el alcohol y a qué pandilla pertenecía. Yo no dije nada. No hacía más que quejarme del dolor. Al final desistieron de su intento de sonsacarme información. Un médico me tomó el pulso y me dijo: «Unos minutos más tarde y estarías muerto, ¿lo sabías?». Me dejaron solo en la habitación y entró una enfermera para lavarme. Era una mujer oriental muy agradable. Se mostró muy compasiva conmigo mientras me limpiaba. Me hizo sentirme muy relajado. Para cuando terminó, yo le había respondido a todas las preguntas que me habían hecho médicos y policías.

Estuve fanfarroneando un poco. Le conté que mi familia vivía en Puerto Rico y que yo estaba solo. Al cabo de una hora, la oí hablar con la policía sobre la necesidad de llamar al Departamento de Bienestar Infantil y Familiar (CFW) para que se ocuparan de mí. Sólo tenía dieciséis años, era menor de edad. Pedí a gritos un teléfono para ponerme en contacto con mi madre. Me repitieron todo lo que le había dicho a la enfermera e intentaron convencerme de que estaría mejor con el CFW. Les dije que había mentido y que quería telefonear a mi madre. Me proporcionaron un teléfono y llamé a Loca. Cuando ella contestó, grité: «¡Mamá, ven a buscarme! ¡Estoy en el hospital y quieren llevarme a un orfanato!». Loca entendió enseguida lo que sucedía. Menos de una hora después, llegó a recogerme al hospital. Sabía que le dirían que era demasiado joven para que yo fuese hijo suyo, de modo que fue con su vecina para que se hiciera pasar por mi madre. Todo funcionó a las mil maravillas, y al cabo de pocos minutos íbamos de regreso a nuestro barrio. Como en otras ocasiones, me recuperé de mis heridas en casa de Loca. Esa vez me restablecí mucho antes y, una semana después, volvía a estar en la calle, haciendo lo de siempre.

40. No aprendí la lección

El mundo de las pandillas se desmandó aún más. Cada vez más Kings morían asesinados o acababan en la cárcel. Nuestras filas estaban siendo diezmadas. La arrogancia con que me comportaba por ser un King se tornó en miedo. Muchos hermanos y hermanas comenzaron a rebelarse contra los Kings por alguna razón u otra. Ya no quedaba nadie en quien confiar. Me encerré en mi propio universo reducido y violento. Consumía drogas con regularidad. Bebía alcohol como si fuera agua. Me hice un tatuaje, y me pareció tan alucinante que fui a que me hicieran otro. Me dejé crecer el pelo por detrás y me teñí la coleta de rubio. Era como un símbolo de los Latin Kings con patas… una diana andante. Disparaba o me disparaban casi a diario. Me convertí en un idiota de gatillo fácil. Frecuentaba casi todos los sitios donde hubiera una sección de los Kings o una pandilla afiliada a la nuestra. Allí conocía chicas tontitas a quienes me ligaba sin dificultad, o encontraba algún lugar donde dormir. Siempre llevaba una pistola encima. Como era un pandillero, me daban armas sin hacerme preguntas. Por entonces tenía una veinticinco automática. Las pistolas me hacían sentirme todo un hombre, un hombre capaz de cualquier cosa. Me infundían valor. Iba a sitios peligrosos y decía cosas que ni en sueños me habría atrevido a decir si no hubiera llevado un arma. Armado las veinticuatro horas del día, siete días a la semana.

Sacaba la pistola siempre que alguien me miraba mal. Disparaba a autos, autobuses y trenes. Hostigaba a adultos y adolescentes, y a veces me acercaba al patio de alguna escuela primaria para perseguir a niños sospechosos de pertenecer a pandillas rivales. Me preocupaba muy poco mi bienestar, y menos aún el de los demás. Iba armado y las calles eran mías.

En mi cumpleaños de ese año, me emborraché con unos Spanish Lords en la esquina de Oakley con North. Cumplía diecisiete años y, por tanto, ya era adulto según las leyes de Illinois. Aquel día estaba en medio de la calle haciendo gansadas. Detenía el tráfico, piropeaba a las mujeres e incordiaba a los hombres. Pasó un auto ocupado por chicas. Me silbaron, se pararon a pocos metros y me gritaron que me acercara. Había tres muchachas, a cuál más bonita. Todas iban muy provocativas y me invitaron a dar una vuelta con ellas. Un Spanish Lord llamado Pietro les preguntó si podía ir él también; ellas accedieron. Subimos al auto y nos pusimos en marcha. Estábamos tan ocupados tonteando con las chicas que no nos dimos cuenta de adónde nos llevaban. Se mostraban muy seductoras y complacientes. La sensualidad de una de ellas me tenía cautivado cuando oí a Pietro gritar: «¡Mierda! ¡Son Cobras!». Me quité de encima a la muchacha y comprendí que nos conducían directamente a la muerte. La chica que iba al volante nos llevaba a lo largo de Humboldt Park, frecuentado por Cobras y Disciples. La que estaba conmigo me agarró de la cola de caballo para que no pudiera escapar. Le pegué varios puñetazos en la cara hasta que me soltó. Luego salté por la ventana del auto en movimiento, me di contra el suelo con fuerza y me torcí el tobillo.

Me levanté y corrí a esconderme tras unos árboles del parque. Pietro intentó arrebatarle el control del volante a la conductora mientras la otra joven lo asía del cuello. Consiguió hacerse dueño de la situación y el auto giró en dirección a la calle principal que discurría por la orilla del parque, que era la avenida California. Logró apartarse de la otra chica y arrojar por la portezuela a la conductora del vehículo, aunque al hacerlo se cayó él también. El auto siguió adelante hasta estrellarse contra unos vehículos estacionados en California.

Pietro y yo teníamos que lanzarnos a la carrera si queríamos sobrevivir. Yo le llevaba cierta ventaja, pero tuve que detenerme unos instantes para ver dónde estaba. No iba a dejarlo morir solo. Lo vi, corriendo por California tras unos autos estacionados. Crucé el parque a toda prisa, procurando que siempre hubiera árboles entre los Cobras y yo. Ellos se habían separado para perseguirnos. Nos disparaban. Conseguimos llegar a la avenida North. Sólo estábamos a un par de cuadras de nuestro territorio. Cuando Pietro atravesaba North desde el parque, un tiro lo alcanzó en la pierna. Yo iba muy por delante, pero volví sobre mis pasos para ayudarlo. Los Cobras se acercaban para rematarlo, mientras un gentío contemplaba la escena, aunque nadie dijo ni hizo nada. Con la emoción del momento, se me había olvidado que llevaba la veinticinco. A Pietro no. «¡Dispara, dispara!», me gritó. Saqué la pistola, le quité el seguro y abrí fuego.

Los Cobras se dispersaron en dirección al parque. Llegué hasta donde estaba Pietro, le eché una mano y luego salí en persecución de un Cobra que pretendía agarrarnos por sorpresa. Me acerqué a él, que estaba parapetado detrás de un auto; me disparó, dio media vuelta y arrancó a correr. Cuando se volvió, resbaló y cayó al suelo. Al aproximarme a él, me encañonó con su pistola y apretó el gatillo, pero se había quedado sin balas. Yo coloqué mi pistola a unos diez centímetros de su cara y disparé mientras vociferaba «¡amor de Rey!». No hubo estampido; el arma se había encasquillado. Le golpeé el rostro con la culata y salí disparado. Pietro había llegado bastante lejos por sí solo, pero todavía no se encontraba a salvo. Los Cobras dejaron de perseguirnos al oír las sirenas de la policía. Pietro me dijo que huyera de allí antes de que llegaran los agentes, pero permanecí a su lado. Pasamos junto a un terreno baldío y aproveché para esconder la pistola debajo de una piedra antes de que la policía me viera. Yo mismo fui hacia los agentes e hice un poco de teatro.

Les conté que caminábamos tranquilamente hacia casa cuando aparecieron unos pandilleros que le pegaron un tiro a mi amigo. Los policías pidieron una ambulancia para Pietro. Luego, mientras esperábamos, nos

cachearon y nos hicieron preguntas sobre el incidente. Negamos pertenecer a ninguna pandilla. Me preguntaron si podía identificar a los pandilleros que nos habían asaltado. Respondí que sí. Llegaron más agentes
al escenario de los hechos. Me metieron en un auto para que unos detectives de la unidad de delitos de pandillas me llevaran al barrio de los Cobras con el fin de que los identificara. Aunque antes lo habíamos negado,
los detectives nos reconocieron.

–¿Qué hacen unos Kings en territorio de los Cobras? –me preguntó
uno de ellos.

–Unas putas nos tendieron una trampa –les expliqué.

Se rieron cuando les referí toda la historia.

–Ustedes, los malditos hispanos, harían cualquier cosa por un revolcón, ¿no? –comentó uno de los detectives. Era negro, y su compañero,
blanco.

No me gustaba que me llamara «maldito hispano», pero no me quedaba otro remedio que aguantar. Me llevaron directamente a Maplewood
y Division. Los Cobras que rondaban por ahí enseguida me identificaron.
Rodearon el auto, creyendo que los detectives me dejarían ahí tirado. Sin
embargo, pidieron refuerzos por radio y avisaron por megáfono a los Cobras de que se alejaran del vehículo. Llegó cantidad de policía y, pocos
segundos después, los Cobras estaban contra la pared, mientras los agentes los cacheaban. La policía me preguntó si reconocía a alguno. Respondí
que casi todos ellos habían estado allí. Luego señalé a los que sabía que
eran los líderes como los autores de los disparos. Los esposaron y los metieron en un furgón policial. Más tarde, los detectives me dejaron cerca
de mi barrio. Así concluía un día más.

Un par de días después, los Cobras volvieron a las andadas. Hacia las
ocho de una noche húmeda en Chicago, dispararon contra tres hermanos
y un primo suyo cuando estaban sentados en la escalera de su casa. Vivían
cerca del cruce de las avenidas North y Western, a dos casas de la esquina nordeste, en territorio de los Spanish Lords. De los cuatro asesinados,
sólo uno pertenecía a una pandilla. Los Cobras se estaban movilizando de

forma espectacular y surgían nuevas secciones por toda la ciudad. Otras pandillas de latinos empezaron también a expandirse por otras zonas. Se fundaban nuevas pandillas y casi todo el territorio virgen estaba cayendo en poder de rivales de los Latin Kings.

Las pandillas se volvían más organizadas y heterogéneas. Cada vez había más blancos y negros entre los hispanos, porque la unión hace la fuerza y porque la configuración racial de los barrios estaba cambiando. Las pandillas femeninas también aumentaban en número y se implicaban más y más en crímenes violentos. Las personas como yo –sin familia, violentas y consumidoras habituales de drogas y alcohol– estaban consideradas modelos de conducta. Los chicos nos admiraban y envidiaban nuestro estilo de vida. Por su parte, los adultos del barrio contribuyeron a la ruina de una generación al volver la espalda y no afrontar lo que estaba sucediendo. Se quejaban de que no hubiera suficientes policías para protegerlos, pero no se molestaban en ayudar a quienes intentaban acabar con la violencia. Un agente jubilado y un conductor de autobús de Transportes de Chicago colaboraban de forma activa con las pandillas. Compraban armas, nos las vendían mas caras para obtener un beneficio y luego denunciaban que se las habían robado. El policía jubilado nos proporcionó una radio especial que sintonizaba la frecuencia de la policía local. Así, casi siempre sabíamos cuándo había agentes cerca. La mayoría de los vecinos del barrio conocía las actividades de esos hombres, pero nadie decía nada. De este modo, muchos padres preferían cerrar los ojos a la relación que mantenían sus hijos con la delincuencia.

El verano tocaba a su fin. Me alegraba: en invierno la actividad delictiva se apaciguaba un poco. Y aunque no participamos en muchos enfrentamientos, nuestro número de miembros se duplicó.

Aquel invierno me convertí en objetivo habitual de la policía, sobre todo porque siempre andaba por la calle. Ya no vendía únicamente marihuana, sino también ácido. Nunca consiguieron encontrarme nada encima, pero me acosaban todo el tiempo. Una vez me obligaron a desnudarme casi por completo al aire libre. A cinco grados bajo cero, la policía se rió de mí al verme tiritar de frío.

En otra ocasión fue mucho peor. Acababa de salir de casa de Loca en dirección a la tienda, para comprar la leche que Loca me había encargado. Un poco más adelante vi a unos policías hablando con un par de Kings, así que crucé la calle para evitarlos. Ellos me vieron y me llamaron. Eché a correr. No sé por qué, pero huí. Crucé la calle de nuevo y me metí en un callejón. Quería entrar al edificio de Loca por la puerta de atrás, pero estaba cerrada con llave. Antes de que pudiera hacer nada, tenía a la policía encima. Me metieron una pistola en la boca, me agarraron del cuello y me levantaron en vilo. Me exigieron que les entregara mi pistola. Les aseguré que no llevaba ninguna, pero insistieron. Creían que me había deshecho del arma antes de que me dieran alcance. Les expliqué que había salido corriendo porque tenía miedo de que me hostigaran. Este comentario los enfureció.

Uno de ellos me apretó el pescuezo con ambas manos, me alzó y me estampó contra una pared.

—Oye, pequeño hijo de puta, más vale que me digas dónde tiraste la pistola, o te enseñaré lo que es el hostigamiento de verdad —dijo el agente mientras me estrangulaba.

El otro le dijo que me soltara. Su compañero obedeció, pero antes me propinó un rodillazo en la entrepierna. Me doblé a causa del dolor mientras el policía se burlaba de mí. El otro preguntó si me encontraba bien. No pude contestarle; estaba conteniendo el aliento.

—Vámonos; está limpio —le dijo a su compañero.

—Y una mierda —replicó el otro—. Éste se trae algo entre manos.

El agente me cacheó de nuevo, pero no encontró más que los cinco dólares que me había dado Loca para comprar la leche.

—¿Dónde está la pistola, pendejo? —me gritó, agarrándome del cabello.

Miré al otro policía a los ojos, implorándole piedad en silencio. Saltaba a la vista que no le gustaba lo que estaba ocurriendo, pero que tenía que seguirle el juego a su compañero. El otro me soltó el pelo pero me volvió a golpear la entrepierna con la rodilla, esta vez con tanta fuerza que me levantó del suelo. Me desplomé.

—Maldito cabrón —soltó el policía antes de subirse al auto patrulla y marcharse.

Unos Kings me llevaron a casa de Loca. Permanecí una semana postrado en cama con una bolsa de hielo en la entrepierna. Uno de mis testículos se hinchó tanto que, por su tamaño, parecía una pelota de béisbol. Una amiga de Loca que tenía un hijo de mi edad me prestó su tarjeta de la seguridad social para que pudiera ir a ver a un médico del barrio. Éste me envió a un especialista que me dijo que tal vez tendría problemas de infertilidad cuando fuera mayor. Me aconsejó que en el futuro me hiciera visitar de nuevo por un especialista como él. Estuve tomando analgésicos y penicilina durante dos meses. Para cuando me recuperé del todo y pude volver a caminar con normalidad, ya era primavera.

El calvario que pasé aquel día fue otra muestra de las consecuencias absurdas de vivir en un barrio infestado de pandilleros. Tanto quienes pertenecen a pandillas como quienes no tienen nada que ver sienten el impulso de salir corriendo y esconderse ante la presencia de la policía. Si no lo hicieran, la policía probablemente los acosaría, les pegaría una paliza o los detendría por un delito que no cometieron. La policía tiende a creer que los chicos de los guetos son culpables mientras no se demuestre lo contrario. Por eso, al verla, los chicos huyen como del enemigo.

41. La violencia se extiende

En verano me pasaba casi todo el día borracho, fumado o ambas cosas. Me iba de parranda hasta que me vencía el sueño, y entonces me dormía en cualquier parte donde pudiera recostarme: pasillos, autos, azoteas, edificios abandonados… En esa época conocí a muchos de los Kings que manejaban las operaciones de la hermandad por toda la ciudad. Yo les caía bien por mi carácter violento. Fue entonces cuando descubrí que las guerras entre pandillas no se libraban por los colores o por venganza, sino por el control del tráfico de drogas. Los Latin Kings no eran sólo una pandilla encabezada por matones locales; constituían un cártel de la droga dirigido por adultos que rara vez salían de la sombra. Ellos se enriquecían mientras los chicos se exponían a que los tiroteasen en las esquinas, pensando que luchaban por una causa honorable. Durante el breve lapso en que me relacioné con los peces gordos, me gané el privilegio de no tener que asistir a todas las reuniones. También tuve el honor de verme reconocido como King en todos lados, no sólo en Kedzie y Armitage. Había superado la condición de King perteneciente a un territorio concreto, de manera que ningún líder de sección tenía autoridad sobre mí. Recibía órdenes directas de los jefes presos o de sus generales. Mis compañeros me trataban con más respeto que antes y ascendí de categoría, pero la experiencia no duró mucho. Estaba tan quemado con la policía que los líderes se sentían incómodos conmigo. Las visitas de los peces gordos cesaron y, en un abrir y cerrar de ojos, volví a ser un combatiente callejero, sólo para que unos cabrones a los que les importaba un comino pudieran vivir bien.

Volví a frecuentar Kedzie y Armitage y retomé mis brutales actividades de pandillero. Por lo menos conservé el respeto y el rango que me habían conferido mi relación con los líderes. Había alcanzado un puesto de poder en el que se tomaban decisiones. Por desgracia, no era muy consciente de ello y no saqué todo el provecho que debía de la situación. Podría haberme hecho valer como miembro de la comisión de los Latin Kings si hubiera querido, pero no lo hice. Me conformaba con ser un soldado de a pie, siempre y cuando gozara de popularidad.

El Día de la Independencia nos juntamos varios Kings para pasar el día en Wisconsin Dells. Íbamos en cuatro autos, bebiendo y fumando. Algunos de nosotros llevábamos pistolas. Cuando llegamos a nuestro destino, montamos una fiesta y empezamos a divertirnos. Habíamos llevado comida y bebida, y extendimos unas mantas en el suelo para tumbarnos y relajarnos mientras esperábamos a que comenzara el espectáculo pirotécnico. Algunos hermanos se fueron a dar una vuelta para explorar el terreno y ver si había chicas, pero regresaron corriendo para contarnos que los habían perseguido unos Cobras. Al poco se produjeron enfrentamientos y estalló un tiroteo entre las dos pandillas. Los que no iban armados corrieron a refugiarse en los autos. Los que llevábamos pistola continuamos disparando a una multitud de personas inocentes y desprevenidas. Volvimos a toda prisa a los vehículos y emprendimos el regreso a Chicago. Sólo dos autos llegaron a la ciudad; a los otros los interceptó la policía antes de que salieran de la zona de Dells. Varios inocentes fueron alcanzados por balas perdidas, y sólo un pandillero resultó herido. Aquel episodio no ayudó precisamente a mejorar la fama de salvajes de los puertorriqueños.

Unos quince minutos después de llegar a Kedzie y Armitage, unos Gangsters pasaron por ahí en un auto y abrieron fuego contra nosotros.

Ace recibió dos impactos de bala en la pierna. Su novia fue alcanzada en el abdomen y murió de camino al hospital. Fue la chispa que hizo estallar un verano sangriento.

La semana siguiente atacamos a los Gangsters de las avenidas Fullerton y Kimball: murió uno de ellos y otro quedó lisiado de por vida. Los Gangsters no tardaron en contraatacar. Aquella misma noche dispararon a los Kings de las calles Beach y Spaulding, pero no acertaron a nadie. Dos noches después volvieron a la carga. En la esquina noroeste de North y Kimball había un restaurante llamado Donald Duk's Red Hots (conocido como Duk's), una hamburguesería que estaba abierta toda la noche. Hacia las diez y media de la noche estaba allí con otros Kings, cenando y entreteniéndome con los videojuegos. Un auto se detuvo en la esquina y uno de los Kings identificó a sus ocupantes como Gangsters. Salió, arrojó una botella que atravesó la luna trasera del auto y regresó al restaurante, riéndose. Los demás nos reímos con él. Todos se relajaron y reanudaron lo que estaban haciendo menos yo. Llevaba demasiado tiempo en la calle como para no esperar algún tipo de represalia. Casi todos los muchachos que estaban conmigo en el restaurante también eran pandilleros curtidos, por lo que deberían haber sido más conscientes del peligro. «Son unos mocosos, nosotros somos Kings», replicaron cuando les avisé que convenía estar alerta. Sabía que los Gangsters volverían, de modo que salí tres veces del restaurante a echar un vistazo, pero no vi nada. Me relajé, aunque mantuve los ojos bien abiertos. «¡Gangsters!», gritó alguien, y unos disparos hicieron añicos el ventanal del restaurante. Todos nos tiramos al piso. Me palpé para comprobar si me había alcanzado alguna bala. Salvo por algunos arañazos causados por los fragmentos de cristal, estaba bien. Fue un milagro que todos resultáramos prácticamente ilesos.

Las semanas siguientes, por orden de los líderes presos, las pandillas de Chicago se asociaron para formar dos organizaciones, los Peoples y los Folks.* Las dos formaciones, al igual que los Cryps y los Bloods de Los

* Los dos términos, *peoples* y *folks*, significan «pueblos» o «gentes». *(N. del T.)*

Ángeles, eran grupos de pandillas unidas para ayudarse mutuamente en su lucha a muerte contra otros grupos. Los Peoples estaban integrados por los Latin Kings, los Vicelords, los Gaylords y otras pandillas aliadas. Llevaban gorras inclinadas a la izquierda y cruzaban el brazo derecho por encima del izquierdo como seña distintiva. Los Folks se componían de los Disciples, los Cobras y todos sus afiliados. Su seña era casi igual, pero con el brazo izquierdo encima del derecho. Exhibir los colores se volvió una práctica habitual. Tanto chicos como adultos eran tiroteados, apaleados y hostigados de todas las maneras posibles sólo por la ropa que llevaban. El estilo daba igual; lo importante eran los colores.

La agrupación de hermandades en Peoples y Folks fue bastante sorprendente. Pandillas que habían sido rivales desde el principio quedaron unidas por su odio a la alianza rival. En cierto modo, esta unificación constituía, a su vez, una prueba de que los pandilleros eran capaces de olvidar el pasado y dejar de matarse entre sí.

Las pandillas crecían sin cesar y en los suburbios cercanos surgían nuevas secciones. Cada vez era más común ver a chicos de las zonas residenciales con sus autos nuevos derrochando dinero en actividades de las pandillas. Algunos de ellos incluso fundaban secciones en sus barrios. Fue entonces cuando el problema empezó a acaparar la atención de los medios y de los políticos: hasta que ese problema no se extendió a las zonas residenciales, la gente no comprendió que había que hacer algo para solucionarlo. Pero ya era demasiado tarde. La violencia callejera se había convertido en una especie de rito de paso a la madurez. Incluso algunas muchachas de buena familia y bien educadas consideraban que lo mejor del mundo era tener un novio pandillero. La idea del peligro las excitaba.

Empecé a salir con una chica bien de Elgin. Se llamaba Stephanie y era la primera blanca con la que salía. De hecho, ella y sus amigas eran los primeros blancos de las afueras con los que establecía una relación amistosa. Stephanie tenía una hermosa cabellera rubia, ojos azules y un cuerpo estupendo. Era una niñita rica y consentida que manejaba un auto flamante y llevaba un bolso lleno de tarjetas de crédito. Nos acostamos el día que nos conocimos.

–Me encantan los puertorriqueños –decía–. Son tan apasionados y valientes.

Sus padres o nunca estaban en casa o suponían que la niña se había ido a dormir a casa de una amiga. Ella organizaba fiestas en su ausencia y nos revolcábamos con frecuencia en la cama de ellos. Además, Stephanie solía sacar los juguetes sexuales y las películas porno de los padres y se burlaba sin piedad.

–Si mi madre se hubiera casado con un puertorriqueño, no necesitaría esto –dijo, mostrándome un consolador–. Fíjate lo que dice en la caja: «Artículo para matrimonios». Artículo para matrimonios, y una mierda –añadió–. Es un maldito consolador.

Celebrábamos orgías salvajes en su casa, donde no faltaban, además del sexo, las drogas. A ella le encantaba despertar en el piso de la sede de los Kings con una docena de personas alrededor. Se esforzaba por formar parte de la pandilla, pero no tenía la menor necesidad; había elegido ese camino libremente. Se hizo tatuar una corona con mi nombre y un lazo en la nalga. También me daba dinero para drogas. Para ella, la vida de los pandilleros no era más que un juego. En realidad, nunca se había implicado en sus actividades. Le gustaba divertirse, eso era todo.

Una noche íbamos en auto por la orilla del lago con Stephanie, una amiga suya y un King llamado Pepe. Éste le hizo la seña de los Kings a unos jóvenes que viajaban en otro auto, en el carril contiguo. Por toda respuesta, sacaron pistolas y se pusieron a disparar. Alcanzaron a la amiga de Stephanie en un hombro, y a mí unas esquirlas de cristal me produjeron varios cortes en la cara. Pepe y Stephanie no sufrieron herida alguna. Le indicamos a Stephanie dónde estaba el hospital más cercano y, una vez allí, Pepe y yo nos marchamos. Al cabo de varios días, fui a verla a su casa. Como de costumbre, sus padres no estaban.

–¿Por qué no has vuelto por el barrio? –quise saber.

–Porque casi nos matan, ¿sabes? –contestó Stephanie.

—Oh, chica, eso no fue nada —le aseguré.

—Para ti tal vez no —repuso—, pero mi amiga por poco se muere.

Le pregunté si seguía siendo mi novia.

—Por supuesto, bobo —me respondió—. Te quiero —me tomó de la mano y me guió a la habitación de sus padres. Puso una película porno y me invitó a imitar lo que aparecía en la pantalla. Ni siquiera prestamos atención a la película, pero nos la pasamos muy bien. Fue el último día que la vi.

42. Los enemigos se acercan

En nuestro territorio, los hermanos se unían para lanzar un ataque contra los Cobras. Éstos habían fundado otra sección en el cruce de la calle Cortland con la avenida California, y era allí donde les atacaríamos. Después de algunas deliberaciones se decidió que sólo participasen cuatro Kings en la operación. Yo figuraba entre los elegidos. Fui a casa de Loca a buscar mi Magnum 357 y para alcanzar el estado de intoxicación deseable. California está a sólo cuatro cuadras del bulevar Humboldt, así que decidí ir a pie. Dada la creciente actividad de las pandillas en la zona, la policía paraba todos los autos que llevaban muchos ocupantes, de modo que caminar era más seguro. Cano, un hermano recién iniciado, y yo nos encaminamos en dirección este por Cortland hacia California. Cano era mayor que yo, tenía unos veintidós años y había sido pandillero toda la vida. Era un ex Disciple, y su hermano, uno de los jefes principales de los Kings. De hecho, Cano era uno de esos tipos que pasaban de una pandilla a otra en función del barrio donde vivieran. Era alto y musculoso, de cabello castaño claro y el cuerpo cubierto de tatuajes. Acababa de salir de la cárcel, la misma donde estaba su hermano. Por consiguiente, se había tapado los tatuajes de los Disciples con otros de los Kings. Con todo, era una buena compañía. Demostraba siempre una gran lealtad al grupo del que formara parte en ese momento. Yo le había dado la 357.

Él sería el encargado de apretar el gatillo en su primera misión como King. Yo debía atraer la atención de los Cobras sobre mí para que Cano practicara su puntería. Los otros dos hermanos pasarían por ahí en auto por si había que huir a toda prisa.

De alguna manera, los Cobras se enteraron de que íbamos. Cuando se desató el caos, Cano y yo nos encontrábamos junto a la escuela primaria Yates, al otro lado de la calle Richmond. Los Cobras abrieron fuego contra nosotros sin que viéramos de dónde procedían los disparos. Cano se puso a disparar como un loco, sin saber dónde apuntaba. Nos arrimamos a los autos estacionados y emprendimos la huida, mientras los Cobras seguían atacando. Noté un dolor agudo en el brazo, caí sobre el asfalto y me golpeé la cabeza. Cano me ayudó a levantarme y seguimos corriendo. En ese momento llegaron los hermanos en el auto, disparando por las ventanillas. Nos cubrieron durante el tiempo suficiente para que pudiéramos cruzar Humboldt y ponernos a salvo. Me había alcanzado una bala en el antebrazo, pero había salido por el otro lado. Al parecer, los hermanos también habían herido a un Cobra, porque junto a la escuela Yates aparecieron la policía y una ambulancia. Loca me llevó al hospital para que me curaran la herida. Me metieron en una habitación a la espera de que llegara la policía. En cuanto me dejaron solo, escapé. La policía me habría preguntado por qué me habían disparado o quizá me habría acusado de disparar al Cobra herido. Durante mi breve hospitalización, numerosas patrullas acudieron a nuestro barrio para arrestar a todos los chicos con aspecto de pandilleros. Me fui a casa de Loca y me quedé allí toda la noche. Como me había marchado del hospital antes de que el médico me recetara algo contra el dolor, tenía que beber alcohol y fumar hierba continuamente para soportarlo. Loca me limpió y me vendó la herida lo mejor que pudo. Aun así, tuve una infección bastante fea que tardó unos cinco meses en curarse. Fue una suerte que no perdiera el brazo. Lo único bueno de la situación fue que me impidió participar en operaciones de importancia. Me pasé todo el verano rondando por el barrio, fumando y bebiendo, y para el invierno estaba ansioso de entrar en acción.

Ese verano aprendí a conducir, y Daffy, mi viejo compañero de raterías, salió de la cárcel del condado. Lo habían condenado por posesión de cocaína y uso no autorizado de un arma. Por entonces tenía la condicional por un período de dos años. Volvimos a los robos con allanamiento y probamos suerte con el atraco a mano armada. Cano se unió a nosotros. Los atracos resultaban tan fáciles y lucrativos que se convirtieron en nuestro delito preferido para ganar dinero. Al final abandonamos los robos con allanamiento. Cano ideó un sistema de atraco infalible: le pedíamos a un par de Queens que se pusieran ropa provocativa y las dejábamos en un bar. Ellas localizaban al tipo que llevaba más dinero e intentaban ligárselo. Por lo general elegían a mexicanos que no hablaran inglés, porque solían ser inmigrantes ilegales reacios a llamar a la policía. Con promesas sexuales, las Queens podían conseguir sin demasiados problemas que un hombre saliera del bar con ellas. Entonces lo llevaban a algún rincón oscuro donde lo esperábamos para atracarlo. Para asegurarnos de que las víctimas no nos siguieran después del robo, nos llevábamos sus pantalones.

Daffy sucumbió a la codicia, y empezó a repetir la práctica dos o incluso tres veces cada noche con diferentes Queens. Cano y yo sólo lo acompañábamos las noches de fiesta: jueves, viernes y sábados. A Daffy la policía lo agarró con las manos en la masa y esta vez lo sentenciaron a tres años de prisión, una condena bastante indulgente para alguien culpable de atraco y violación de la libertad condicional. Cano y yo continuamos cometiendo atracos, y llegamos a ser muy buenos amigos.

Varios Kings de la rama Peewee vendían droga para mí. Prácticamente se ofrecían voluntarios. Cuando yo no andaba por ahí, Loca recaudaba el dinero y les proporcionaba más mercancía. Loco y Lalo ya rara vez se dejaban ver por el barrio. Cuando se presentaban, se convertían en objeto de la admiración de los demás Kings. Tenían unos autos grandes y espectaculares, y unas chicas preciosas. Lucían ropa cara y muchas joyas. Por lo visto, también ellos vivían ahora de la sangre y el sudor de los hermanos que se dejaban la vida en la calle. Ya no me gustaba ser un King, no quería ser un soldado de a pie. De hecho, lo detestaba, pero no me atrevía a decirlo.

43. Expulsado

Empecé a llamar a Cindy de nuevo. Me costó un poco, pero conseguí su número. En realidad, no tenía nada que decirle. Sólo quería fanfarronear sobre las batallas en las que había participado. Pensaba que mis actividades de pandillero la impresionarían como a todas las chicas que conocía. Pero Cindy reaccionaba de forma totalmente distinta. Me reñía y, en ocasiones, hasta me colgaba el teléfono cuando yo le hablaba de mis delitos. Lloró cuando le conté mi encuentro con los policías y el episodio en que había recibido un tiro en el brazo. La afectó mucho enterarse de las «violaciones» a las que me habían sometido.

–¿Cómo pudiste dejar que te hicieran eso? –me preguntó–. Creía que eras un chico duro.

Cindy había terminado ya el bachillerato y la habían aceptado en la universidad Northwestern. Estaba muy contenta y orgullosa. Yo me sentía celoso en mi fuero interno. Le propuse que nos viéramos, pero ella se negó sin pensarlo dos veces. Yo estaba tan acostumbrado a sus rechazos que no me inmuté. Lo que se me ha quedado grabado hasta hoy fueron sus palabras.

Me confesó que, de todos los chicos que había conocido, yo era el más especial para ella. Pero le molestaba mucho que yo prefiriera vivir como un pandillero, consumiendo y vendiendo drogas, a estar con ella y esforzarme por obtener una educación. Noté en su voz que luchaba por contener el llanto.

—¿Estás loco? ¿Crees que soy tan tonta como para quedar contigo y exponerme a que me peguen un tiro? No te respetas ni a ti mismo, así que ¿cómo me voy a creer que me respetarás lo suficiente como para dejar tu pistola en casa? Sí, claro —a estas alturas, ya estaba llorando, y a mí me resbalaba una lágrima por la mejilla. Pero todavía no había acabado—. Piensa bien lo que haces. Te estás matando y estás matando a tus amigos. Y ellos te están matando a ti también —dijo—. ¿Cuánta gente te visitó cuando estabas en la cama con los huevos hinchados? ¿Cuántos de tus supuestos hermanos se preocuparon por ti cuando estuviste a punto de perder un brazo? No seas imbécil. Si de verdad fueran tus hermanos, no te darían drogas, alcohol y una pistola para que demuestres lo que vales. Si fueran tus amigos o hermanos, no tendrías nada que demostrar —al darse cuenta de que yo lloraba, hizo una pausa y se tranquilizó. Luego prosiguió—: Oye, el hecho de ser pobre debería servirte de impulso para triunfar, no de excusa para compadecerte de ti mismo y fracasar. Mis padres, mi familia, son pobres como las ratas. Por eso me esfuerzo en ir a la universidad, para ayudarlos a salir de la miseria.

Con este comentario, Cindy me tocó una fibra sensible.

—¡Tu madre no te maltrataba ni te abandonó! —dije—. No tienes idea de lo que es sufrir de verdad. ¡No sabes lo que es que nadie te quiera! —grité, y luego colgué el auricular.

Lo que más me dolía de las palabras de Cindy era su verdad. Por primera vez en mi vida le importaba a alguien lo bastante para que se tomara la molestia de decírmela. Pero no hice caso, me pareció una pendejada y lo interpreté como un ataque personal. Pensaba que controlaba todo lo que me rodeaba, cuando el que estaba bajo control era yo.

No volví a hablar con Cindy hasta unos tres años después. Pero nunca olvidé lo que me dijo esa noche. Después de la llamada, hice lo único que sabía que aliviaría mi dolor y mi rabia: fumar, beber y ponerme violento.

Agarré una veinticinco, subí a una bicicleta y me fui directo al territorio de los Gangsters. Estaba tan colocado que apenas podía manejar la bicicleta. Sólo me acompañaba Cano. Las palabras de Cindy resonaban en mi cabeza y la rabia me cegaba. Para cuando llegamos a las avenidas Kimball y Armitage, los Gangsters ya sabían que íbamos para allá. Se me echaron encima en un auto y salté de la bicicleta justo a tiempo. Yo estaba bien, pero la bici quedó destrozada. Cinco Gangsters arrancaron a correr hacia nosotros mientras Cano me ayudaba a levantarme de la acera. Otros Gangsters se acercaron por detrás y nos rodearon. Saqué la veinticinco y disparé a los que teníamos detrás para despejar el camino de regreso a nuestro barrio. Se alejaron a la carrera para esconderse y los Gangsters que venían de frente abrieron fuego. Cano abandonó su bicicleta y nos pusimos a correr en zigzag entre los autos estacionados. Yo me limitaba a disparar de vez en cuando para cubrir nuestra huida, pero no quería gastar todas las balas. Nuestros rivales se detuvieron y dispararon todos a la vez. Las ventanas de los autos saltaron en pedazos, y la gente gritó asustada. Parapetados entre dos vehículos, asomamos la cabeza para asegurarnos de que no cargaran nuevamente contra nosotros.

El tiroteo había cesado, pero los gritos no. Vimos que los Gangsters corrían en dirección a su barrio. Cano y yo bajamos corriendo por Armitage hacia Kedzie. Pasamos junto a una señora que estaba en el suelo, aullando de dolor por una herida de bala. Una chica, quizá su hija, yacía a un metro de ella con un agujero de bala en la cabeza. Ni siquiera se me ocurrió la posibilidad de detenerme a ayudarlas. No pensaba más que en mí mismo. Para cuando llegamos a Kedzie, oíamos ya las sirenas de la policía. Cano se fue por un lado y yo por otro. Llegué hasta la entrada de la sede de Cortland y Whipple sin que me viera la policía. Entré y cerré la puerta.

Dentro, los hermanos y hermanas de la sección de Cortland y Whipple se enojaron conmigo. No les gustaba que hubiera irrumpido en su sede sabiendo que la policía me estaba buscando.

—No me han visto. Nadie me ha visto —les dije.

Aun así, insistieron en que no volviera a hacerlo. Yo era un King de Kedzie y Armitage, no de Cortland y Whipple.

–Yo soy un King vaya donde vaya –dije, enfadado–. ¡A la mierda, todos! –les solté mientras me iba.

Me encaminé con cuidado hacia la casa de Loca, escondiéndome en las sombras cada vez que oía acercarse un auto. Las palabras de Cindy seguían dándome vueltas en la cabeza. Tenía razón. Era consciente de ello, pero no sabía qué hacer al respecto. Llegué al apartamento de Loca sano y salvo, pero nadie me abrió la puerta. Dormí en el rellano, o al menos lo intenté. Cada vez que daba una cabezada, me asaltaban las pesadillas. Sangre, violencia, muerte, gente alcanzada por las balas… A la que cerraba los ojos se me aparecían todas estas imágenes. A las ocho de la mañana, Loca abrió la puerta. Entré y me fui directamente a la cama.

Esa tarde, Loco vino a verme y me abroncó por haber intentado resguardarme en la sede de Cortland y Whipple después del tiroteo. Le repetí a gritos todo lo que me había dicho Cindy. Me puse a despotricar contra los Latin Kings y contra las pandillas en general.

–¿Qué más te da, hijo de puta, mientras alguien venda esas drogas por ti? –grité mientras salía al rellano.

–Vuelve acá, Lil Loco –me ordenó Loco.

–¡Vete a la mierda, hombre! –fue mi respuesta.

Los curiosos empezaban a congregarse en el rellano para presenciar nuestra discusión.

–Vuelve adentro –me dijo Loca.

–¡A la mierda! –respondí–. A ese tipo no le importa nadie más que él mismo.

–*Cállate* –me previno Loca.

–Nunca está aquí para proteger el barrio, ni sabe lo que pasa –añadí.

Loco salió corriendo del apartamento. Me agarró y me golpeó contra la pared, sujetándome del cuello.

–Maldito mocoso, no te necesitamos, maricón de mierda –soltó, apretándome el cuello cada vez con más fuerza.

Me estaba ahogando, y yo luchaba por respirar. Sentía que iba a desmayarme.

–*Déjalo ya, déjalo ya* –le suplicó Loca.

En ese momento llegaron Lalo, Pito y otros hermanos más. Lalo y Pito apartaron a Loco. Al final me soltó y caí al suelo, jadeando. Perdí el conocimiento por unos instantes.

Cuando volví en mí, Loco seguía gritándome. Decía que yo ya no sería bien recibido en la sede de Cortland y Whipple, ni siquiera en la de Kedzie y Armitage. Y que ya no tenía derecho a considerarme un Latin King de Kedzie y Armitage. Aunque la potestad para quitarme la corona era únicamente de los jefes máximos, me advirtió que no me acercara por allí. Me aseguró que se tomarían medidas para expulsarme de la pandilla tras imponerme una «violación». Yo podría haberle pedido que me expulsara en ese momento, pero no lo hice. Seguía siendo demasiado cobarde: no me daba miedo recibir una paliza, pero no quería quedarme solo. Me asustaba la idea de no contar con apoyo, de no formar parte de un grupo. Mientras fuera un King, podía moverme por varias zonas de Chicago y del exterior.

Por todo el barrio se corrió la voz de lo que yo había dicho sobre los Kings. Kedzie y Armitage dejó de ser mi refugio. Como no sabía qué hacer, volví al lugar donde se había gestado toda esta locura: el territorio de los Spanish Lords.

44. Lo que hay

La zona de las escuelas Clemente y Tuley había sufrido una transformación. Ahora, quienes predominaban en Clemente eran los Cobras y los Disciples. Y los Lords ya no frecuentaban Tuley porque los Cobras se habían adueñado del lugar. La familia de Papo se había mudado a otro sitio y él rara vez se acercaba por el barrio. Cuando venía, se declaraba un ex Lord. Los chicos que vivían en las zonas dominadas por los Latin Kings, los Spanish Lords, los Insane Unknowns o cualquier otra pandilla aliada corrían serio peligro en la escuela Clemente. Daba igual que fueran pandilleros o no. Por el mero hecho de vivir en esas zonas, cualquier muchacho se convertía automáticamente en enemigo de los Cobras y los Disciples. La mayoría de los Spanish Lords que me conocían se dedicaba ahora a otras cosas o estaban en la cárcel. A un par de ellos los habían matado.

Empecé a juntarme con Flaco, de los Unknowns. Nos volvimos inseparables. Era alto y delgado, como su apodo indicaba, y bebía y fumaba en grandes cantidades. Teníamos mucho en común, entre otras cosas, que estábamos sin techo. Nos pasábamos casi todas las noches en la calle. Cuando dormíamos era por lo general en el apartamento de una chica con la que salía Flaco. Se llamaba Anita. Era una madre soltera de dieciocho años que vivía de los subsidios de la seguridad social. Anita era muy voluptuosa y atractiva. No podía despegar la vista de ella. Tenía dos hijos, un niño de dos años y una niña recién nacida. Eran de padres distintos. A uno lo habían matado y el otro cumplía una condena de treinta años en la cárcel. El apartamento era un auténtico basurero. Las cucarachas pululaban por doquier y ella no se ocupaba mucho de la limpieza.

Flaco y yo vivíamos al límite. Cuando los pandilleros rivales no nos disparaban, éramos nosotros quienes les disparábamos a ellos. Los blancos de nuestros disparos eran casi siempre tipos que pasaban en auto haciendo las señas de su pandilla, pero en un par de ocasiones efectuamos ataques más serios. En uno de los primeros, Pothead, de los Lords, se unió a nosotros. Flaco y yo nos planteamos si debíamos fiarnos de Pothead, pero como era él quien ponía las armas, no nos quedó otro remedio.

Era viernes por la noche y los Cobras habían estado en movimiento desde la mañana. Se habían reunido en la calle Artesian, entre Potomac y Hirsch, una cuadra al oeste de Western. De vez en cuando hacían notar su presencia enviándonos a un par de sus muchachos a la calle LeMoyne con Western para provocarnos. Al atardecer ya estábamos hasta la coronilla y habíamos pensado un plan. Hacia las once de la noche nos pusimos en acción. Uno detrás de otro, los tres cruzamos Western, entre Hirsch y LeMoyne, con cuidado de que no nos vieran. Llegamos por un corredor a un callejón, desde ahí avanzamos en la oscuridad y atravesamos Hirsch hacia Potomac. Entramos en otro corredor desde el que veíamos claramente a los Cobras que estaban al otro lado de la calle. Nos agachamos en las sombras, parapetándonos tras los autos estacionados.

Flaco se arrastró hasta el extremo del corredor para cerciorarse de que no hubiera Cobras en nuestro lado de la calle. Nos dijo que el sitio estaba lleno de gente, de modo que tendríamos que movernos deprisa. Los tres íbamos armados. Contamos hasta tres y salimos corriendo a Artesian, disparando a la vez. Se oyeron gritos procedentes de todas direcciones. Uno de los Cobras aullaba «¡me dieron, me dieron!» mientras regresábamos a la carrera. Recorrimos el callejón como una flecha y enfilamos otro corredor que desembocaba en Western. Cruzamos, nos metimos por otro corredor y salimos al callejón que conducía a Hirsch. Desde ahí seguimos corriendo hasta llegar al barrio de los Unknowns. Pothead se encontró con una chica que se ofreció a llevarlo en auto a su casa. Flaco y yo nos refugiamos en casa de uno de los Unknowns hasta el día siguiente.

El ataque fue todo un éxito. Para nosotros había llegado el momento de celebrarlo y recrearnos en la violencia. ¡Estábamos tan orgullosos de nosotros mismos! Gracias a esa acción, los demás nos trataban con respeto, nos abrían las puertas de su casa, nos daban de comer, nos proporcionaban toda la cerveza y marihuana que queríamos y se deshacían en alabanzas que alimentaban nuestro ego. Incluso nos elogió un veterano del mundo de las pandillas, de los Unknowns. Habíamos hecho algo grande.

Al veterano lo apodaban Tarzán. Era un tipo corpulento, de aspecto salvaje, que rondaba los treinta años. Había hecho carrera como pandillero. Vivía con una puertorriqueña bajita y regordeta llamada María. Aunque ella no pertenecía a ninguna pandilla, no hacía nada por evitar que Tarzán siguiera en ello y les inculcara esos valores a sus hijos. Tenían dos niños y una niña, de diez, ocho y cinco años, respectivamente. Los tres sabían hacer la seña de los Unknowns y también el saludo ritual. A Tarzán y a María les parecía gracioso. Cuando María les preguntaba qué querían ser de mayores, los dos chicos respondían que querían ser Unknowns, y la chica, una Latin Queen. Tarzán presumía de que había enseñado a sus muchachos a pegar primero cuando se enfrentaran a alguien.

–Y si con eso no lo tumbas, hay que darle con algo más duro que el puño, ¿no es cierto, niños? –dijo Tarzán.

–Sí, con un bate, ¿verdad, papá? –saltó uno de los chicos.

Tarzán se rió, María se rió, todos nos reímos. Nos pusimos a fumar marihuana en la misma habitación donde estaban los críos. Tarzán les echaba el humo en la cara y compartía su cerveza con ellos. Luego, todos nos recostábamos en el asiento para observar su reacción.

El sábado por la mañana, Flaco y yo fuimos caminando a casa de Anita, fumándonos un cigarrillo de marihuana como si nada hubiera pasado. En mi mente, los acontecimientos de la noche anterior no eran más que un juego. No había pasado nada. En casa de Anita nos jactamos de nuestra hazaña y nos reímos a carcajadas al recordar los alaridos que pegaba el Cobra herido. Estuvimos hablando de ello todo el día. No podíamos salir; *la hada* estaría por todas partes haciendo preguntas. Al anochecer, la división de delitos pandilleros ya había detenido a dos Lords por los actos que habíamos cometido nosotros.

A los dos los acusaron de asesinato y de tentativa de asesinato: esa noche, dos Cobras habían recibido nuestras balas. Uno murió en el lugar de los hechos, el otro ingresó en el hospital con dos heridas de bala en el abdomen. Normalmente, la persona detenida guardaba silencio respecto al verdadero autor del delito, pero esta vez no fue así. Uno de los Lords arrestados, para salvarse, señaló a Pothead como uno de los ejecutores. A Pothead le ofrecieron una reducción de condena a cambió de delatar a sus compinches, pero se negó. El abogado de oficio le aconsejó que aceptara el acuerdo que le ofrecía el Estado. Pothead se declaró culpable de ambos delitos y fue condenado a cincuenta años con derecho a la libertad condicional por buena conducta tras cumplir un mínimo de veinte.

El Lord que testificó contra Pothead apareció muerto a la orilla del lago dos días después de salir de la cárcel. Se rumoreaba que la policía les había soplado a los Lords cuál de los dos detenidos había cantado. Lo único importante para Flaco y para mí era que ni siquiera nos habían interrogado en relación con los crímenes. Dos semanas después, volvíamos a las andadas.

Los Cobras llevaron a cabo varias operaciones de represalia. No mataron a nadie, pero sus tiros alcanzaron a un par de Unknowns. Sin embargo, los transeúntes inocentes no tuvieron tanta suerte. Una bala perdida hirió de muerte a un niño de tres años. El chico permaneció en coma un par de semanas antes de morir. En vez de interpretar esta tragedia como una señal de que había que acabar con esa carnicería, la utilizamos de excusa para matar de nuevo: no íbamos a permitir que nuestros rivales quedaran impunes tras liquidar a un niño en nuestro territorio.

Fue más o menos por esa época cuando me abandonó la suerte con las chicas. Mi carácter violento ya no me servía para conquistar a cualquier mujer que me atrajera. Hasta las muchachas más feas y fáciles del barrio me rehuían. No se me pasó por la cabeza ni por un momento que quizás estaba desatendiendo mi higiene personal. Estaba semanas enteras sin lavarme ni cambiarme de ropa. Me pasaba casi todo el tiempo bebiendo y drogándome. Rara vez comía adecuadamente; era un lujo para mí. La droga y el alcohol me ayudaban a olvidarme del hambre. Dormía en cualquier parte: en azoteas, bancos, corredores, callejones... Fuera donde fuese, no dejaba de ser el arroyo. Cuando llegó el invierno, la pasé muy mal. Solía quedarme por la noche en casa de Anita, pero a veces llamaba a la puerta y no me abrían. Entonces tenía que dormir en el rellano o con los vagabundos, debajo de las vías de tren, cerca de la avenida Damen. Los indigentes encendían una hoguera en un bidón y bebían alcohol para entrar en calor. Yo andaba borracho como una cuba y me sentía perdido. Me moría de ganas de acostarme con alguien. Mis impulsos sexuales, sumados a la falta de dinero, comida y alojamiento, me llevaron a experimentar con la homosexualidad a los diecisiete años.

Estaba desesperado por salir de las calles y resguardarme del frío. Un señor me abordó una noche en que yo estaba buscando un sitio donde dormir. Detuvo su auto junto a mí y me ofreció droga. Sin dudarlo, subí a su auto. Me pasó un cigarrillo de marihuana y dejó que me lo fumara yo solo. Mientras dábamos una vuelta en el auto charlamos sobre deportes, mujeres y las mujeres como deporte. El hombre se llamaba Freddy. Era un negro de piel muy clara. Tenía unos cuarenta y cinco años, complexión mediana y un ligero sobrepeso. Sabía hablar español. Me invitó a su apartamento a tomar una cerveza. Acepté gustoso. Con un poco de suerte, pensé, conseguiría un lugar cómodo donde pasar la noche. De algún modo, Freddy sabía que yo accedería. Entró en un parking situado enfrente de su apartamento justo cuando le pregunté dónde vivía. Ni siquiera sabía dónde estábamos. Andaba demasiado ocupado hablando de tonterías para fijarme en las calles por las que pasábamos.

—Vayamos arriba —dijo Freddy mientras me guiaba hacia un edificio de apartamentos—. Pediré algo de pizza para acompañar la cerveza.

No reconocí la zona, pero sabía que no era mi barrio. Las calles estaban limpias, no había pintadas en las paredes y todo estaba muy tranquilo. Seguí a Freddy a un apartamento del segundo piso.

Estaba amueblado con muy buen gusto, ordenado, y en las paredes y los estantes había fotos de unos niños que él aseguró que eran suyos. Freddy entró en un dormitorio, salió con una camiseta y me la tendió.

—Ve a ducharte y dame tu ropa para que la lave —dijo mientras me conducía al baño.

Permaneció allí mientras yo me desnudaba, prenda a prenda.

—Caray, cómo apestas —comentó—. Lávate muy bien.

Me duché y me puse la camiseta. Freddy apareció enseguida para acompañarme a la sala. Mientras me bañaba preparó unos sándwiches.

—Alguien debería cuidar de ti —comentó Freddy—. Eres un chico muy guapo. Seguro que ligas con un montón de chicas, ¿no?

—Claro —respondí.

—Con lo sucio y apestoso que estás, lo dudo —dijo—. Apuesto a que llevas mucho tiempo sin sexo.

Soltó una carcajada y me preguntó si quería ver una película porno. Dije que sí. Mientras veíamos el video, tomamos cerveza y fumamos hierba.

—Vaya, fíjate en eso. Seguro que eso te la pone dura —decía Freddy una y otra vez ante diferentes escenas de la película.

—Claro que sí —respondí yo, riéndome.

—No la tienes dura. Déjame ver, apuesto a que no —me provocó Freddy.

Me reí de nuevo y seguí mirando el vídeo.

—Sabía que no se te había puesto dura —dijo Freddy—. Ni siquiera sabes qué aspecto tiene un chocho.

—Claro que lo sé —contesté, subiéndome la camiseta.

—Me estoy poniendo muy caliente, mejor quitamos esa mierda —resopló Freddy y apagó el televisor. Se sentó junto a mí y me preguntó si quería veinte dólares.

—Sí —contesté en seguida.

—¿Quieres dormir aquí todas las noches? Podrías ser mi compañero de apartamento. Mañana te compraré ropa. Pero tienes que enseñármela otra vez.

Me volví hacia él, sin saber si reírme o escandalizarme.

—Anda, déjame verla —insistió Freddy, extendiendo la mano hacia mi camiseta.

Me quedé mirándolo, sin saber qué hacer. Nunca antes me había hecho insinuaciones sexuales un hombre. Era algo que ni siquiera me había pasado por la cabeza. Estaba tan descolocado y asustado como cuando participé en mi primer ataque contra miembros de otra pandilla. Freddy me agarró el pene, se inclinó y comenzó a chuparlo. Lo observé inexpresivo con la mente en blanco. Me puse caliente. Hice todo lo que Freddy me pidió. Yo no me consideraba homosexual. Sólo que estaba desorientado. No fue la última vez que vi a Freddy.

A partir de esa noche volví a experimentar con la masturbación. Mis fantasías siempre giraban en torno a mujeres. Recreaba vívidamente en la imaginación mis experiencias sexuales pasadas y también fantaseaba con actrices que veía en la televisión. Supongo que era mi manera de olvidar lo que estaba pasando con Freddy. En cuanto el menor pensamiento sobre sexo brotaba en mi cerebro, corría a encerrarme en algún sitio para masturbarme. Solía tocarme mientras escuchaba a Flaco y Anita hacer el amor. Me la meneaba en pasillos donde en cualquier momento podía aparecer alguien y sorprenderme in fraganti. Me sentía como un enfermo mental, pero lo hacía de todos modos.

Cuando Freddy no venía a buscarme, lo buscaba yo a él. Me proporcionó comida y techo durante buena parte del invierno, a cambio de sexo, claro está. Freddy era un homosexual encubierto. Cuando recibía visitas me pedía que me fuera. Cuando algún invitado iba a pasar el fin de semana en su casa me daba dinero para que me fuera a un hotel. Yo lo gastaba todo en drogas y dormía en los portales. Las relaciones sexuales con Freddy acabaron por parecerme lo más natural del mundo y llegué a esperarlas con ansia. No nos besábamos ni nos acariciábamos, no había pasión; sólo sexo, sexo puro y duro. Freddy me la mamaba, yo me lo tiraba, y ahí acababa todo. Las hembras seguían atrayéndome mucho; eran el objeto de mis sueños, pero estaban fuera de mi alcance. Imaginaba que Freddy era una de las mujeres que salían en las películas porno que veíamos mientras fornicábamos. Las drogas y el alcohol que corrían por mis venas, junto a la necesidad de comida y alojamiento, eran lo que me retenía a su lado.

A pesar de la generosidad de Freddy, había ocasiones en que creía que me iba a morir. Las noches en que no podía dormir en su casa, me quedaba sentado en los portales, llorando por el frío. Comía muy poco y dormía menos aún. Tenía la entrada prohibida a las tiendas del barrio porque solía robar. Cuando llegó el verano parecía un zombi. La mayoría de la gente pensaba que me inyectaba heroína, de modo que dejó de juntarse conmigo. Freddy se mudó y ya no volvió a buscarme. Hasta el día hoy, el recuerdo de la relación que mantuve con él aquel invierno sigue atormentándome.

45. Otra adicción

A Flaco lo detuvieron por un tiroteo en el que no participó. Anita se consiguió otro amante enseguida. Yo ya no era bien recibido en su casa. Sin techo y sin amigos, me dirigí a la esquina de Humboldt Park que estaba en el cruce de Kedzie con North, cuidando de no acercarme a Kedzie y Armitage. En el parque al menos encontraría suelo blando sobre el que dormir, y podría intentar convencer a Loca de que me admitiera de nuevo en su casa.

Cuando llegué, el parque estaba allí, pero Loca no. Se había mudado a Kedzie y Lawrence, más al norte. Sorprendentemente, los Kings se alegraron de verme, o por lo menos fingieron alegrarse. Cano me llevó a su apartamento para que me diera una ducha y me lavara un poco. Incluso me compró algo de ropa. Aunque eran prendas de segunda mano, estaban mucho mejor que las que llevaba. Cano vivía en un ático, pequeño pero confortable. Me dio una llave y me dijo que podía quedarme allí siempre que quisiera, de modo que empecé a pasar la noche y buena parte del día allí. Salía poco. Me quedaba sentado en su apartamento, viendo la tele, deprimido. Cuando salía era sólo para conseguir hierba o cerveza, y luego regresaba al apartamento para colocarme. Cano nunca me reprochaba nada. Al contrario, estaba admirado de que no me metiera en líos. Además, traficaba en cocaína y me propuso participar en el negocio. Mi trabajo consistía sobre todo en guardarle las espaldas para que no lo atracaran mientras llevaba a cabo sus transacciones. Todo fue sobre ruedas salvo por un incidente.

Fuimos en auto a la ciudad de Maywood, en las afueras de Chicago, a entregar dos kilos de coca. Cano me explicó que había hecho tratos antes con los hermanos cubanos a los que íbamos a ver, pero que no se fiaba de ellos. Me contó que los habían sentenciado a condenas muy largas en Cuba, y que de no ser porque Castro los había echado a patadas, seguirían en la cárcel. Candy, la novia de Cano, iba con nosotros. Era una morena alta y preciosa adicta a la cocaína. Cano solía decirme que sabía que estaba con él por la droga, pero que él sólo la quería por el sexo, así que las cosas estaban equilibradas. Candy era una de esas mujeres que visten provocativamente hagan lo que hagan y vayan a donde vayan. Su mejor amigo era el espejo. La típica chica espectacular pero tonta.

Llegamos a Maywood con tiempo suficiente para que Cano me enseñara dónde se iba a realizar la transacción y qué debía hacer yo. Se reuniría con los cubanos en el parking de un supermercado Jewel. Cano me dejó a una cuadra de allí y se alejó en el auto con Candy. Yo tenía que ir a pie al parking y quedarme fuera de la tienda como si fuera un chico del barrio. Cano me dio un guante de béisbol y una pelota para que no estuviera sin hacer nada. También me dio una 357 Magnum, sólo por si acaso.

Cuando llegué al parking, había una camioneta estacionada junto al auto de Cano. Pasé lo bastante cerca como para darme cuenta de que Candy estaba sola en el auto, contando dinero. Me puse a lanzar la pelota contra una pared, a unos cinco metros del vehículo. De vez en cuando dejaba que la pelota fuera rodando en esa dirección, para ver qué estaba pasando. Una vez, envié la bola más lejos de lo que quería. Se metió debajo de la camioneta y fue a parar justo delante del auto de Cano. Mientras pasaba por detrás de la camioneta para recuperar la pelota, oí que Cano decía en español:

–*No hagas eso, hombre.*

Luego vi que un tipo entraba en la camioneta con una bolsa de deporte. Me aproximé al auto y eché un breve vistazo hacia la camioneta que me bastó para ver que alguien sostenía una pistola contra la cabeza de Cano. Entonces los Cubanos me vieron.

–*Hey, vete para allá* –me gritaron.

–*Mi bola está abajo del carro* –respondí y me agaché como para recogerla. Me quité el guante y empuñé la pistola. En ese momento, oí que los cubanos le ordenaban a Candy que se subiera a la camioneta. Me invadió el miedo por lo que iba a suceder. Hacía mucho tiempo que no apretaba un gatillo, y además estaba sobrio.

No sabía qué hacer, pero tenía que hacerlo cuanto antes. Mi reputación estaba en juego. Agarré la Magnum con fuerza, recordé todas las ocasiones en que había usado un arma, y me incorporé disparando. Acerté al tipo que tenía encañonado a Cano en la cabeza y en el pecho. El otro cubano me disparó y se olvidó de Cano. Éste le quitó la pistola al herido y le descerrajó un balazo al otro en la espalda. Candy gritaba, como todas los que andaban por allí. Subimos al auto y arrancamos a toda prisa. Mientras nos alejábamos, Cano cayó en la cuenta de que nos seguía otro auto. Al principio creímos que se trataba de la policía, pero al girar en una esquina descubrimos que estábamos equivocados. Al parecer, los que venían detrás eran gente de los cubanos que nos perseguía. Avanzamos a toda máquina sorteando otros vehículos y saltándonos semáforos en rojo. Los perseguidores iban a la misma velocidad y nos disparaban. La carrera prosiguió unas dos millas más, hasta que el auto de los que nos perseguían se estrelló con otro que había virado de golpe para esquivarnos. Nos salimos entonces de la avenida principal y nos metimos por calles laterales hasta que llegamos a la autopista y volvimos de regreso a Chicago.

Durante el trayecto, Cano y yo nos reíamos de lo ocurrido. «Lil Loco ha vuelto, Lil Loco ha vuelto», me animaba a mí mismo. Candy estaba pálida, como si hubiera visto un fantasma. No puedo hablar por Cano, pero en cuanto a mí, las fanfarronadas que soltaba no eran más que para disimular el miedo. Cuando llegamos a nuestro barrio, Cano le pagó a alguien para que se deshiciera del auto y una hora después denunció que se lo habían robado. Regresé caminando al apartamento solo. En el camino, tiré la pistola a una alcantarilla. Esa noche, mientras dormía, me asaltaron imágenes sangrientas y aterradoras. Pasé dos días enteros sin dormir por miedo a las pesadillas.

Cano estuvo ausente unos cuatro días. Pensé que lo habían encarcelado. No me molesté en salir de su apartamento. Me quedaba sentado, fumando hierba, y me asustaba como un gato escaldado al oír el menor ruido. Mi mente me jugaba muy malas pasadas. La marihuana ya no me tranquilizaba, así que en compensación empecé a beber mucho más. El alcohol seguía impulsándome a comportarme como un violento descerebrado, pero prefería eso a la paranoia. Cuando Cano regresó por fin, traía un auto nuevo y me propuso otro trabajito. No me atraía demasiado la idea, pero necesitaba el dinero. Cano me pagaba quinientos y a veces mil dólares sólo por acompañarlo y guardarle las espaldas.

–No te preocupes por los cubanos –me dijo–. Al fin y al cabo, a nadie le importa su muerte.

–No me preocupo, soy un King –respondí. No se me ocurrió que tampoco le importaría a nadie que yo muriera.

En aquel viaje llevaríamos tres kilos de cocaína a los Latin Kings de Joliet. La entrega se efectuó sin incidentes. Nos quedamos en Joliet y nos pasamos toda la noche de parranda. Entonces me enteré de que un guardia de la penitenciaría estatal de Joliet iba a recoger la coca para llevársela a los Kings presos.

Cano me dio quinientos dólares y las llaves del Camaro Z28 que se había comprado. A partir de entonces realicé entregas por mi cuenta. Sólo salía de casa para esos encargos. Luego me relajaba durante horas antes de volver a las calles. De vez en cuando me emborrachaba y me iba a participar en algún asalto con los Kings, pero ya no era lo mismo de antes. La sensación de pertenencia y unidad de cuando empecé a juntarme con los chicos había desaparecido. Ahora no era raro que un King se mudara a otra zona, se afiliara a una pandilla enemiga y, al cabo de un mes o algo así, regresara para dispararnos. En otro tiempo, golpearse el pecho con el puño derecho significaba «moriría por ustedes»; pero por entonces se había convertido en un seña distintiva sin sentido.

La implicación de las chicas en las actividades de los pandilleros también aumentó. Antes las muchachas sólo tendían trampas a los chicos. Ahora, cada vez más a menudo, apretaban el gatillo. Los tiroteos desde vehículos, más que ataques organizados, eran un simple pasatiempo. La novedad ya era que nadie resultara muerto o herido. La composición demográfica de las pandillas también cambió. Cuando yo ingresé, la mayoría de mis compañeros procedía de hogares rotos o donde se los maltrataba. Los pandilleros de la nueva generación eran de buena familia y tenían padres que trabajaban duro. Varios miembros de los Latin Kings eran estudiantes universitarios que sacaban buenas calificaciones. Otros eran profesionales que trabajaban entre bastidores para blanquear dinero y proporcionar coartadas a sus compañeros. Según Cano, estos hermanos siempre habían existido; lo que ocurría es que yo no los había conocido hasta entonces. Me distancié progresivamente de los hermanos que se dejaban la vida en la calle y me convertí en uno de los que los que hacían dinero a costa de su sangre. Las pocas veces que salía no me sentía seguro como antes. No me fiaba de nadie, y tenía buenas razones para ello.

Un día estábamos jugando a fútbol americano en Humboldt Park cuando unos Disciples se acercaron a la frontera marcada por el bulevar Humboldt y empezaron a provocarnos. Dejamos de jugar y nos preparamos para enfrentarnos a ellos. Al llegar a unos quince metros del bulevar, cargamos contra los Disciples. Mientras cruzábamos la calle, ellos se retiraron, pero en cuanto llegamos al otro lado se lanzaron sobre nosotros. Fue en ese momento cuando miré alrededor y vi que sólo tres de nosotros habíamos cruzado el bulevar. Los otros chicos dieron media vuelta y regresaron al parque. Los tres nos defendimos lo mejor que pudimos, pero recibimos una buena paliza. Yo acabé con el labio hinchado, la nariz rota y un ojo morado. Antes no se toleraban esas muestras de cobardía por parte de los Kings, pero ya no era así. De hecho, los compañeros se burlaron de la paliza que nos habían pegado. No se castigó a los cobardes y perdí toda mi confianza en los Latin Kings. Ya no quería ser uno de ellos, pero seguía siendo demasiado miedoso para moverme por mi cuenta sin su apoyo.

Aunque ya no salía tanto como antes, todavía disfrutaba de las ventajas de ser un King. Conseguía drogas y armas siempre que quería, y las Queens habían vuelto a interesarse en mí. Seguía formando parte de algo; no era algo bueno, pero era algo. Conocía las calles y sus leyes mejor que a mí mismo. Cualquier estilo de vida que no fuera el de pandillero me era del todo ajeno. No conocía ninguna otra manera de ganarme la vida que no fuera ilegal.

Ese año, en mi cumpleaños, experimenté con la cocaína como nunca antes lo había hecho. En esa época me daba la gran vida. Tenía dinero, un auto, ropa cara y mucha atención femenina. Celebré mi cumpleaños a lo grande con mi pequeño círculo de colegas. Cano y Candy organizaron una fiesta en mi honor en un bar local. Me presentaron a una chica menuda y negra que se llamaba Wanda. Era preciosa, pero estaba muy enganchada. Y era mi regalo de cumpleaños de parte de Cano. Los cuatro nos metimos en un reservado para aislarnos de la fiesta, nos sentamos a una mesa y pasamos toda la noche esnifando coca. Cuanta más consumíamos, más queríamos. A partir de aquella noche, se convirtió en mi droga preferida. No funcionaba bien sin ella, y como siempre disponía de una provisión para mi uso personal, Wanda no se separaba de mí. Las proezas sexuales que realizaba esa chica eran fenomenales. A menudo me ponía coca en el pene, de manera que tardaba mucho en llegar al orgasmo. Las primeras veces que lo hizo, acababa extremadamente dolorido. Más tarde no sólo acabé por acostumbrarme, sino que ya no podía mantener relaciones sexuales de otra forma. Wanda me ayudó a poner en práctica mis fantasías de acostarme con dos chicas o de mirarlas mientras practicaban sexo entre ellas. Se prestaba a todo por un poco de cocaína, y como me había convertido en su único proveedor, la manipulaba a mi antojo. La única ocasión en que me enteré que había acudido a otra persona para conseguir la droga, la até a la cama, me la tiré y la dejé allí inmovilizada todo el día y toda la noche. Wanda lloraba, pero no por estar atada, sino porque necesitaba drogarse. No me pidió que la soltara, sino que le diera una raya. Cuando la desaté, le pegué una paliza y la amenacé con matarla si volvía a hacerme algo así. Después de golpearla, le di algo de coca. Al cabo de media hora, se arrimó a mí, sonriente, para decirme lo mucho que me quería.

Así descubrí lo fácil que era manipular a las personas enganchadas a la cocaína, y me aproveché al máximo de ello. A muchas otras chicas las trataba como a Wanda. Todas se conocían, pero les daba igual. Les exigía lo mismo que los narcotraficantes de la tele a sus amantes. Si querían entrar en mi apartamento, tenían que desvestirse y andar desnudas o con lencería sensual. Tenían que estar dispuestas a realizar cualquier acto sexual que yo les pidiera. De lo contrario, se exponían a que las privara de cocaína y, quizás, a que les diera una buena paliza. Algunas muchachas declinaban mis invitaciones, pero la mayoría accedía de buen grado. Incluso las que rehusaban los caprichos más atrevidos se acababan acostando conmigo a cambio de cocaína. La influencia de esta droga era tremenda. Me encantaba. Gracias a ella me aceptaban en sitios que hasta entonces me habían parecido del todo inaccesibles. Conseguía a casi todas las mujeres que deseaba, y muchos Kings estaban dispuestos a perder la vida por mí. Estaba tan ocupado manipulando a los demás que no caí en la cuenta de que yo también me estaba volviendo adicto.

También Cano se estaba convirtiendo en un yonqui, pero su droga favorita era la heroína. Al inyectarse esa mierda, quebrantaba las normas de los Latin Kings. Le avisé que no podía seguir con él si no renunciaba a la droga. Él entonces me cedió su apartamento y dejó de pasarse por ahí. Al cabo de un mes lo detuvieron por posesión de estupefacientes. Yo me hice cargo del negocio y empecé a suministrar droga a sus clientes. Siempre estaba rodeado de tipos que me llamaban amigo y de chicas que aseguraban que me amaban. Así que mi vida se transformó en una fiesta continua.

Comencé a abastecer a algunos Kings para que las vendieran de bolsas de cocaína de veinticinco dólares y ganaran dinero para ellos y para mí. Con mi parte de los beneficios, compraba armas para los Kings, pagaba la fianza para que algunos salieran de la cárcel y corría con los gastos de los abogados. La mayoría de los vecinos del barrio me adoraba porque regalaba dinero y hacía favores a la gente. Con frecuencia compraba comida por valor de cientos de dólares y organizaba parrilladas para todo el vecindario. Incluso los adultos pasaron a formar parte de mi club de admiradores. Muchos de ellos hacían la vista gorda cuando me tiraba a sus hijas, incluso las de trece o catorce años. A veces me acostaba con ellas en su misma casa, mientras los padres me preparaban algo de comer para cuando terminara de fornicar con sus hijas. Sabían que premiaría su hospitalidad con dinero, autos o cualquier otra cosa que desearan.

Una noche, fuimos al North Side, a una zona residencial próxima a la universidad DePaul. Íbamos en cinco autos, todos repletos de Kings y Queens completamente drogados. Entramos en una sala de juegos, comportándonos como si fuéramos los amos. Nos pusimos a molestar a la gente, apartándola a empujones de los videojuegos y amenazándola de muerte si se quejaba. Como estaban en inferioridad numérica, los clientes se fueron sin rechistar. Llevábamos allí unos diez minutos cuando una de las Queens vio que unos tipos se quitaban unas pulseras rosas y negras y se las guardaban en el bolsillo. El rosa y el negro son los colores de los Imperial Gangsters. Pocos segundos después, los teníamos rodeados. Les preguntamos si eran Gangsters y respondieron que no. Saqué una pistola y los obligué a vaciarse los bolsillos. En cuanto los Kings se fijaron en las pulseras, comenzaron a golpearlos. Sólo eran cuatro, y nosotros una quincena. Uno de los Gangsters acabó con la cabeza estrellada contra la pantalla de un videojuego. A otros dos los arrojaron a través del ventanal a la calle. Al otro lo apuñalaron repetidas veces mientras permanecía encogido en posición fetal contra una de las máquinas. Yo contemplaba la escena sin mover un dedo. A una orden mía, todos se dirigieron hacia los vehículos antes de que apareciera la policía. Había al menos un centenar de mirones, pero nadie hizo nada. Se apartaron de nuestro camino mientras salíamos tranquilamente de la sala de juegos. «Amor de Rey», gritó alguien. «Todopoderoso», respondió otro. La ciudad era nuestra. Nos marchamos de la zona sin causar más alborotos.

Nos dirigimos a la orilla del lago y la playa de la avenida Montrose. En el trayecto, nos detuvimos frente a una licorería para aprovisionarnos de cerveza y vino. Yo lo pagué todo; tal como esperaban los demás. Junto al lago, me emborraché y le propuse a una Queen que se lo hiciera conmigo allí mismo, en el asiento trasero de un auto. Ella se negó y dijo que prefería ir a un hotel. Me encabroné y la agarré del cuello. «Quiero coger ahora mismo, puta», le grité. Unos Kings vieron lo que ocurría y me apartaron de ella. Me tranquilicé y esnifé como medio gramo de cocaína. Entonces eché a andar hacia la avenida Addison, porque sabía que los Disciples montaban fiestas en la zona rocosa de la orilla hacia esa altura. Saqué la pistola que llevaba esa noche, una tres ochenta automática. Un par de Kings se acercó y me preguntó qué pensaba hacer. Yo seguí caminando. La Queen con la que estaba también vino hacia mí y se me paró delante. Me besó y acarició mientras me pedía perdón por haberme provocado. Yo también le pedí perdón por agarrarla del cuello y le pregunté si quería ir a un hotel. Asintió. Saqué una bolsita de cocaína e inhalé otro medio gramo. Les entregué el resto de la coca a los Kings y les dije que fueran a buscar un auto y que se encontraran conmigo en Addison. Tenía ganas de pegarle un tiro a un Disciple. Seguí andando hacia Addison. Un King me acompañó, mientras la Queen y el otro King regresaban a donde estaban los autos.

Cuando estábamos cerca, nos adentramos en una zona ajardinada donde podíamos escondernos entre las sombras. Avanzamos entre los árboles y llegamos a unos quince metros de donde estaban los Gangsters divirtiéndose. Yo quería empezar a disparar en el acto, pero el King que venía conmigo me convenció de que esperara a que llegara el auto. Unos minutos después, apareció. Lo vimos pasar, girar en sentido contrario y dirigirse de nuevo hacia nosotros. Salí corriendo de entre los árboles, vociferé «amor de Latin Kings todopoderosos» y abrí fuego. Descargué la pistola mientras la gente gritaba y huía en desbandada para ponerse a cubierto. En cuanto el arma quedó vacía, me encaminé a toda prisa hacia el auto. Oímos que la policía se acercaba, así que me apeé del auto y corrí hacia los muelles. Una vez allí, lancé la pistola al lago y seguí andando como si no tuviera nada que ver con el tiroteo. Los autos de la policía pasaron zumbando junto a mí mientras yo andaba tan tranquilo. Dejé atrás los muelles, crucé el parque y llegué a Addison, donde detuve un taxi y le pedí que me llevara a mi barrio. Allí me esperaban todos. La mayoría creía que me habían arrestado y habían comenzado a recolectar dinero para mi fianza. Fui a buscar mi auto y me dirigí hacia un hotel con la Queen bien predispuesta. No supe nada más del tiroteo a la orilla del lago. Parece que nadie hizo preguntas ni nadie fue detenido.

Un hermano King apodado Spanky se convirtió en mi mano derecha. Medía metro ochenta y dos y pesaba unos ciento diez kilos. Spanky fue a verme un día y me pidió que lo dejara traficar para mí. Tenía una esposa y dos hijos que alimentar, y necesitaba el dinero con urgencia. Me inspiró confianza enseguida. No se drogaba, no bebía, ni siquiera fumaba tabaco. Su esposa era una mujer menuda llamada Josie. Era una excelente cocinera. De modo que contraté a Spanky para que realizara el trabajo que yo antes hacía para Cano. Por sugerencia mía, también empezó a traficar con cantidades pequeñas de coca por su cuenta. Le pidió a su mujer que vendiera los paquetitos en su apartamento. Ganaron mucho dinero. En cosa de dos meses, Spanky pasó de ser un hombre que no tenía auto y vivía en un cuchitril pequeño lleno de cucarachas a alquilar una casa y comprarse un auto nuevo.

Empecé a depender completamente de la cocaína. En unos meses, mi peso se redujo de ochenta kilos a poco más de cincuenta. Muchos de mis contactos relacionados con la droga se negaban a cerrar tratos conmigo a causa de mi adicción. En cambio, negociaban con Spanky. Yo seguía ganando mucho dinero, pero me lo pulía en un abrir y cerrar de ojos. Pronto todos empezaron a revolotear alrededor de Spanky, y a mí sólo me buscaban cuando querían drogarse. Mis actividades de pandillero aumentaron, y comencé a maltratar a cualquier mujer que intentara establecer una relación sentimental conmigo. Las abofeteaba en público y las golpeaba en privado; luego esperaba que comprendieran mi actitud. Al poco tiempo, me quedé solo de nuevo. Mi vida social se redujo a participar en ataques de la pandilla y drogarme. Mi única fuente de ingresos eran las bolsas de cocaína de veinticinco dólares que vendía yo mismo. Todos los camellos pasaron a trabajar para Spanky. Los papeles se habían invertido, y ahora él me abastecía de material a mí. A pesar de todo, conservaba todavía a la mayoría de los clientes al por menor, pues para ellos yo era su principal proveedor.

Seguía siendo bastante escurridizo. A la policía le costaba mantenerse al corriente de mis movimientos y enterarse de dónde guardaba mis reservas. Yo nunca que quedaba mucho tiempo en el mismo sitio, y me desplazaba en bicicleta cuando me parecía conveniente. A veces llevaba conmigo una pelota de goma y un guante de béisbol para no despertar sospechas. Escondía la cocaína en tres o cuatro lugares ocultos. Sólo la vendía a personas conocidas y que confiaban lo suficiente en mí para dejarme marchar con su dinero, sabiendo que volvería con la mercancía. Cuando regresaba, me alejaba del cliente y dejaba la droga en el suelo donde él pudiera verla.

Hasta que me vi obligado a vender yo mismo el material no había tratado regularmente con cocainómanos. Estaba tan enganchado como ellos, pero me consideraba muy superior. Después de todo, yo disponía de toda la coca que quería y ellos, en cambio, tenían que comprármela a mí. Había gente que me ofrecía cualquier cosa a cambio de la droga. De este modo conseguí televisores, reproductores de vídeo, equipos estereofónicos, ropa, joyas y armas, entre otros artículos. Muchas personas cambiaban por coca los vales de alimentos que recibían del gobierno. También había muchas mujeres atractivas (y no tan atractivas) de todas las edades que ofrecían su cuerpo en compensación. Yo las rechazaba a casi todas. Aunque había unas pocas que me parecieron demasiado tentadoras para resistirme.

Una de ellas era una casada de veintiséis años que siempre conseguía cocaína a cambio de favores sexuales. Era muy hermosa. Se llamaba Kelly. Era alta, rubia, de ojos azules, la típica chica sexy americana. Su marido trabajaba en un hospital. Los dos eran cocainómanos. En ocasiones él la acompañaba a comprar la droga, pero por lo general venía sola. Fui yo quien inició la conversación que terminó en el momento en que ella accedió a acostarse conmigo a cambio de cocaína. Sólo me puso una condición: que no le hablara a su marido de nuestro acuerdo. Kelly solía practicar sexo oral conmigo en su auto. Varias veces, sin embargo, vino a mi casa mientras su esposo trabajaba en el turno de noche.

En una de esas ocasiones, Kelly y yo salimos a buscar algo de comer al restaurante Duk's de las avenidas North y Kimball. Llevábamos horas fornicando y esnifando coca, y estábamos agotados. Cuando entré con el auto en el estacionamiento de Duk's, vi a Wanda que estaba de pie junto a un auto. Envié a Kelly a pedir la comida y me quedé fuera, conversando con Wanda. Traté de convencerla de que fuera a drogarse con nosotros (en realidad lo que tenía en mente era un trío), pero, sorprendentemente, rechazó el ofrecimiento. Se alejó de mí y subió al auto junto al que estaba antes. En ese momento, Kelly salió del restaurante y fui a su encuentro para ayudarla a llevar las bolsas. Justo antes de alcanzarla, oí chirridos de neumáticos. Alguien gritó «Cobra» y sonaron unos disparos. De forma instintiva, me arrojé al suelo, y Kelly cayó a mi lado. Creí que también se había tirado hasta que oí su alarido de dolor. Seguí con la vista al auto que se alejaba a toda velocidad, luego me levanté y le eché una mano a Kelly. Le habían pegado un tiro en la pierna derecha. Llamé a una ambulancia, le advertí a Kelly que no dijera que había estado conmigo y me marché. Llevaba una pistola y algo de coca conmigo, así que no podía quedarme. Me pregunté qué mentira le contaría a su marido para justificar su presencia en aquel barrio a esas horas de la noche. Un par de semanas después, ella y su esposo regresaron para comprarme coca. Ella me telefoneó para asegurarme que nadie sabía que estábamos juntos la noche en que la alcanzó el disparo. Añadió que podríamos continuar con nuestros juegos cuando ella se encontrara de nuevo en condiciones de manejar. Ese día nunca llegó.

46. Por poco

La suerte se me estaba acabando. Empecé a perder a todos mis clientes porque no podía garantizarles un suministro constante de coca. Esnifaba y fumaba más cocaína de la que vendía. Volví a recurrir a los robos con allanamiento para no quedarme sin dinero. Spanky se había comprado una casa y se había distanciado de mí, como si fuera su enemigo. Me daba igual; permanecí en mi pequeño mundo, discurriendo maneras de conseguir más cocaína. Para conservar la lealtad de la mayoría de los Kings locales, me sumergí de nuevo en las actividades violentas de la pandilla. Pero eso tampoco duró mucho. Una vez más empezaron a atormentarme las pesadillas, noche tras noche. Veía a gente en el momento en que la asesinaban, una y otra vez. Los cubanos, los Chi-West, los Gaylords, los Cobras, los Disciples y los Vicelords poblaban mis sueños. Todos los crímenes que había cometido o presenciado pasaban por mi mente en cuanto cerraba los ojos. Tantas imágenes de dolor, tanta sangre —Blanca, implorándome a gritos que no la violara, Slim, apaleado por sus supuestos hermanos— me dejaron hecho un manojo de nervios. Me ponía paranoico cada vez que tenía que pelear o discutir. Rehuía los enfrentamientos. Estaba demasiado asustado para caminar por la calle. Les seguía el juego a los pandilleros sólo para que mi propia gente no me pegara una paliza. Y no hacía mucho más. Por lo general me limitaba a vigilar por si se acercaba la policía y me aprovechaba de mi reputación pasada para ganarme el respeto de los demás.

Se había formado otra pandilla que se hacía llamar los Latin Lovers. Eran rivales de los Kings. Yo sólo sabía de ellos lo que me habían contado los hermanos que habían tenido roces con el grupo o habían visto sus pintadas. Ni siquiera sabía qué zona frecuentaban ni qué colores llevaban. Resultó que el territorio de los Latin Lovers era el barrio donde vivía Jenny, cerca del cruce de la calle Lyndale con la avenida Western. Exactamente, en las esquinas de Campbell y Lyndale. Un día fui con otros cuatro Kings en auto hasta Fullerton y Campbell. Allí, tres de nosotros nos apeamos. Teníamos el plan de caminar por Campbell hacia Lyndale para captar la atención de los Lovers y que los otros dos Kings pudieran dispararles desde el auto. El plan salió mal. Los Lovers nos vieron mucho antes de llegar. Varios de ellos aparecieron en dos autos y nos persiguieron hacia Lyndale. Mientras huíamos, vi que un grupo corría hacia nosotros. Los tres nos separamos por distintos callejones en dirección a Western. Para ponernos a salvo teníamos que cruzar esa avenida y recorrer dos cuadras hasta la sede de los Spanish Lords.

Llegué a un callejón donde no tenía otra opción que correr hacia Lyndale. Vi a dos Lovers que venían en mi dirección. Aflojé el paso para ver por dónde podía seguir y en ese momento recibí un ladrillazo en la espalda. El dolor me proporcionó el impulso y el valor suficiente para encaminarme a la carrera hacia la salida del callejón. No quería quedarme atrapado en un lugar oculto a la vista de los transeúntes. Suponía que si lograba salir a un espacio abierto, los Lovers no me apalearían en exceso. Embestí a los dos tipos con toda la fuerza que conseguí reunir. Sonaron unos disparos cuando estaba por librarme y uno de los chicos me agarró e intentó tirarme al suelo. El otro me golpeó en un lado de la cabeza. Oí sirenas de la policía a lo lejos. Sabía que sólo tenía que resistir un poco más. Me solté del tipo que me sujetaba y corrí hasta Lyndale. Doblé hacia Western tan deprisa que perdí el equilibrio y caí sobre el asfalto. Cuando intentaba levantarme alguien me propinó una patada en la nuca y luego otra en las costillas. Conseguí ponerme de pie, pero me derribaron de nuevo con una patada en la espalda. Cuando levanté la cabeza, el cañón de una pistola me apuntaba entre los ojos a unos diez centímetros.

El tipo que empuñaba el arma me agarró del pelo.

–Di «Kings muertos», mocoso, o eres hombre muerto –dijo.

–Vete a la mierda –respondí.

–Di «Kings muertos», mocoso –insistió.

Daba igual lo que dijera; iba a matarme de todos modos, así que grité «¡Amor de Rey!» a pleno pulmón. El tipo apartó la pistola unos centímetros y apretó el gatillo. Cerré los párpados, preparado para morir, pero no oí el estampido del arma. Cuando abrí los ojos vi que el tipo forcejeaba con la pistola. Intenté ponerme en pie, pero me empujó. Me apuntó a la sien y apretó de nuevo el gatillo. El único sonido que emitió la pistola fue un ¡clic! Las sirenas de la policía sonaban cada vez más fuerte y los Lovers salieron corriendo.

Un agente de policía me levantó por la camisa y me arrojó violentamente contra un auto estacionado. Me registró y luego me esposó. Al principio fue un alivio comprobar que el policía era hispano, pero la alegría no me duró mucho. Me sujetó contra el auto y me abofeteó durante un buen rato mientras preguntaba a qué pandilla pertenecía. Yo quería responder que era un King, pero cada vez que abría la boca me pegaba un guantazo. Al final, llegaron dos detectives de la unidad de delitos pandilleros y me llevaron consigo. Me metieron en su auto y comenzaron a interrogarme. Les expliqué que era un King y que no era de esa zona. Les aseguré que me había adentrado en el barrio de los Lovers por error. Seguro que no me creyeron, pero les interesaba más averiguar si yo podía identificar a los que me habían golpeado. Les dije que los Lovers tenían una pistola y que sabía quién la llevaba. Me llevaron a Lyndale y Campbell, y me puse a señalar a todos los que tenían aspecto de pandilleros. Sentado en el auto vi cómo metían a varios Lovers –y a algunos que quizá no lo fueran– en un furgón policial. Entonces me asaltó el temor de que los detectives me encarcelaran y me propinaran una paliza, pero no sucedió. Me quitaron las esposas y me llevaron de regreso a Humboldt Park. Durante el camino me dieron toda clase de consejos y me ofrecieron ayuda para dejar aquel mundo si lo deseaba. Cuando me bajé del auto estaba aturdido. Era la primera vez que un policía se esforzaba por hacerme entrar en razón. Hasta entonces, y desde la época en que venían a darnos charlas a la escuela, no me había topado con ningún agente que mostrara la más mínima preocupación por mi bienestar.

Los otros dos Kings con los que estuve aquella noche habían conseguido regresar al auto sin un rasguño. Y no volvieron a rescatarme; ni siquiera lo intentaron. Entonces comprendí cuál es el principio fundamental de las pandillas: si no te salvas tú, no te salva nadie.

47. La ley

En la sede, todo el mundo hablaba de lo que había pasado y de lo que había dejado de pasar. Nadie escuchaba. Me drogué, me marché y nadie se dio ni cuenta. Nadie vio mis muecas de dolor, ni que me llevaba las manos a las costillas. Me fui y traté de dormir, pero de nuevo el terror se adueñó de mí. Vi una pistola que me apuntaba a la cabeza y a alguien que apretaba el gatillo. Pero en mis sueños no oía ¡clic! Sonaba ¡pum! y la sangre manaba a borbotones. Mi madre se desangraba ante mí, luego se oía otro ¡pum! y Pedro caía al suelo, después otro ¡pum! y caía una de mis hermanas y así sucesivamente, una y otra vez, hasta que, cuando me tocaba el turno a mí, despertaba gritando.

Después de este incidente, mi verdadero carácter salió a la luz. Afloró el cobarde que siempre había llevado dentro y que hasta entonces había conseguido disimular. Era víctima de mi propio estilo de vida, pero no podía desprenderme de él. Estaba demasiado asustado. Vendí mi auto y con el dinero me compré un cuarto de kilo de cocaína, decidido a reflotar mi negocio. Pero no dejé de consumir mi propia mercancía. Spanky, que me facilitó el material, me ofreció a uno de sus camellos, pero lo rechacé, porque prefería encargarme de venderlo en persona. Ganaba mucho dinero, pero siempre estaba en la ruina. Me gastaba los beneficios en fiestas y en droga para mi uso personal. Estaba perdiendo el control.

Justo cuando pensaba que las cosas no podían ir peor, empeoraron. Me quedaban unos cien gramos de cocaína. La policía se presentó por sorpresa y descubrió cerca de ochenta gramos y unos dos mil dólares. También encontró una nueve milímetros y una metralleta Uzi que yo le había comprado a un yonqui unos tres días antes de que me registraran. Debían de llevar un tiempo observándome, porque sabían dónde estaba todo. Me metieron en su auto y me llevaron directamente al escondrijo de la coca. Luego fuimos a mi apartamento y allí se incautaron de las armas. Me impresionó lo enterados que estaban de mis operaciones. Después me llevaron a la comisaría de la avenida California esquina con Shakespeare y allí me detuvieron por posesión y tráfico de droga. No me denunciaron por tenencia de armas, y el dinero jamás apareció mencionado en los informes. Ignoro qué ocurrió con esas pruebas, pero me lo imagino.

Me senté en el banco metálico de una pequeña celda, escuchando a tipos que se insultaban y hacían las señas de sus respectivas pandillas. Hacia las tres de la mañana encarcelaron a otro individuo. Se trataba de un Disciple apodado Fingers, «dedos», que me reconoció enseguida. Según él, nos conocíamos de la época en que estudiábamos en Von Humboldt. Me aseguró que en aquel entonces solía juntarme con él, pero yo no lo recordaba, ni ganas. Me tendió un cigarrillo y dijo: «Soy yo, Jorge. ¿No te acuerdas de mí?». Mi viejo amigo Jorge parecía un adulto, mientras que yo seguía con el mismo aspecto de niño. Era alto y musculoso, y llevaba barba y bigote. Yo era bajito, debilucho y ni siquiera me afeitaba todavía. Los dos teníamos dieciocho años. Lo llamaban Fingers porque los Kings le habían pegado un tiro en la mano y había perdido dos dedos del medio de la mano derecha. Cada vez que levantaba esa mano, hacía sin querer la seña de los Kings. No hablamos mucho. Nos dedicamos, sobre todo, a burlarnos de los que gritaban como idiotas. Nos quedamos allí sentados, fumando cigarrillos y mirándonos.

Por la mañana, dejaron en libertad a Jorge en espera de que se fijara una fecha para el juicio. A mí me trasladaron a una comisaría del centro y de allí me llevaron a la cárcel del condado de Cook. Me metieron en una celda junto con otros treinta tipos que esperaban su turno para comparecer ante el juez. Me senté en un rincón, acuclillado, a la espera de que me llamaran. En la celda había chicos de muchas pandillas; algunos llevaban tatuajes distintivos bien visibles, y aun así nadie se metía con nadie. Los guardias nos trajeron café y sándwiches de salami, pero a los detenidos que no eran de ninguna pandilla les arrebataron el desayuno. En la celda había un teléfono público, pero sólo unos pocos hicieron alguna llamada antes de que los llevaran ante el juez. Yo no tenía nadie a quien llamar. Hacia las once de la mañana, gritaron mi nombre.

Me cambiaron a otra celda en la que había dos tipos que iban antes que yo. Una media hora después, me encontraba frente al juez, escuchando los cargos presentados contra mí. Me acusaban de haber sido sorprendido en posesión de ciento cincuenta y ocho gramos de cocaína para traficar. Cerré los ojos, suponiendo que a continuación me imputarían tenencia ilícita de armas, pero no fue así. Me preguntaron si tenía abogado. «No», respondí. Entonces me devolvieron a la celda hasta que me asignaran un defensor de oficio. Permanecí allí unos cuarenta y cinco minutos, sentado pacientemente, mientras dos negros encerrados en la misma celda se jactaban de sus delitos, como si estuvieran acostumbrados a pasar temporadas en la cárcel.

Por fin, llegó el defensor de oficio. Era un anglo bajito con una calva incipiente y que cojeaba. Más que abogado parecía bibliotecario. Fue al grano. Dijo que podíamos llegar a un acuerdo con el fiscal del Estado si me declaraba culpable. Tendría que cumplir una condena de seis años. Me explicó que si demostraba buena conducta, el período real de cárcel podía reducirse a tres. La otra alternativa era negar la acusación e ir a juicio. En ese caso, si me declaraban culpable, me condenarían a la pena máxima: entre trece y quince años. Sin pensarlo dos veces, decidí negar los cargos. No iba a resignarme a pasar tres años en prisión sin luchar. «Bueno, como quieras», murmuró el defensor antes de irse.

Me llevaron de regreso a la celda donde se hallaba el resto de los detenidos. Hacia las cuatro de la tarde me llamaron de nuevo. Esta vez me condujeron directamente ante el juez. El defensor de oficio estaba a mi lado y anunció que me declaraba inocente. El juez me impuso una fianza de cincuenta mil dólares. Para que me dejaran en libertad, tenía que reunir al menos el diez por ciento de esa suma, es decir, cinco mil dólares. Y no había más que hablar. Me llevaron otra vez a la celda atestada para que esperara a que se tramitara mi ingreso en la cárcel del condado de Cook. Llamé a Spanky a cobro revertido con la esperanza de que pagara mi fianza. No aceptó mi llamada y me hundí en un rincón, perdido en mi horrible mundo interior. Por primera vez en la vida, empezó a preocuparme mi futuro.

Iba a acabar en la cárcel. Durante todos los años que había pasado correteando por las calles como un loco, jugándome la vida, nunca estuve tan angustiado como en ese momento, a punto de ser encarcelado. No podía huir ni esconderme. No disponía de armas, drogas ni otro medio para disimular mi auténtica cobardía. Había llegado el momento de aprender a ser como era en realidad.

Me quedé sentado, inmóvil, temeroso de lo que pudiera pasarme. Recordé las historias de terror que había oído contar sobre la vida de los reclusos y me puse a temblar. Empezaba a conciliar el sueño cuando un guardia se acercó gritando: «Vamos, vamos, caballeros, formen frente a la puerta una fila de dos». Me levanté y me puse en la fila junto a un King del South Side. Cuando llegamos a la puerta, nos esposaron el uno al otro y avanzamos despacio por un pasillo. Luego nos hicieron pasar por un cuarto donde nos tomaron huellas de los ojos. (Se trata de un escáner ocular para identificar delincuentes. Al parecer, el método es más fiable que las huellas dactilares.)

Nos trasladaron a un largo pasillo donde nos quitaron las esposas y nos ordenaron que nos quedáramos de pie, de cara a la pared. Dos guardias registraron a cada detenido, uno por uno. Cuando terminaron, nos pidieron que nos diéramos la vuelta. Un guardia afroamericano se presentó como el hombre que estaba al mando y dejó claro que todo iría bien si hacíamos todo lo que nos decían.

—Caballeros, quítense los zapatos y déjenlos ante ustedes –nos indicó.

Los guardias inspeccionaron el calzado. Luego ordenaron que nos quitáramos la ropa, prenda por prenda, empezando por la camisa, y las fueron examinando. El tema prosiguió hasta que estuvimos totalmente desnudos. Olía fatal; el hedor era tan intenso que un guardia comentó:

—Éste es el grupo más apestoso de los que nos han tocado.

Luego procedieron al registro de las cavidades corporales. Nos dijeron que nos volviéramos de nuevo hacia la pared y nos agacháramos tocándonos los dedos de los pies.

—Caballeros, cuando noten que les tocan la espalda, sepárense las nalgas con las manos.

Se oyeron protestas y risitas por todo el pasillo.

—Mierda, nos van a meter el dedo en el culo –masculló el tipo que estaba junto a mí.

La situación me asustaba y me puse nervioso, pero hice lo que nos ordenaban. Respiré aliviado cuando comprobé que sólo buscaban señales de sexo anal con el fin de separar a los homosexuales de los demás; gracias a Dios, no me metieron el dedo en el culo. Después, nos indicaron que nos pusiéramos sólo la ropa interior y recogiéramos el resto de las prendas.

Nos condujeron a la enfermería donde nos colocaron en fila para hacernos varias pruebas. La primera era para detectar enfermedades venéreas. La prueba consistía en que una enfermera te sujetaba el pene donde introducía con rapidez un palito largo y fino con punta de algodón. En aquel momento no me dolió mucho, pero durante los siguientes tres días, cada vez que orinaba veía las estrellas. Las otras pruebas eran más comunes. Me sacaron una muestra de sangre y me hicieron un reconocimiento general. Nos ordenaron que nos vistiéramos y luego nos llevaron a unas celdas de detención que estaban ya desbordadas de tanta gente. Parecíamos animales en un zoológico. Unos dormían en el suelo mientras otros insultaban a los guardias. Casi todos les contaban a otros sus delitos. En una celda pequeña había travestidos, y entre esta celda y las demás se producía un intercambio constante de palabras soeces. Yo me uní a un par de Latin Kings y me pasé toda la noche charlando con ellos. Por la mañana, la celda se vació un poco. A casi la mitad de los detenidos, entre ellos los dos Kings, los pusieron en libertad en espera de juicio. Para matar el tiempo no me quedaban más que los cigarrillos que me habían dejado.

Un tipo blanco grandote intentó intimidarme para quitármelos, pero cuando le dije que era King, se acobardó. Después de repartir más cafés y sándwiches, volvieron a llamarnos. Cuando oí mi nombre, me dirigí a toda prisa a la puerta de la celda pensando que me dejarían en libertad provisional o que alguien había pagado mi fianza. Cuando llegué, el guardia dijo «División Seis» y acto seguido nombró a otro detenido en voz alta. Me quedé ahí quieto, desconcertado. Al final, me miró y me preguntó a qué esperaba. Le di mi nombre. Apuntó a una fila y dijo: «Que te pongas ahí, tarado». Oí unas risotadas mientras caminaba despacio hacia la fila destinada a la División Seis. Antes de que nos llevaran a nuestro destino, cinco hombres más se incorporaron a la fila.

En total éramos unos treinta, de edades comprendidas entre los diecisiete y los veintiuno, y todos caminábamos con cierta actitud perdonavidas. Recorrimos varios pasillos hasta un depósito de suministros, donde nos dieron mantas y almohadas, un cepillo de dientes, dentífrico y jabón de baño. Desde allí nos llevaron a la División Seis y nos separaron en diferentes módulos. El que me tocó estaba vacío salvo por tres tipos que yacían en colchones, en el suelo. Había dos niveles con unas veinticuatro celdas en total. Cada una estaba ocupada por dos presos. Se me indicó que me sentara a una mesa y esperara. Unos quince minutos después me llamaron desde la puerta y me facilitaron un colchón. Lo deposité en el piso, apartado de los otros tres, y empecé a hacerme la cama. Un guardia me vigilaba atentamente. Los otros internos me lanzaban miradas asesinas. Cuando terminé, el guardia se retiró y sonó un fuerte golpe metálico.

Una por una, las puertas se abrieron y los presos empezaron a salir de las celdas. «Enciende la tele», «eh, pon el partido», gritaban mientras se acomodaban ante varias mesas. Unos se pusieron a jugar a las cartas, otros al ajedrez; yo tuve la impresión de que casi todos los ojos se fijaban en mí, una especie de cachorrito perdido. Uno de los clientes a los que vendía cocaína me reconoció. «¿Qué hay, King?», me saludó. Me dio un paquete de cigarrillos, me indicó cuál era su celda y me dijo que si quería cambiársela no dudara en decírselo. Dos de los que dormían en el suelo se identificaron como Kings. Consiguieron unas fichas de dominó y nos quedamos en el suelo, jugando, mientras me hablaban de la División Seis y el módulo. Describieron el lugar como una «escuela de gladiadores». Los ocupantes eran en su mayoría delincuentes jóvenes y el noventa por ciento de ellos pertenecía a alguna pandilla. El otro diez por ciento se había afiliado estando ya en la cárcel. Las peleas entre pandillas eran frecuentes, de manera que sus miembros siempre iban con sus compañeros.

Había dos mesas alargadas en la zona en la que nos encontrábamos, la llamaban sala comunal. Un televisor colgaba del techo con la pantalla mirando a las mesas. A la hora de las comidas, los miembros de las pandillas eran los únicos que podían utilizar las mesas. Los que no pertenecían a ninguna pandilla tenían que sentarse en las escaleras o en el piso. Los pandilleros decidían también qué había que ver en la tele y quiénes tenían el privilegio de poder usar los teléfonos. En el módulo había dos: uno controlado por los Folks y el otro por los Peoples. Los internos ajenos a esos grupos eran denominados «neutrones». En general, los demás los maltrataban o abusaban de ellos hasta que se alineaban con una formación u otra. Los neutrones la pasaban fatal en aquella cárcel, tenían que pagar a las pandillas para telefonear y a veces les quitaban la comida. Los que se defendían acababan apaleados o apuñalados. La mayoría de los presos contaba con armas caseras que mantenían escondidas en un lugar accesible por si estallaba alguna pelea. Uno de los Kings me regaló una en el gimnasio cuando yo llevaba poco más de una semana en prisión.

Los enfrentamientos eran la norma. Tuve la mala suerte de que me asignaran un módulo donde la mayoría de los ocupantes cumplían condena por delitos relacionados con las guerras entre pandillas. A diario se producían combates mano a mano en celdas cerradas. Todos se comporta-ban como bravucones, lo que hacía la convivencia muy incómoda. Cual-quier discusión desembocaba en pelea. No había ningún sitio donde ocul-tarse; tenías que respaldar tus palabras con la violencia. Si le decías a alguien que ibas a patearle el culo, tenías que hacerlo allí mismo y en ese instante. De lo contrario quedabas como un cobarde y, de paso, tu pandi-lla también. En estos casos, tus propios compañeros te pegaban una paliza, y a continuación se desataba una batalla campal contra la formación rival.

Pasé cinco semanas en la cárcel del condado de Cook esperando a que se fijara una fecha para mi siguiente comparecencia ante el juez. Sorpren-dentemente no sufrí síndrome de abstinencia por falta de cocaína. Su-pongo que concentraba toda mi energía en otras cosas. Loca me visitó. La primera vez me extrañó oír que el guardia me llamaba y pensé que al-guien había pagado la fianza. En cambio, me llevaron a una sala en la que había unos doce compartimentos, me indicaron que me sentara en uno de ellos y esperara. Unos minutos después entró Loca y se sentó ante mí. Nos separaba un cristal y hablamos a través de un teléfono.

Loca había cambiado para bien desde nuestro último encuentro. Irra-diaba una fuerza que me hizo sonreír. Se había enterado de mi problema por boca de Spanky y estaba indignada porque los Kings no habían hecho nada para sacarme de allí. Decidió encargarse de una colecta entre los miembros mayores de la hermandad para pagarme un abogado. Aquellos hermanos me consideraban un elemento valioso para su negocio de nar-cotráfico debido a mi pasado violento. Loca añadió una información que me dejó estupefacto: corría el rumor de que Spanky me había tendido una trampa para que la policía me agarrara con las manos en la masa. Los Kings veteranos intentaban averiguar si era cierto y, si lo era, matarían a Spanky.

Yo no creía a Spanky capaz de hacer una cosa así. Le dije a Loca que me habían agarrado porque me había vuelto descuidado a causa de mi adicción. Le pedí que les contara la verdad a los Kings para que dejaran en paz a Spanky. Ella contestó que si Spanky no me la había jugado, no le pasaría nada. Me dio un número de teléfono para que me mantuviera al corriente de todo. Luego me dio el suyo para hablar con ella. No podría visitarme de nuevo, pero me aseguró que estaría cuando yo tuviera que comparecer de nuevo ante el juez. Le pregunté cómo estaban sus hijos, pero no tuvo tiempo de contestarme. Un guardia me dio unos golpecitos en el hombro y me informó de que la visita había terminado. Salí del compartimento mirando a Loca a los ojos, suplicándole en silencio que me ayudara. Ella se levantó y se marchó.

Cuando volví a mi módulo notaba una sensación de vacío. Culpaba a todo el mundo de mi situación: a los Kings, a Cano e incluso a Pedro, por llevarse a mi madre. Y, por encima de todo, culpaba a mi madre.

Las pesadillas volvieron con fuerza renovada. Me despertaba gritando y eso dio mucho que hablar a los otros presos del módulo. En cierto modo, fue una ventaja para mí; todos pensaban que era una especie de demente, una bomba a punto de explotar.

Telefoneé a Loca a la mañana siguiente, temprano, y le pedí que me hiciera llegar un poco de marihuana. Al atardecer, recibí quince gramos de hierba, por cortesía de uno de los guardias. Comencé a intercambiar cigarrillos de marihuana por cigarrillos, jabón y pasta de dientes. Proporcionaba a los Kings de mi módulo todo lo que querían.

Más tarde se me «brindó la oportunidad» de encerrarme en una celda con otro interno para que pudiéramos partirnos la cara mutuamente. No le gustó el modo en que lo miré y decidió enseñarme buenos modales. Daba igual quién ganara o perdiera. Era en la voluntad de participar donde te ganabas el respeto de los demás. En cualquier caso, si la pelea terminaba con la derrota aplastante de uno de los contendientes, se organizaba una pelea de todos contra todos. Cuando eso sucedía, las autoridades cerraban el bloque de celdas de la planta durante días. En varias ocasiones, los Kings decidían atacar en cuanto terminaba el período de cierre. Para aplacar las hostilidades, los guardias trasladaban a los reclusos de un módulo a otro. Debido a esta medida, la edad de la población de mi módulo se incrementó y el ambiente se tranquilizó. Conmigo había otros ocho Kings veteranos y se podría decir que dominábamos el módulo.

Llamé al número que me había facilitado Loca. Hablé con uno de los Kings conocido como Deadeye, «ojo muerto». Era el hermano que había recibido una bala en el ojo en el tiroteo contra los Disciples en Maplewood Park. Recordamos los viejos tiempos durante un rato y bromeamos sobre su nuevo apodo. Me dio el nombre del abogado que iba a representarme (lo habían contratado los Kings) y me explicó que intentaría que rebajaran la fianza para que pudiera salir más fácilmente. Loca conseguiría el dinero. Luego la conversación se desvió hacia el tema de Spanky. Le dije que me había enterado del rumor y le aseguré que era mentira.

—Spanky es muy buen hermano —aseguré—. Nunca traicionaría a un King, y menos aún a mí.

Deadeye guardó silencio por unos instantes y luego dijo:

—Lo hizo, mi amigo. Te traicionó.

Antes de poder rebatir su afirmación, me contó cómo habían averiguado la verdad. El abogado contratado para defenderme había recibido información de la policía sobre mi detención. Spanky les había dado mi nombre completo, mi sobrenombre y mi dirección y les había señalado dónde escondía la mercancía. Quería deshacerse de mí para convertirse en el único proveedor de drogas del barrio. Yo seguía sin creérmelo y dije que tal vez la policía inventaba patrañas como ésa para que los Kings nos peleáramos entre nosotros.

—Eres un buen hermano, Lil Loco —comentó Deadeye, por toda respuesta—. Nos encargaremos de todo.

Al principio no entendí a qué se refería, pero luego me acordé de lo que me había dicho Loca: iban a matar a Spanky. Deadeye se despidió antes de que yo pudiera añadir una palabra más. Me quedé pensando en el destino que esperaba a Spanky. No me molesté en llamar a Loca. Me pasé fumado el resto del tiempo, hasta que llegó el día de mi comparecencia ante el tribunal. No dormía ni hablaba mucho. Me encerraba en mí mismo, fumando y esperando.

48. ¿Libre?

Llegó el día en que debía comparecer ante el tribunal. Tenía un aspecto horrible porque no había dormido a causa de los nervios. A las siete de la mañana, el sonido metálico habitual que emitían las puertas al abrirse resonó en todo el módulo. Los reclusos salieron para desayunar. Después del desayuno, volvieron a encarcelarlos a todos excepto a los que tenían citas judiciales. Ese día yo era el único de mi módulo que debía comparecer ante el juez. Me duché, me vestí y me senté a una mesa a fumarme un cigarrillo tras otro, aguardando a que viniera a buscarme el guardia. Al fin, la puerta del módulo se abrió y me llevaron al pasillo. Allí me esperaba una larga fila de internos que se dirigía al mismo sitio que yo. Nos condujeron por largos corredores hasta el juzgado y nos distribuyeron en varias celdas de detención, en función del juez que iba a llevar cada caso. Permanecí ahí unas tres horas, fumando sin parar, abstraído en mis pensamientos, muerto de miedo. Oí que me llamaban, pero dudé si moverme o no hasta que el guardia pronunció mi nombre en voz más alta. Reaccioné y me acerqué a la puerta de la celda.

—Soy yo —dije.

—Por un momento creí que te habías escapado —bromeó el guardia.

Me llevaron a otra celda de detención situada justo detrás de la sala del tribunal, donde esperé durante cerca de una hora más. Luego, un blanco alto con un traje caro y un porte muy profesional entró y dijo mi nombre. Era el abogado contratado por los Kings para defenderme. Estaba a años luz del defensor de oficio bajito, torpe e indiferente que el Estado me había asignado. Me animé bastante cuando el abogado me preguntó: «¿Estás listo para volver hoy a casa?».

Me informó de lo que iba a ocurrir. El Estado me ofrecía un acuerdo en virtud del cual yo recibiría una condena de tres años si me declaraba culpable. Si aceptaba, me explicó el abogado, me sentenciarían a un año y medio, aproximadamente, y me dejarían en libertad condicional por buena conducta. En caso de que me llevaran a juicio y me declararan culpable, podría caerme un mínimo de quince años en prisión. «No quiero ir a la penitenciaría», gemí. Me posó la mano sobre el hombro y me aseguró que, si estaba en su mano evitarlo, yo ni siquiera volvería a pisar la cárcel del condado. A continuación me contó los detalles de los procedimientos judiciales. Había conseguido que el Estado accediera a rebajar la fianza de cincuenta mil a diez mil dólares. Para salir, tendría que abonar el diez por ciento, es decir, mil dólares. Me dijo que Loca estaba en la sala, esperándome con el dinero. Me quedé extasiado: volvía a casa. El abogado me aconsejó que caminara en silencio y con educación cuando me llamaran ante el juez, sin decir una palabra. Debía dejar que hablara él por mí. Me estrechó la mano y salió.

Me senté y me puse a meditar. Empecé a cuestionarme la necesidad de ser libre. Iban a soltarme, pero yo no tenía un hogar adonde ir. La cárcel me brindaba un sitio donde dormir, tres comidas al día, atención médica y entretenimiento. Cuanto más pensaba en ello, más me seducía la idea de pasar un par de años en prisión. Qué diablos, pensé, podría librar a mi organismo de su adicción a las drogas y dedicarme a levantar pesas o algo por el estilo. Además, podía aprovechar también los programas de educación que había al alcance de los reclusos. Por otra parte, no tendría que preocuparme de los abusos de otros presos, porque era un Latin King.

Una voz que me llamaba me arrancó de mis ensoñaciones. Me condujeron a la sala del juzgado, vi a Loca allí y le sonreí. Me llevaron al banquillo, junto al abogado, y permanecí a su lado mientras éste exponía su alegato ante el juez. No presté atención a lo que decía nadie hasta que me llevaron de vuelta a la celda de detención. Estaba ensimismado, confundido por lo que iba a hacer cuando saliera de allí. Todo sucedió como había previsto el abogado. La fianza se redujo a diez mil dólares y el abogado anunció al tribunal que pagaríamos el diez por ciento. En cuanto Loca entregara el dinero, me pondrían en libertad. Al cabo de dos horas, ya estaba en la calle.

Loca esperó a que me soltaran y me llevó en auto a nuestro barrio. Me invitó a alojarme en su casa durante unos días, mientras rehacía mi vida. ¿Rehacer mi vida? ¿Cómo? No tenía una educación, ni techo, ni capacitación de ningún tipo. Lo único que sabía hacer era comportarme como un pandillero. Le pregunté a Loca por Spanky. Quería comprarle algo de coca a crédito para volver a poner en marcha el negocio. Loca me contestó que Spanky estaba en el hospital, recuperándose de unas heridas de bala. Al parecer, los Kings le habían disparado por haberme tendido una trampa. Creían que lo habían matado, pero logró sobrevivir a los cuatro tiros que recibió: dos en el abdomen, uno en las nalgas y otro en la espalda. Este último le había destrozado la base de la columna. Perdió la movilidad en la parte inferior del cuerpo y en el lado izquierdo de la parte superior. Sus intestinos quedaron inutilizados y llevaba una bolsa para sustituirlos. Iba a pasar el resto de su vida en una silla de ruedas. No pude contener el llanto cuando me enteré. Loca, sin embargo, afirmó que se lo merecía. Me riñó por derramar lágrimas por un traidor, especialmente por uno que me había traicionado a mí.

Loca vivía otra vez en la zona de Humboldt Park, cerca del cruce de las calles Potomac y Spaulding, a tres o cuatro cuadras de la calle Beach. Cubana estaba en casa cuidando de los niños y me abrazó muy fuerte al verme entrar. Su reacción me sorprendió. Ya había dado a luz: un varón. Ella me pareció más hermosa que antes. Ya no se trataba con el tipo preso que había engendrado al niño y que ahora estaba con otra Queen; al parecer, ya no tenía tiempo para Cubana. Ella vivía ahora del subsidio de la seguridad social que cubría a las madres solteras. Por algún motivo, aunque era joven y capaz de valerse por sí misma, no se había molestado en buscar un empleo. Loca, por su parte, trabajaba como cajera en una oficina de cambio y ya no recibía dinero de la seguridad social. Sin embargo, vendía pequeñas cantidades de coca para ganarse un sobresueldo. Cubana también tenía un apartamento en el primer piso del edificio donde vivía Loca. Y me instalé allí. No sé qué sentía Cubana por mí, pero yo no la quería. Ya casi ni me gustaba, aunque me pareciera hermosa. Estaba con ella por pura conveniencia; yo necesitaba un lugar donde alojarme, ella me lo proporcionó, y nos convertimos de nuevo en compañeros sexuales.

Yo vendía hierba en el apartamento de Cubana y ella vendía cocaína para Loca. Ya no salía mucho con los miembros de la pandilla, pero bebía como un cosaco, fumaba marihuana y esnifaba coca a diario. Aunque Cubana y yo convivíamos como pareja, yo seguía siendo muy promiscuo y le ponía los cuernos siempre que se me presentaba la oportunidad. Discutíamos mucho por ese motivo y empecé a maltratarla físicamente. Llegó a tenerme miedo. Cada vez que me alzaba la voz, la abofeteaba y la agarraba del cuello, o algo peor. En una ocasión en que se negó a acostarse conmigo la tiré por las escaleras y no la dejé entrar en el apartamento hasta el día siguiente. Yo siempre le pedía disculpas y ella siempre me perdonaba. Creo que estaba demasiado asustada para hacer otra cosa. Los malos tratos no cesaban. Además, el apartamento se convirtió en una especie de centro de reunión de los Latin Kings. A Cubana no le hacía mucha gracia, pero no se opuso. Cuando se quejaba, recibía un guantazo.

Al poco tiempo, la cocaína se convirtió de nuevo en mi droga predilecta. Me gastaba en coca todo el dinero que ganaba vendiendo hierba. Me pasaba las noches fuera de casa y cada semana tenía que huir del fuego enemigo. Los hermanos Kings empezaron a considerarme un blanco móvil y sólo se juntaban conmigo en el apartamento. Mientras, mi caso seguía su curso en los tribunales. El abogado luchaba por conseguir un cambio de jurisdicción para que nos tocara un juez más benévolo. Entre tanto, yo hacía de las mías por la calle, como un salvaje.

Los Latin Kings empezaron a exigirme que acudiera a las reuniones, pero yo nunca me presenté y la relación se volvió muy tensa. Me amenazaron con castigarme si no asistía a las reuniones, pero ni así lograron que fuera.

Comencé a acostarme con Loca. Había sido como una madre para mí durante un tiempo y ahora éramos amantes. Esto colmó la paciencia de Cubana. Se lió con un King y me echó de su apartamento. Me daba igual: me fui a vivir con Loca.

49. Una mujer mayor

Loca y Cubana dejaron de dirigirse la palabra y tuvieron algunas discusiones en las que Loca acababa pegándole a Cubana. Loca y yo nos convertimos en el centro de todos los comentarios del barrio por la diferencia de edad que había entre nosotros. Yo tenía dieciocho años y ella veintinueve. Era muy atractiva y nos llevábamos muy bien. Me sentía amado y por tanto obligado a guardarle fidelidad. Mientras estaba con ella ni siquiera pensaba en otras mujeres. Me apoyaba, pero también quería que me ocupara de mí mismo. Si no lo hacía, me amenazaba con dejarme. Fui a clases para sacarme el graduado escolar. Habida cuenta de que siempre iba drogado (sobre todo con cocaína), no me iba nada mal en los estudios. Además, el hecho de interesarme por una actividad de carácter educativo estaba bien visto por los tribunales.

El abogado logró que mi caso pasara a manos de otro juez. Un día me telefoneó y me comunicó que si conseguía reunir dos mil dólares, él podía garantizar que el nuevo magistrado sobreseyera la causa. Loca me dijo que ese dinero probablemente se utilizaría para untarle la mano al juez, y comenzó de inmediato a llamar a amigos y conocidos para juntar esa suma. Veinticuatro horas después, ya teníamos los dos mil dólares. Varios hermanos mayores habían contribuido. A cambio, yo debía efectuar un ataque contra un King que se había vuelto drogadicto. Al día siguiente fuimos al centro, a la oficina del abogado, y le entregamos el dinero. Me aseguró que podía dar el caso por sobreseído y que ya no tendría que preocuparme por volver al juzgado.

Al salir de su despacho fuimos hacia las avenidas Kedzie y Lawrence donde nos reunimos con unos Kings. Me dieron una tres cincuenta y siete Magnum para llevar a cabo el trabajito que me había comprometido a hacer. Tenía que localizar a un ex King llamado Mago y pegarle un tiro en la rodilla. No debía matarlo salvo que fuera necesario. Por lo visto, Mago se había apropiado de una cantidad de droga que pertenecía a un contacto de los Latin Kings en el mundo del narcotráfico. No se trataba de una cantidad muy grande, pero el acto en sí no podía quedar impune.

Mago frecuentaba la zona de Humboldt Park. Era un tipo bastante conocido y fácil de encontrar. Aquella noche me informaron de que estaba en un bar, jugando al billar. Decidí quitarme la obligación de encima lo antes posible. Fui al bar y me encontré a Mago arrellanado en una silla junto a la mesa de billar. Sostenía una cerveza en una mano y un taco de billar en la otra. Pedí cambio para la máquina de tabaco y me fui hacia el fondo del local. Rodeé la mesa por el lado contrario al de Mago. Compré un paquete de Newport, di media vuelta y me acerqué a él. Me guardé el tabaco en el bolsillo y, cuando retiré la mano, saqué la pistola. Fue un ataque totalmente por sorpresa, caminé directo hacia Mago, coloqué el cañón a poco más de cinco centímetros de su rodilla izquierda y apreté el gatillo. Cayó al piso, aullando de dolor, mientras yo salía del bar sano y salvo. Una vez fuera, corrí a lo largo de media cuadra y subí a un auto en el que me esperaba Loca.

–¿Estás bien? –me preguntó.

–Sí –respondí.

Y nos fuimos a casa, como si nada hubiera ocurrido.

Más o menos por aquella época, se reavivó la fascinación de los medios de comunicación por los pandilleros. Varias Latin Queens, detenidas por detectives de la unidad de delitos pandilleros, aparecieron en el programa de Oprah Winfrey como invitadas. El tema del día eran las pandilleras. Al parecer, la policía les había preguntado a las Queens si querían ir al programa y ellas habían aprovechado encantadas la oportunidad de salir en la tele. Dos Latin Queens, sentadas en el plató del programa de Oprah Winfrey, presumieron ante las cámaras de su afiliación a la pandilla y de su implicación en actividades delictivas. Exhibían sus colores y hacían sus señas frente a un público supuestamente escandalizado. Una de ellas explicó qué les sucedería a los que se adentraran en su barrio luciendo los colores equivocados. Se jactaba de los delitos cometidos por los Latin Kings y Queens y de las drogas que vendían. Su compañera se limitaba a asentir a todo lo que decía. Poco sospechaban que en el barrio ya se tramaba el mayor castigo contra ellas. Las Queens pensaban que habían hecho algo honroso por su nación. Después de todo, habían presentado el nombre, la seña, los colores y las hazañas de los Kings ante todo el país. Los Kings, sin embargo, no estaban contentos, y la misma tarde en que se emitió el programa decidieron actuar contra ellas.

La que había hablado más era muy conocida en el barrio; de hecho, toda su familia lo era. Los Latin Kings solían organizar fiestas en su casa en otro tiempo. Ahora vivía con otras Queens en un apartamento en la calle LeMoyne, cerca de la sede de la sección de Beach y Spaulding. Aquella noche, las ventanas de su apartamento saltaron en pedazos, acribilladas a balazos. Dentro había niños pequeños, pero eso no pareció importar a nadie. Lo único que importaba era la reputación de los Latin Kings. Una por una, las Queens que habían aparecido en el programa se marcharon del barrio. Se mudaron a otra ciudad o incluso a otro Estado. Fue una decisión inteligente. Si se hubieran quedado, no hay duda de que hubieran sufrido más hostigamientos. Me pregunto si Oprah Winfrey era consciente del peligro al que estaba exponiendo a sus jóvenes invitadas. Me pregunto si le importaba siquiera; supongo que no. Cualquier detective de la unidad de delitos pandilleros podía describir con pelos y señales la vida de aquellos delincuentes sin temor a sufrir represalias, pero supongo que eso no era lo bastante interesante para salir en la tele. Me pregunto cuántas lágrimas habría derramado Oprah Winfrey si hubieran asesinado a una de esas chicas. Quizás habría sido mejor que una de ellas muriera. Tal vez así los medios de comunicación de masas habrían dejado de exhibir en sus espectáculos a los miembros de las pandillas, o a los jóvenes que deseaban ingresar en ellas, como si fueran monos de feria.

Mis lazos con Loca se estrecharon. Ella se mostraba muy maternal conmigo, un poco como María, sólo que Loca era también mi amante. Lo único que diferenciaba nuestra relación de la de una madre y un hijo era nuestra vida sexual. Ella cuidaba muy bien de mí. Me compraba ropa, me preparaba la comida y me conseguía todo lo que necesitaba para ir a clase. Cuatro meses después de inscribirme, me presenté al examen y lo aprobé con muy buenas calificaciones. A menudo me pregunto cómo me habría ido si no hubiera estado colocado todo el tiempo. Incluso el día del examen iba drogado, y aun así aprobé.

Los Kings dejaron de exigirme por un tiempo que fuera a las reuniones, pero luego volvieron a la carga y acabé liándome a puñetazos con un par de ellos. No quería juntarme con los Kings, pero era demasiado cobarde para pedir que me expulsaran porque sabía que eso implicaba una «violación». Seguía siendo un pandillero en activo cuando hacía falta, sobre todo cuando miembros de pandillas rivales hacían incursiones en nuestro territorio.

Una noche fui a recoger a Loca al trabajo para regresar a casa juntos. En el camino íbamos bromeando y riendo como un par de adolescentes enamorados. Pasó un auto junto a nosotros despacio y como sospechando. Le hice la seña de los Kings. El auto se detuvo, un tipo se bajó de él y empezó a dispararnos. Loca profirió un grito de dolor. Estaba herida. La imagen de otra persona que moría en mis brazos me vino súbitamente a la cabeza mientras corría a ayudarla. Gracias a Dios, sólo había recibido un tiro en la pierna. Me planté delante de un auto que se acercaba y obligué al conductor a llevarnos al hospital. Ya había presenciado demasiadas situaciones en las que la ambulancia no se presentaba, y no estaba dispuesto a correr ese riesgo con Loca. El conductor resultó ser un anglo que se dirigía a casa de Loca para comprarle coca. Nos llevó a la sala de urgencias del hospital Noruego, que era el más cercano. Entré corriendo, pidiendo auxilio a gritos. Un grupo de empleados del hospital acudió en nuestra ayuda. Sacaron a Loca del auto, la sentaron en una silla de ruedas y se la llevaron dentro. Regresé a casa a buscar su tarjeta de la seguridad social y un poco de coca para nuestro chófer. Dejé a los hijos de Loca en casa de una amiga y regresé al hospital. Como no quería perder tiempo seleccionando las bolsas de coca para nuestro cliente, me llevé todo el alijo. Le regalé una bolsita por habernos socorrido y luego me quedé en el hospital, esperando pacientemente a que me informaran del estado de Loca.

Quería verla, pero no me dejaron. La enfermera me llevó a la sala de espera y me prometió que iría a buscarme cuando el médico autorizara las visitas. En la sala de espera me inquieté. Fui al baño y esnifé un poco de coca. Llevaba una bolsa de plástico con veinte gramos repartidos en bolsitas individuales de un gramo. Cada quince minutos, más o menos, iba al baño y esnifaba un poco más. Al cabo de una hora había aspirado dos gramos de coca y había empezado con el tercero. Me disponía a ir al baño otra vez cuando la enfermera me llamó. Por fin podría ver a Loca.

Todavía la tenían en la unidad de urgencias. Le habían extraído la bala de la pierna y estaba algo atontada por la anestesia. Le habían abierto la pernera del pantalón hasta la cintura y se la habían cortado. Tenía una aguja intravenosa en cada brazo; una para el suero y la otra para la sangre. Cuando me vio, me tendió la mano. Yo se la estreché y le pregunté qué tal se encontraba. Ella puso los ojos en blanco. Noté unos golpecitos en la espalda. Al volverme de golpe me mareé un poco. Era la enfermera, que quería la tarjeta de la seguridad social de Loca. Vacilé y, cuando me la pidió por segunda vez, se la di. Me di la vuelta hacia Loca y le dije que estaba un poco aturdido y que iba a regresar a la sala de espera a sentarme. No sé si le pareció bien o no. Yo me encaminé hacia a la sala de espera. Cuando llegué a la puerta, todo me daba vueltas. Sentí que me iba a desplomar e intenté agarrarme del marco. Vi que los médicos y las enfermeras me miraban. Luego se me nubló la vista.

Cuando abrí los ojos estaba rodeado de personas que me observaban, de pie o arrodilladas. Un médico dejó a un lado una de esas cosas que se usan para aplicar descargas eléctricas cuando el corazón ha dejado de latir. Me colocó las manos en el pecho y empezó a oprimirlo repetidamente.

—Sólo vine a ver a mi novia —murmuré. Creía que había llegado a la sala de espera, me había dormido y, de alguna manera, la bolsa de coca se me había caído del bolsillo. Mi mente confundió a las personas que me rodeaban con policías que querían arrestarme.

—Ahora mismo es mejor que te preocupes por tu propio estado —dijo un médico mientras me levantaban del piso y me tendían en una camilla con ruedas. Me puse a forcejear.

—Déjenme en paz. Quiero irme a casa —dije.

Los médicos y las enfermeras me inmovilizaron. Me resistí con más fuerza.

—Átenlo —oí decir a alguien.

—No, quiero irme a casa. Déjenme en paz —chillé.

Una enfermera se inclinó sobre mí y me presionó el pecho hacia abajo.

—Te irás a casa —me aseguró—, pero primero tenemos que curarte esa herida tan fea de la barbilla.

Me tranquilicé de inmediato.

—¿Notas algún dolor en la mandíbula? —me preguntó un médico.

Negué con la cabeza, preguntándome de qué demonios estaban hablando.

—¿Has ingerido alguna droga esta noche? —fue la siguiente pregunta.

De nuevo sacudí la cabeza. Un facultativo me agarró la barbilla y quiso saber si me dolía.

—No —respondí.

Se volvió hacia el otro médico.

–El cabrón está tan colocado que ni siquiera se ha dado cuenta de que tiene un agujero en la barbilla –comentó.

–Denle puntos, pero sin anestesia. Si no, podría producirse una reacción adversa –advirtió el otro médico mientras se alejaba.

La enfermera se acercó y me dijo que me iba a poner una toalla fría sobre la frente y los ojos para que me sintiera mejor.

–Avísame si te duele, pero no te apartes, sólo avísame –dijo el médico.

Durante la siguiente media hora noté que me hacía algo en la barbilla, pero no sabía exactamente qué. La toalla que la enfermera me había puesto sobre la frente y los ojos me impedía ver lo que ocurría. Seguía atado de pies y manos, acostado, sin tener la menor idea de qué demonios estaba pasando. Al final me retiraron la toalla de la cara. Una luz brillante me deslumbró y me obligó a entornar los ojos. Alguien apagó la lámpara y entreví sobre mí a dos médicos y tres enfermeras que me miraban como si fuera un bicho raro.

–Ahora te vamos a desatar –dijo una enfermera–. Relájate.

Ladeé la cabeza y pude ver a Loca, que yacía en la cama de al lado. ¿Qué diablos me había pasado?

–¿Te duele? –me preguntaron.

–No.

–Abre la boca, muy despacio –me dijeron–. ¿Te duele?

–No.

La habitación quedó vacía excepto por un médico, una enfermera, Loca y yo. El doctor me preguntó qué clase de drogas había estado consumiendo.

–Ninguna –dije.

Se dirigió a la enfermera y le pidió que trajera un espejo. El médico empezó a desatarme mientras esperaba a la enfermera. Al cabo de unos segundos, ella regresó, le alargó un espejo y se marchó. El doctor me lo pasó y me dijo que le echara una ojeada a mi barbilla. Me acerqué el espejo a la cara y vi un corte horrible recién suturado. Tenía la barbilla y el labio inferior hinchados.

—Te caíste de bruces. Tuvimos que aplicarte quince puntos para cerrarte esa herida y no notaste el menor dolor. Dime la verdad: ¿con qué te drogas?

No respondí, sólo volví la vista hacia Loca.

—Tu corazón dejó de latir —prosiguió el doctor—. Estuviste a punto de morir. Si no me aclaras la causa, no podré ayudarte.

—Cocaína —dije, mirando a Loca a los ojos.

—¿Cuánta y cuándo? —preguntó el médico.

—Llevaba dos gramos y los aspiré en el baño mientras la esperaba a ella —contesté.

—Tomaste una sobredosis y sufriste un paro cardíaco —me explicó el médico—. Si no hubieras estado aquí, no habrías vivido para contarlo —se acercó a una enfermera, le dijo algo y luego salió de la habitación.

Me levanté de la cama y me situé a la cabecera de Loca.

—Estás loco —soltó.

—Soy un idiota —repuse.

Me agaché y le susurré que llevaba coca encima y que tenía que largarme de allí antes de que llegara la policía. Ella asintió y me dio un beso en la mejilla.

—Vendré a verte mañana —prometí y me dirigí hacia la puerta. Cuando iba a salir, la enfermera entró y me pidió que no me marchara todavía. Llevaba una bolsa en la mano. Empezó a mostrarme una a una las cosas que había en la bolsa. Sacó un frasco de paracetamol con codeína y me dijo que pronto sentiría un dolor insoportable en la mandíbula. El paracetamol me ayudaría un poco a sobrellevarlo. A continuación, sacó tres pequeños envases de plástico que contenían un líquido transparente. Tomó unas gasas de un armario y me dijo que para limpiarme la barbilla tenía que empapar un trozo de gasa en el líquido y aplicarla suavemente en la herida. Me aconsejó que no dejara que me entrara jabón en el corte. Lo metió todo de nuevo en la bolsa y me la tendió. Eché a andar para irme, pero la enfermera se puso a caminar a mi lado y me dijo que la siguiera: me iba a dar cita para que me quitaran los puntos. Después, me marché a casa. Para entonces ya eran cerca de las cuatro de la madrugada. Fui a recoger a los hijos de Loca, pero estaban dormidos. Tras responder a una avalancha de preguntas sobre el horrible aspecto de mi mandíbula, me fui a casa y me dormí.

Desperté a causa del dolor. Notaba punzadas en la mandíbula y apenas podía abrir la boca. El paracetamol con codeína me alivió un poco, pero no lo bastante. Salí a conseguir algo de marihuana para aplacar el dolor. Los Kings ya se habían enterado de mi sobredosis en el hospital. También sabían que alguien le había pegado un tiro a Loca, pero no le concedieron tanta importancia como a lo que me había sucedido a mí. Tenía la impresión de que las nuevas jerarquías de los Kings que controlaban la calle estaban ansiosas por expulsarme de la pandilla tras infligirme una «violación». Les daba igual que mi adicción a la coca hubiera puesto en peligro mi vida. Estaban enojados porque había transgredido las normas al convertirme en un drogadicto.

Loca pasó hospitalizada cerca de una semana. Yo cuidé a sus hijos durante ese tiempo. Apenas salía de casa, no por los niños, sino porque los Kings me plantaban cara todo el tiempo. Iban a casa a diario para recordarme mi obligación de asistir a la próxima reunión. «Los hermanos de la sede me mandan decirte que tienes que ir a ver a los Kings de Beach y Spaulding», me advertían. «Y una mierda», pensaba yo, mientras les dedicaba una sonrisa forzada y les aseguraba que iría. El hecho de que Loca estuviera en el hospital me sirvió de excusa para aplazar una semana más lo que parecía inevitable. Los Kings representaron una buena farsa. Me visitaban, se interesaban por la salud de Loca, me daban hierba y me preguntaban si necesitaba algo. Yo sabía perfectamente que sólo me vigilaban a la espera de que Loca regresara. Si querían asustarme, lo estaban consiguiendo.

50. Amor perdido

No podía dormir. Las pesadillas sangrientas me mantenían despierto. Revivía una y otra vez en mi mente la paliza de Slim que había presenciado. Era consciente del destino que me esperaba, pero no podía hacer nada al respecto. Se me ocurrió que podía decir que iba a hacerle una visita a Loca y aprovechar la oportunidad para escapar, pero los Kings ya habían previsto esa posibilidad. Siempre estaban allí, esperando, dispuestos a llevarme en auto a donde yo quisiera. En ningún momento dejaban de representar la farsa.

Una semana y media después de que hirieran a Loca, le dieron el alta en el hospital. Yo debería haberme alegrado, pero temía la llegada de ese día. Era un martes; y la farsa terminó. Los Latin Kings mostraron sus intenciones. Un par de Kings me acompañó en auto a recoger a Loca. Nadie dijo una palabra durante el trayecto de ida, y de regreso sólo se habló de tonterías sobre los actos vandálicos de la pandilla. Una vez en casa, me ayudaron a subir a Loca al apartamento y a acostarla en la cama. Luego los acompañé a la puerta. Allí quedaron claras sus verdaderas intenciones. Había cuatro Kings más esperando fuera, en las escaleras. Cuando abrí la puerta para dejar salir a los otros, se abalanzaron sobre mí. Cuatro o cinco pares de manos me agarraron al mismo tiempo y me inmovilizaron. Alguien me puso una pistola en el cuello y la amartilló. «No salgas de la casa

—me advirtieron—. Ni siquiera te asomes a la ventana. Vendremos a re- cogerte el domingo. Puedes escoger entre venir a la reunión o morir.» El tipo de la pistola retrocedió un paso, guardó el arma y se marchó. Los Kings que me sujetaban me hicieron entrar en el apartamento a empu- jones y cerraron la puerta. Luego se sentaron en las escaleras para vigi- larme y tomar drogas. Mientras estaba en el hospital, yo no le había con- tado a Loca lo que ocurría con los Kings. No quería preocuparla. Pero había llegado el momento de que lo supiera.

Loca se puso furiosa cuando le conté lo que iba a pasar. Se puso a telefonear a los Kings veteranos para informarles de estas medidas. «Te ganaste el respeto de los Kings hace mucho tiempo —me dijo Loca—. No pueden arrebatártelo.» En una llamada tras otra, Loca le rogó a quien qui- siera escucharla que intercediera en mi favor. Los pocos que la escucha- ban me recomendaban que asistiera a la reunión. Al parecer, los Kings de Beach y Spaulding habían difundido el rumor de que yo me inyectaba heroína. La cocaína se había convertido en la droga preferida de la mayo- ría de los pandilleros, sobre todo de los veteranos, los que se dedicaban profesionalmente a las actividades de la pandilla y se hacían llamar líde- res. Por tanto, decir que había sufrido una sobredosis de cocaína no era tan terrible como acusarme de heroinómano, porque el consumo de heroína seguía siendo el gran tabú en el reglamento de los Latin Kings. Aunque la mayoría de los Kings era adicta a una u otra droga y casi todos eran alcohólicos, se seguían escandalizando ante el consumo de heroí- na. Para ser más exactos, sólo condenaban su consumo intravenoso. Mu- chos Kings esnifaban con regularidad una mezcla de heroína y cocaína (conocida como *speedball* o «francés»). Los mismos Kings que juzgaban todo el tiempo a otros, estaban metidos hasta el cuello en el mundo de las drogas.

En cuanto a mí, me juzgaban por conveniencia: yo los había desafia- do, así que ellos consideraban conveniente castigarme para vengarse de mí. Además, esto les serviría para enseñar a los Kings más jóvenes que la elite dirigente no estaba dispuesta a tolerar que nadie le plantase cara. Yo era la oveja negra. La nueva generación ya no sentía hacia mí la misma lealtad que la anterior. Estaba jodido.

Me persuadí a mí mismo de ir a la reunión. Estaba asustado, pero no tenía ganas de que me dieran caza en mi propio barrio. Loca y yo pasamos muchas horas hablando de las intenciones de los Kings. Intuíamos que querían hacerme daño, simple y llanamente. Rememoramos nuestros viejos tiempos como miembros de la pandilla: lo unidos que estábamos, el genuino afecto que nos profesábamos. Como era mayor que yo, Loca recordaba la primera época de los Latin Kings. Eran los héroes de los hispanos porque sacrificaban su vida y su futuro para que los demás latinos pudieran caminar con la cabeza bien alta. La organización merecía el respeto de los hispanos, sobre todo en sus propios barrios, donde protegían a su gente de los abusos y siempre estaban ahí para echar una mano. Se ganaron el derecho a exhibir sus colores en una carroza en los desfiles de puertorriqueños. Los Latin Kings representaban la lucha por los derechos de los latinos. Defendían una cultura que sólo aspiraba a florecer sin perder su identidad. Incluso cuando yo me incorporé a la hermandad, la unidad y el orgullo seguían vigentes, aunque se iban extinguiendo poco a poco. Al escuchar a Loca, caí en la cuenta de que yo había sido uno de los responsables de que los Kings pasaran de héroes a asesinos despiadados. Participé en los primeros tiroteos que habían encendido la llama de la violencia, causa principal del deterioro actual de la vida de los hispanos en Chicago. Ahora, las primeras víctimas de los Latin Kings eran otros latinos. Por otra parte, los Kings impedían que muchos hispanos recibieran una educación, y eso tenía un efecto devastador sobre la comunidad. Aun así, los Kings continuaban llamándose a sí mismos la nación de los Latin Kings todopoderosos, una nación de líderes.

Era demasiado tarde para que yo empezara a pensar con la cabeza y no con los pies. Tenía que asistir a una reunión en la que se decidiría mi futuro. Me daba tanto miedo imaginar lo que me harían allí que decidí llevar una pistola. Loca me advirtió una y mil veces que me anduviera con cuidado, como si presintiera que algo malo iba a pasar.

La noche anterior a la reunión no pude pegar ojo, y no por la reunión en sí, sino porque volvían a atormentarme aquellas terribles pesadillas. Pero en lugar de a las personas a las que había visto morir, presenciaba mi propia muerte. Veía a Juni sosteniéndome en brazos mientras me desangraba. Desperté gritando y vi que Loca me acunaba la cabeza y que sus hijos me miraban como si estuviera loco. Después ya no quise volver a dormirme. Me pasé el resto de la noche en vela, viendo la tele y aspirando cocaína. Era la primera vez que esnifaba desde mi sobredosis. La coca me mantuvo despierto y me llevó a pensar en cómo mataría al primer King que me pusiera la mano encima. Eché a andar de un lado a otro de la sala. Cargué y descargué la pistola una y otra vez. Hice planes para la reunión. Repasé lo que iba a decir y lo que iba a hacer, la actitud que iba a adoptar. Llegué a la conclusión de que cuando llegara el momento, no haría nada. Daba igual. Continué fantaseando sobre un enfrentamiento violento del que saldría con vida. Yo, Lil Loco, Latin King todopoderoso, elevaría de nuevo a los Kings a la categoría de héroes de los hispanos. Estas fantasías me ayudaron a metamorfosearme en el Lil Loco que todo el mundo conocía y quería: un criminal violento e insensible.

El domingo al mediodía, llamaron a la puerta. Tres Kings venían a recogerme para escoltarme a la reunión. Yo los esperaba ese día, pero no tan temprano. Les pedí que aguardaran a que fuera a buscar una chaqueta y aproveché la oportunidad para agarrar la pistola. Loca se despidió de mí con un beso profundo y me dijo que tuviera cuidado. «Si alguien tiene que acabar mal, mejor que sean ellos», añadió antes de que yo saliera del dormitorio. El arma que llevaba era una nueve milímetros automática. Extraje el cargador e inspeccioné la pistola con cuidado. Quería asegurarme de que no se me fuera a encasquillar si me veía obligado a usarla. Salí a la calle y me encaminé hacia donde se iba a celebrar la reunión de los Kings. Era un día frío, lluvioso y oscuro; un típico domingo negro en Chicago. Los Kings que me acompañaban se mostraban sorprendentemente amigables conmigo. Supuse que no era más que una estratagema para conseguir que yo bajara la guardia. Caminamos por la calle Spaulding hasta LeMoyne y entramos en un callejón. Allí, cruzamos una puerta y bajamos unas escaleras hasta un sótano. El sitio estaba repleto de Kings, unos de pie, otros sentados. Ya habían empezado a emborracharse y a drogarse. Me ofrecieron cerveza y hierba, pero las rechacé. Varios de los presentes me conocían de mis días como King de Kedzie y Armitage. Un par de ellos me trató como siempre; me estrecharon la mano, me abrazaron y me preguntaron a qué me dedicaba. Los otros me recibieron con aire desdeñoso y me volvieron la cara, ya no querían tener nada que ver conmigo. Me sentía incómodo, pero tranquilo. Quería acabar con aquella mierda cuanto antes. Les sostenía la mirada a los que la clavaban en mí hasta que desviaban la vista. Me quedé sentado, discurriendo un plan de huida, procurando no parecer asustado. Unos quince minutos después, llegó el líder de los Latin Kings de Beach y Spaulding. La reunión podía comenzar.

Chico era un puertorriqueño alto y musculoso al que le gustaba lucir joyas llamativas. Iba muy bien arreglado y llevaba ropa cara. Se expresaba con mucha propiedad; era un tipo culto. Tenía un título universitario. El hombre abordó sin rodeos el motivo de mi presencia allí. No se rezaron oraciones ni se trataron asuntos de negocios antes de la sesión, como se hacía antes. Esos ritos estaban pasados de moda; la nueva generación de Latin Kings tenía cosas más importantes que hacer. Chico se colocó en el centro de la sala, como única persona que se dirigía al resto de los miembros. Ya no era una comisión la que tomaba las decisiones; Chico mandaba, y punto.

–Este hermano, para aquellos de ustedes que no lo conozcan, es Lil Loco –dijo Chico–. Lil Loco es nuestro hermano desde hace muchos años, pero ya no se comporta con la misma rectitud de antes –declaró con naturalidad–. No pertenece a ninguna sección –prosiguió–. Es un King esté donde esté. Nosotros, los Latin Kings de Beach y Spaulding, hemos sido designados por el Inca (el líder de todos los Latin Kings) para juzgarlo por quebrantar nuestras normas –añadió, volviéndose hacia mí–. Este hermano se está convirtiendo en drogadicto. Se tomó una sobredosis en el hospital al que llevó a Loca cuando le dispararon –informó a los demás–. Recibirá una «violación» de pies a cabeza de tres minutos, o bien una «violación» de expulsión –dijo Chico, orgulloso–. La elección está en sus manos –me dedicó una sonrisita arrogante. Se alejó del centro de la sala para sentarse justo enfrente de mí–. ¿Qué decides, Lil Loco? –me preguntó.

Parecía disfrutar con la situación. Yo no lo conocía, ni siquiera lo había visto antes y, sin embargo, él estaba ansioso por presenciar cómo me pegaban una paliza. Permanecí ahí sentado, temblando como una hoja, sin saber qué responder. Pensé en mi pasado y en la reputación de violento que me había forjado. Resolví jugármelo todo a esa carta.

–No acepto ninguna de las dos opciones. Seré King hasta la muerte y aquí nadie va a arrebatarme la corona –dije con serenidad.

–Por las buenas o por las malas, a mí me da igual –dijo Chico.

Me levanté y le solté a Chico unas palabras que no podía creer que estuvieran saliendo de mi boca.

–Te haces llamar un hermano, un King –comencé–. Otro hermano se presenta ante ti con un problema, y tú lo resuelves ordenando que le pateen el culo. ¿Qué demonios te pasa? ¿Qué fue del famoso «moriría por ti»? ¿Qué fue del «*amor* entre todos los Kings»? Dices pendejadas. Nadie en esta sala me va a poner un dedo encima –dije, recorriendo el lugar con la vista.

Observé las reacciones de los presentes. Unos hermanos posaron en mí sus ojos desorbitados; otros agacharon la cabeza. La mayoría clavó la mirada en Chico, como esperando una orden.

–Ustedes, los hermanos menores, deberían pensar sobre su líder –continué–. Él se preocupa por sí mismo, no por la nación de Latin Kings todopoderosos –dije, en un intento desesperado de ganarme el apoyo de algunos compañeros.

Mi discurso había terminado. Me llevé el puño al corazón, hice la seña de los Kings con la mano en alto, dije «*amor*» y me encaminé hacia la puerta. Chico y varios hermanos más me cerraron el paso y empezaron a aproximarse. Me rodearon mientras Chico soltaba una sonora carcajada. Retrocedí un paso, saqué la pistola y apunté con ella en varias direcciones. Todos se apartaron cuanto pudieron.

—La cagaste hasta el fondo —comentó Chico—. Soy un King auténtico.

Por toda respuesta, abrí la puerta, di media vuelta, miré a Chico a los ojos y le dije:

—Si me sigues, asegúrate de matarme, porque si no, volveré para buscarte —crucé la puerta y arranqué a correr.

Llegué a casa y le conté a Loca lo ocurrido. Ella me dijo que era un idiota, un loco, y que había puesto en peligro a su familia. Agarró el teléfono y se puso a llamar a los Kings de alto rango para suplicarles que no hicieran pagar a su familia por mis actos. Yo me senté en la sala a ver un partido de fútbol americano con su hijo mayor, intentando olvidarme de que Loca estaba allí, telefoneando a una persona tras otra, implorándoles piedad. Salió de su cuarto, cojeando todavía a causa de la herida de bala, y empezó a gritarme.

—¡Aléjate de mis hijos! ¡Nos van a matar por tu culpa! ¡Lárgate!

Me levanté, agarré mi chaqueta y me dirigí a la puerta. Antes de marcharme retrocedí unos pasos, abracé bien fuerte a Loca y le aseguré que todo saldría bien. Ella se metió en el dormitorio. Me acerqué a la puerta. Los chicos de Loca discutían sobre el canal de televisión que querían ver. De pronto, sonaron tres estampidos y las ventanas saltaron hechas añicos. Me abalancé sobre los niños, que gritaban horrorizados.

—Agáchate —le grité a Loca.

Sonaron dos tiros más, estalló otro cristal, y luego reinó el silencio.

Los niños lloriqueaban, mientras Loca preguntaba si se encontraban bien. Me arrastré hasta la ventana y comprobé que no había nadie. Me acerqué a los niños, los cargué uno a uno y los llevé a la habitación de Loca. Gracias a Dios, no habían sufrido daños físicos. Anthony, el mayor, tenía sólo un rasguño en la pierna. Pero mentalmente quedaron marcados de por vida. Loca y yo estábamos bien. Me habían alcanzado en la espalda con cuatro perdigones disparados por una escopeta recortada. La ventana, las cortinas y la ropa que llevaba puesta habían amortiguado bastante el impacto, de modo que los perdigones no me hicieron demasiado daño. En el hospital lograron extraérmelos con pinzas. Me limpiaron y curaron las heridas sin necesidad de ingresarme. Ángel, el hijo menor de Loca, estaba fuera de sí.

–Detesto a los Kings –decía–. No sigas siendo un King, Lil Loco, sé un Cobra. Cuando crezca voy a ser un Cobra y voy a matar Kings.

No hice ningún comentario y Loca tampoco. Nos limitamos a mirarnos, inexpresivos.

Pasamos el resto de la tarde respondiendo a las preguntas de la policía. En líneas generales, les aseguramos que no sabíamos quién lo había hecho y que lo más probable era que se hubieran equivocado de casa. Agentes uniformados, detectives de la unidad de delitos pandilleros y asistentes sociales se turnaron para hablar con nosotros.

–Podríamos quitarte a los niños –le dijeron a Loca.

–Vas a conseguir que te maten –me advirtieron a mí.

Ninguno de ellos tenía ni la menor idea de nuestra situación real, ni siquiera podía entenderla remotamente. Los empleados del ayuntamiento cerraron las ventanas con tablas y pasaron una aspiradora por el piso del apartamento para limpiar los cristales. Lo hacían por los niños, según dijeron. Registraron el apartamento innumerables veces, pero no encontraron la pistola ni las drogas que ocultábamos. La policía, nada tonta, sospechaba que los Kings eran los autores del tiroteo.

–¿Tus amigos están encabronados contigo, Lil Loco? –preguntó un detective–. Mantendremos un auto patrulla ahí fuera para asegurarnos de que los hermanos de Lil Loco no vuelvan a buscarlo –dijo, y salió.

Loca y yo nos consolamos el uno al otro durante el resto de la noche sin decir palabra.

–Tengo que mudarme a otro lugar –murmuró ella al fin, y se quedó dormida.

Yo pasé toda la noche en vela, con la pistola en la mano, sobresaltado al menor ruido. Recorría el apartamento de un lado a otro. Sentí la tentación de esnifar un poco de coca, pero decidí no hacerlo. No volví a tocar esa droga. Era un momento crucial en mi vida y había llegado la hora de convertirme en un hombre.

51. Lección aprendida, por fin

Varios familiares de Loca acudieron para ayudarla a encontrar otro sitio donde vivir. Entre ellos estaba Luisa, su cuñada. Era la única de sus parientes con la que me llevaba bien. Los demás criticaban nuestra relación porque ella era mayor que yo, y me achacaban todos los males por los que había pasado Loca. Luisa trabajaba en una universidad local y me ofreció un trabajo temporal que consistía en introducir datos de las inscripciones para el semestre de primavera. Aunque no sabía nada de computadoras, acepté encantado la oferta. Entre tanto, los Kings no habían abandonado su propósito de darme una lección. Algunos de los veteranos fueron a casa y me recomendaron, de hecho, que no me preocupara por los jóvenes de la pandilla. Los jefes que estaban presos también me dieron su bendición respecto a mi derecho a defenderme. Daba la impresión de que los Latin Kings estaban divididos. El King Tino, el mismísimo Inca, habló conmigo por teléfono y recalcó que nadie más que él podía quitarme la corona. Me sorprendió que los Kings hubieran llegado hasta el punto de desautorizarse unos a otros. Los hermanos libres ya no obedecían a los hermanos presos con la lealtad de antes. Por otro lado, los hermanos presos parecían más interesados en ganar dinero que los soldados de a pie que servían en la calle. Aun así, la mayor parte de las operaciones importantes y de tráfico de drogas seguía controlándose desde detrás de los barrotes.

Quizá debería haber sentido alivio por sus gestos amistosos. Lo cierto es que los hermanos encarcelados no iban a protegerme de las balas, y los hermanos veteranos libres estaban demasiado ocupados explotando a los más jóvenes para apoyarme. Debía afrontar el problema yo solo y dejar de ser un cobarde.

Loca encontró un apartamento en el extremo norte de la ciudad. Estaba en el territorio de unos pandilleros que se hacían llamar los Simon City Royals. Eran enemigos mortales de los Kings. Los Royals no me conocían y yo permanecía todo el tiempo dentro de casa para asegurarme de que no llegaran a hacerlo. Aun así, tenía que desplazarme todos los días a la universidad. Los Kings averiguaron de alguna manera dónde trabajaba y empezaron a rondar la zona. Por suerte, siempre los veía antes que ellos a mí. Procuraba hacerme invisible.

En la universidad, Luisa quedó tan satisfecha de mi trabajo que me ofreció un empleo a tiempo completo. Me convertí en una persona totalmente distinta por influencia de la gente con la que me relacionaba. Me obsesioné con la idea de obtener una licenciatura y fue tanto mi empeño por cursar una carrera que olvidé por completo a los Kings. Loca me recriminaba que pasaba demasiado tiempo en la facultad. Me acusaba sin parar de salir con chicas de mi edad a sus espaldas. Le hablé de mi deseo de estudiar, pero ella era demasiado insegura para creerme.

Loca seguía vendiendo cocaína. Pronto los Kings empezaron a presentarse en casa con cierta frecuencia. La avisé de que los Royals verían a los Kings entrar en su apartamento y acabarían por meterse con ella, pero no quiso escucharme.

Me pidió que me mudara a otro sitio en cuanto surgiera la oportunidad. O ella o la universidad. Escogí la universidad, pero como no tenía donde alojarme, dormía en el sofá de Loca. A diario me recordaba que debía marcharme. Además, empezó a acostarse con el King que le suministraba la droga para vender.

Al final, conocí en el trabajo a un tipo que buscaba un compañero de apartamento y me mudé a su casa. Era homosexual. Me incomodaba, pero no podía darme el lujo de ser exigente. El hombre resultó ser un buen tipo. Se llamaba Alan. Era un chico blanco de una zona residencial, hijo de padres divorciados. Su padre lo había repudiado cuando salió del armario. Su madre vivía en California con las hermanas de Alan. La soledad era lo único que teníamos en común. Yo respetaba su orientación sexual y él la mía, de modo que convivíamos sin conflictos.

En la universidad me topé con mi vieja amiga Cindy, que estaba en el campus esperando a una amiga. No había sabido nada de ella desde hacía tres años. Se había convertido en una mujer muy hermosa. Se alegró mucho de verme en la universidad, pero se llevó una desilusión al enterarse de que sólo trabajaba allí. Ella había llegado muy lejos en la vida. Por algún motivo no pudo estudiar en la universidad Northwestern, como se había propuesto, pero tenía una gran fuerza de voluntad y, en lugar de darse por vencida, había buscado una alternativa. Manejaba un flamante auto nuevo, trabajaba en un banco y le faltaba un semestre para terminar la carrera de administración de empresas en la universidad DePaul. El sueño de Cindy de sacar a su familia del gueto se había hecho realidad y ella estaba muy orgullosa de ello.

Con su franqueza habitual, me reiteró su opinión de que estaba desperdiciando mi vida. Me preguntó si seguía siendo un King. Pensé mentirle, pero no pude. Le expliqué que todavía lo era, pero que ya no me juntaba con los otros. Cindy me las cantó claras como había hecho años atrás; me tachó de cobarde por necesitar el respaldo de una pandilla. Me pidió que, por favor, me mantuviera alejado de los estudiantes, para que no los alcanzara a ellos una bala dirigida a mí. Me molestó que no apreciara los cambios que había introducido en mi vida y tuve ganas de decirle algo hiriente, pero me quedé ahí sentado, furioso pero callado, mientras se alejaba. Fue la última vez que la vi. Aquel encuentro encendió en mí el deseo de ir a plantarles cara a los Kings y dejar que pasara lo que tuviera que pasar.

52. Sin corona

Estaba decidido a cortar por lo sano con los Latin Kings. Estaba harto de esconderme y de esperar; había llegado el momento de actuar. Tomé el metro para dirigirme a las calles Beach y Spaulding. Me bajé en la avenida Damen, en North subí a un autobús que me dejó en Humboldt Park, a la altura de la calle Albany. Vi a Spanky en el parque. Iba en una silla de ruedas que empujaba su esposa. Loca también estaba allí. Se sorprendieron de verme y también los otros Kings que andaban por ahí. Spanky y yo nos hablamos como si nada hubiera pasado. Jugué con el hijo menor de Loca durante un rato, luego me dirigí a un pequeño corro de Kings.

–¿Dónde está Chico? –pregunté–. Díganle que quiero salirme.

–Chico está en la cárcel –me informó uno de ellos–. Ahora el King DJ está al mando. Yo no conocía a DJ, pero al parecer él sí me conocía. Los Kings me llevaron en auto a Beach y Spaulding, donde se encontraba DJ.

Éste me estrechó la mano como si yo todavía fuera un miembro de los Kings e intentó disuadirme de abandonar la pandilla. Por algún motivo, DJ conocía mis andanzas de la época de Kedzie y Armitage, años atrás. Aseguró que los Kings necesitaban hermanos como yo.

Al comprender que no podría convencerme, DJ mandó llamar a dos hermanos. Los cuatro caminamos por un callejón hasta un garaje. DJ le susurró algo a uno de los Kings, que arrancó a correr por el callejón. Empecé a temerme lo peor. Estaba convencido de que me iban a liquidar. DJ se percató de mi nerviosismo y me ofreció un cigarrillo. Aunque había dejado de fumar, lo acepté. Necesitaba algo que me tranquilizara. Mientras esperábamos, DJ me dijo que no era imprescindible someterme a un rito de expulsión. Me recomendó que me retirara, que permaneciera en la reserva y entrara en acción sólo en caso necesario. La idea me gustó, y contemplé seriamente la posibilidad de aceptar su propuesta. Pero luego pensé en Kings como Chico, que no aceptarían otra cosa que no fuera mi expulsión tras una «violación». Las palabras de Cindy resonaban en mis oídos, como si la tuviera delante. Tomé una determinación definitiva: quería salirme.

Al cabo de unos minutos, el callejón estaba repleto de Kings. DJ envió a varios de ellos a vigilar por si se acercaba la policía. Escogió a dos tipos de mi tamaño que tendrían el honor de infligirme la violación. Me preguntó si estaba preparado. Titubeé un poco pero luego asentí con la cabeza. Me coloqué con la espalda contra la pared del garaje, con los brazos cruzados sobre el pecho, y aguardé mi castigo. La paliza que Slim había recibido cuando yo ingresé me vino de pronto a la memoria. Suponía que me dispensarían el mismo trato que a él, pero me daba igual. No quería que la gente siguiera identificándome como un Latin King. Mientras, los dos tipos se mantenían ante mí, haciendo crujir los nudillos, a la espera de que DJ les diera la orden de comenzar a golpearme, DJ se me acercó, me estrechó la mano con el saludo de los Kings y, mirándome a los ojos, les indicó a los tipos que no me pegaran en la cara. No cabía duda, DJ era distinto de los demás Kings que había conocido en los últimos tiempos. Su actitud parecía reflejar cierta empatía. Se apartó, consultó su reloj y dio la señal a los dos tipos.

Soporté durante tres minutos una lluvia de puñetazos contra mi torso y mis piernas. Por fortuna, esta «violación» no resultó ni por asomo tan dolorosa como las que había sufrido las veces anteriores. Por fin, todo terminó. Yo ya no era un King. DJ me abrazó y todos se marcharon. Me quedé solo en el callejón, recuperándome del dolor. Estuve ahí unos diez minutos que me parecieron horas. Todavía temía que los Kings me pegaran un tiro o me doblegaran a palos, pero no ocurrió.

Salí caminando del callejón y me encaminé hacia el parque por la calle Beach. Oí risitas y cuchicheos al pasar junto a los Kings, pero nadie dijo nada en voz lo bastante alta como para que yo entendiera sus palabras. Ya no era un King. Por fin había reunido el coraje para valerme por mí mismo.

–*Amor*, hermano –oí que me gritaba DJ mientras yo avanzaba hacia el parque.

–*Amor* –respondí.

Había sido un Latin King durante seis años. Aunque mi relación con la pandilla se había deteriorado hacía tiempo, no podía por menos de sentir que había perdido algo. Tenía la sensación de haberme quedado sin familia. En cierto modo me dolía la conciencia de que ya no había vuelta atrás. Sin embargo, en el fondo, sabía que había hecho lo correcto.

53. Las tragedias continúan
con o sin mí

Spanky y Loca seguían en el parque. Estaban vendiendo cocaína y marihuana. Los autos se acercaban, sus ocupantes realizaban su compra y luego se marchaban. Les comuniqué a los dos que ya no era un King y me despedí de ellos. No me creyeron. Al igual que yo, habían supuesto que la «violación» me mandaría directo al hospital. Vi que uno de los niños de Loca llevaba bolsitas de cocaína escondidas en los calcetines y me sentí asqueado. Me entraron ganas de agarrarla del cuello e insultarla, pero me contuve. Me volví hacia la parada de autobús y eché a andar sin decirle una palabra más a nadie. No tenía intención de volver a poner el pie en la zona de Humboldt Park. «Cuando eres un King, lo eres para toda la vida», gritó Spanky mientras yo me alejaba hacia la avenida North para tomar el autobús.

Estaba cruzando el bulevar que atraviesa el parque cuando oí unos disparos. Procedían de la zona donde Loca y Spanky estaban vendiendo droga. Instintivamente, regresé corriendo hacia ellos agachado detrás de los autos estacionados. Al acercarme vi a Loca en el suelo, sangrando, y a Spanky en la acera, intentando esconderse detrás de un auto estacionado. El hijo de Loca corría hacia su madre, gritando, cuando sonaron otros dos tiros. Ante mis ojos, una bala alcanzó al pequeño Ángel en la espalda y le salió por el pecho.

–¡No, no, no! –aullé enderezándome y abalanzándome hacia él, sin preocuparme de que pudieran dispararme. Lo levanté y lo acuné entre mis brazos–. No te mueras, hombrecito, no te mueras –sollocé.

Era demasiado tarde; había muerto al instante. Loca yacía en el suelo, chillando, más por la muerte de su hijo que por el dolor de la herida de bala que tenía en el hombro.

–No te preocupes, hombrecito, te vengaré –dije abrazando el cuerpecito sin vida del niño.

La policía llegó al lugar de los hechos y, unos quince minutos después, apareció la ambulancia. Rápidamente se llevaron a Loca al hospital y a su hijo al depósito de cadáveres. La policía hizo muchas preguntas, pero nadie había visto nada, nadie sabía nada... lo mismo de siempre. Cooperé con la policía en la medida de lo posible, pero por desgracia ignoraba desde dónde se habían realizado los disparos. Pronto se marcharon. Los traficantes continuaron traficando. La vida seguía, como si nada hubiera pasado.

Me quedé sentado en el césped, bañado en sangre, pensando en la venganza.

Cuando dejé a los Latin Kings, soñaba con ir a la universidad y obtener una licenciatura. Todavía no he conseguido hacer realidad ese sueño porque he tenido que ganarme la vida. Pero no he renunciado a la esperanza de lograrlo. El primer paso, el de abandonar la pandilla, fue casi el más fácil. Desde entonces, todo ha sido cuesta arriba para mí. Durante años, aun después de dejar las actividades delictivas y las drogas, no dejaron de asaltarme las pesadillas con las cosas que había hecho y presenciado en las calles. La única manera de conseguir rehacer mi vida del todo fue marchándome de Chicago.

En el fondo, no puedo dejar de culpar a mi madre por el camino que tomé cuando todavía era muy joven. Pero la he perdonado. Estoy seguro de que algo terrible le tuvo que ocurrir en su infancia para comportarse de ese modo. Espero que conmigo el círculo vicioso llegue a su fin.

Los recuerdos de mis días de pandillero permanecen frescos en mi memoria. Se me saltan las lágrimas cada vez que oigo noticias sobre otra víctima mortal de la violencia entre pandillas. Después de todos estos años, las únicas soluciones que las autoridades nos ofrecen son el incremento de los efectivos policiales y la creación de comisiones encargadas de asignar comisiones para que supervisen a las comisiones. Las comunidades azotadas por la lacra de las pandillas siguen pidiendo a las autoridades que las salven de sus propios hijos. Creo que es hora de que dejemos de lloriquear y asumamos la responsabilidad sobre nuestros barrios. Si no hacemos algo para erradicar la ley del Talión por la que se rigen las pandillas, los asesinatos nunca acabarán. Yo doy gracias a Dios por haberme infundido el valor suficiente para no vengar la muerte de Ángel, el hijo pequeño de Loca.

Índice